소비의 과학
WHY WE BUY

하 환 호

BizPrime

여는 글
PROLOGUE

　우리나라의 실질 GDP 규모는 2022년 기준 약 1,969조 원이다. 이를 1인당 금액으로 환산하면 약 3,814만 원이다. 국내 소매업 매출액 규모는 2022년 기준 494조 원이다. 이는 GDP 규모의 1/4에 해당하는 수치다. 즉, 우리는 소득의 25%를 일상적 소비에 쓰고 있는 셈이다. 이제 소비는 우리의 정체성이자 존재 이유가 되었다. 과소비와 사치를 권하는 사회 분위기 탓에 소비의 질이 곧 삶의 질이 되었다. 더 많이 가지고 더 많이 소비할수록 더 행복해진다는 믿음이 사람들의 마음속에 자리 잡고 있다. 과연 더 나은 상품을 더 많이 가질수록, 더 많이 소비할수록 우리는 더 행복할까? 이제는 이점에 대해 진지하게 고민을 시작할 때이다.

　마케팅을 공부하는 사람으로서, 나는 많이 팔기만 하면 된다는 기업들의 생각에는 전적으로 동의하지 않는다. 우리 사회에 만연하고 있는 과소비와 사치의 열풍을 잠재우기 위해서는 합리적 소비를 하려는 소비자의 노력이 필요하다고 생각한다.

　이 책을 쓰게 된 계기는 나의 이런 작은 생각이었다. 그리고 책을 쓰게 된 직접적인 이유는 현대인의 소비방식이자 현대문명을 지탱하는 힘인 구매와 소비행위를 때로는 기업가의 눈으로 때로는 소비자의 눈으로 한번 들여다보자는 데 있었다.

나는 마케팅 전공자로서 사람들이 왜 구매하고 소비하는지, 그리고 무엇을 어떻게 언제 구매하고 소비하는지에 대해 관심을 가지고 연구하고 있다. 이 책은 나의 이런 관심에 맞춰져 있다.

제1부에서는 사람들이 왜 구매하는지 그 이유를 알아볼 것이다. 고도의 분업화되고 전문화된 사회가 되면서 사람들은 일상 생활용품 소비조차 완전히 타인의 손에 의존하는 생활을 하기에 이르렀다. 즉, 자신에게 필요한 무엇하나도 자신의 손으로 직접 만들어 쓰지 못하게 되었다. 오늘날 우리가 매일 쇼핑을 할 수밖에 없는 이유는 여기에 있다. 원시사회인들이 먹을 것을 찾기 위해 산으로 들로 강으로 채집과 사냥을 떠나는 것과 마찬가지로 오늘날 도시에 사는 우리는 재래시장으로 대형 할인점으로 백화점으로 채집과 사냥을 떠난다. 다른 점이 있다면 원시인들은 돌도끼와 창을 들고 채집과 사냥을 나섰지만, 우리는 달랑 카드 한 장이나 스마트폰 하나만 들고 나간다는 것뿐이다. 여기에서는 먼저 잉여생산물과 교환의 발생, 전문화와 분업화 등으로 촉발된 거래의 역사, 인간의 욕망과 감정에 대해서 알아본다. 그리고 이러한 탐색을 통해 사람들이 왜 구매하는지, 왜 소비에 열중하는지 그 구체적인 동기를 살펴볼 것이다.

제2부에서는 사람들이 무엇을 구매하는지에 대해 알아볼 것이다. 인간은 태어나서 죽을 때까지 많은 것을 필요로 한다. 인간답게 그리고 행복하게 살기 위해서는 무엇이 필요할까? 어떤 상품에 관심이 많고, 주로 구매할까? 여기에서는 우리가 살아가는 데 필요한 상품들과 관련한 소비현황을 살펴볼 것이다. 소비현황은 매슬로우의 욕구단계에 맞춰 기본적인 욕구충족에 필요한 것들, 존경과 자아실현 등의 고차적인 욕구충족에 필요한 것들로 나누어 살펴볼 것이다. 아울러 우리가 구매하는 상품, 브랜드, 명품과 관련한 연구들도 살펴볼 것이다. 이를 통해 인간의 욕망과 욕구가 이룩한 세상 풍경을 스케치해 볼 것이다.

제3부에서는 소비자들이 어떻게 구매하는지 살펴볼 것이다. 인간은 정보처리자이자 문제해결자이다. 소비자는 정보처리자로서 매 순간 오감으로 정보를 받아들이고 지각하고 기억하는 정보처리 활동을 한다. 이와 동시에 소비자는 문제해결자로서 자신의 문제(욕구)를 해결하기 위해 정보를 탐색하고 대안을 평가하고 구매하는 의사결정을 한다. 여기에서는 소비자의 정보처리와 의사결정 과정에 대해 알아볼 것이다. 나아가 소비자행동에 미치는 개인적·환경적 요인들의 영향력과 함께 소비자 자신도 모르는 심리, 소비자를 유혹하는 다양한 마케팅 기법, 구매를 부추기는 매장 분위기 등 마케팅의 영향력을 살펴볼 것이다.

이 책을 통해 독자들이 욕망과 소비가 가져다준 '영광과 상처'를 비교해 보고, '소비와 행복'에 대해 생각하는 시간을 가지면 좋겠다는 것이 저자의 바람이다. 덤으로 이 책을 통해 독자들이 마케팅과 소비자행동 지식도 얻고, 이 분야에 관심을 가지는 계가가 되면 좋겠다는 것이 저자의 소박한(?) 욕망이다.

2024년 3월
저자 하환호

차례
CONTENTS

여는 글 | 3

PART I 우리가 구매하는 이유들 : Why we buy   11

Chapter 1 사회경제적 이유 ···13
    1. 문명 / 14
    2. 분업, 잉여, 교환 / 15
    3. 화폐 / 18
    4. 시장 / 20
    5. 소비경제사회의 도래 / 25

Chapter 2 심리적 이유 ···31
    1. 니즈, 원츠, 요구 / 32
    2. 욕망 / 35
    3. 매슬로우의 욕구이론 / 40
    4. 철학자들이 바라본 욕망 / 45
    5. 욕망의 창조적 활용: 신상품 아이디어 개발 / 58

Chapter 3 감정적 이유 ···63
    1. 정서, 느낌, 감정 / 64
    2. 단순감정 / 68
    3. 공감감정 / 71

4. 소비감정 / 74
　　　5. 소비자 만족과 불평 / 80

Chapter 4　행위적 이유 ···85
　　　1. 본능 / 86
　　　2. 충동 / 88
　　　3. 의지 / 91
　　　4. 계획구매와 충동구매 / 96
　　　5. 숨어 있는 구매행동의 동인들 / 100

PART Ⅱ　우리가 구매하는 것들 : What we buy　107

Chapter 5　소비지출 ···109
　　　1. 생리적 욕구 해결을 위한 소비지출 / 111
　　　2. 안전욕구 해결을 위한 소비지출 / 113
　　　3. 애정과 소속 욕구 해결을 위한 소비지출 / 114
　　　4. 인정과 존경 욕구 해결을 위한 소비지출 / 116
　　　5. 자아실현 욕구 해결을 위한 소비지출 / 119

Chapter 6　상품 ··123
　　　1. 상품의 개념 / 123
　　　2. 상품의 구성요소 / 124
　　　3. 상품종류와 분류 / 125
　　　4. 실용재와 쾌락재 / 129
　　　5. 필수재와 사치재 / 130

Chapter 7　기술혁신과 신상품 ···137
　　　1. 기술혁신의 역사 / 137
　　　2. 세계 10대 발명품 / 139
　　　3. 신상품의 개념과 분류 / 143
　　　4. 신상품개발 과정 / 144

5. 혁신기술과 신상품의 수용과 확산 / 147

Chapter 8 　소비 양극화와 명품구매 ···149
　　　　1. 트레이딩 업(trading up) / 150
　　　　2. 트레이딩 다운(trading down) / 157
　　　　3. 브랜드, 브랜드 자산 / 160
　　　　4. 명품 브랜드 / 165
　　　　5. 명품과 사치 소비 / 169

PART Ⅲ　　우리가 구매하는 방법 : How we buy　　175

Chapter 9 　소비자행동 연구 ···177
　　　　1. 소비자행동 연구 모델 / 178
　　　　2. 소비자행동에 미치는 영향요인 / 180
　　　　3. 개인적 요인 관련 주요연구들 / 185
　　　　4. 사회적 요인 관련 주요연구들 / 194
　　　　5. 상황적 요인 관련 주요연구들 / 199

Chapter 10 　정보처리 과정 ···203
　　　　1. 의식 / 204
　　　　2. 노출과 주의 / 209
　　　　3. 지각 / 211
　　　　4. 기억 / 214
　　　　5. 기억과 태도 / 220

Chapter 11 　의사결정 과정 ···223
　　　　1. 의사결정 / 224
　　　　2. 의사결정 과정에 작동하는 인지시스템 / 226
　　　　3. 구매의사결정 과정 / 227
　　　　4. 의사결정의 인지적 편향들 / 232
　　　　5. 의사결정의 심리적 편향들 / 239

Chapter 12 　마케팅의 영향 ···249
　　　　1. 광고 / 250
　　　　2. 가격 / 259
　　　　3. 매장환경 / 267
　　　　4. 색상이 만드는 분위기 / 273
　　　　5. 음악과 냄새가 만드는 분위기 / 279

참고문헌 | 289
닫는 글 | 297

PART I

우리가 구매하는 이유들

Why we buy

사회경제적 이유

'생활필수품이나 상품을 구입하는 일', '물건을 사러 백화점이나 상점에 가는 일'을 쇼핑(shopping)이라고 한다. 우리말로 하면 '장보기'나 '물건사기', '시장보기'다. 현대인들은 쇼핑을 하지 않고서는, 돈을 주고 사지 않고서는 무엇하나도 얻을 수 없다. 원시사회인들처럼 자신이 필요한 물건을 직접 만들어 쓰지 않는다. 대신 시장에 나가 돈으로 산다. 왜 이런 일이 일어났을까?

인간은 노동하여 생산하고 또 소비한다. 하지만 자신이 생산한 것들만으로는 자신의 욕망을 모두 충족시킬 수 없다. 인간은 내가 가지지 못한 다양한 것을 원한다. 이로 인해 쌍방 간의 '가지지 못한 것'에 대한 교환이 일어나는 것이다. 인간의 욕망이 더 많은 것을 원해서 다른 것을 소유한 사람과 계속 교류와 교환을 하게 되고 이것이 시장의 성립으로 이어졌다. 시장은 물건의 교환을 편리하게 만들었고, 분업을 발생시켰다.

분업이 고도로 발달하자 사람들은 일상 생활용품 소비조차 완전히 타인에게 의존하는 생활을 하기에 이르렀다. 즉, 자신이 필요한 무엇

하나도 자신의 손으로 직접 만들어 쓰지 못하는 사회가 된 것이다. 오늘날 우리가 매일 쇼핑을 할 수밖에 없는 이유는 바로 여기에 있다. 원시사회인들이 먹을 것을 찾기 위해 산으로 들로 강으로 채집과 사냥을 떠나는 것과 마찬가지로 오늘날 도시에 사는 우리는 재래시장으로 대형할인점으로 백화점으로 채집과 사냥을 떠난다. 다른 점이 있다면 원시인들은 돌도끼와 창을 들고 산과 들로 사냥과 채집을 나섰지만, 우리는 달랑 카트 한 장이나 스마트폰 하나만 들고 시장이나 마트로 사냥과 채집을 나간다는 것뿐이다.

이번 장에서는 구매할 수밖에 없는 사회경제적 이유를 살펴보기 위해 잉여생산물로 야기된 교환과 시장의 탄생, 이로 인한 고도의 전문화와 분업이 만든 세상에 대해 자세히 알아보고자 한다. 여기에 앞서 먼저 인류 문명의 탄생과 발전에 관해 간단히 알아보고 넘어가자.

1. 문명

퀴즈 하나 풀고 가자. "지상에는 이런 존재가 있다. 이 존재에게는 힘들이지 않고 기관차를 들어 올리는 팔뚝이 있다. 하루에 수 천리를 달리는 발이 있다. 어떠한 새보다도 훨씬 높게 구름 위를 나르는 날개가 있다. 어떠한 물고기보다도 훨씬 솜씨 좋게 물속을 헤엄치는 지느러미가 있다. 볼 수 없는 것을 보는 눈이 있고, 다른 대륙에서 들리는 소리를 듣는 귀가 있다. 산을 꿰뚫고, 폭포를 가로막는 힘을 이 존재는 가지고 있다. 이 존재는 뜻대로 대지를 뒤바꾸고, 숲을 만들고, 바다와 바다를 잇고, 사막을 물로 적신다." 이 존재는 무엇일까? 정답은 인간이다. BC 약500만 년 전에 최초인류가 출현했다. 이후로 인류의 문명은 눈부시게 발전했다. BC 1만 년 전 농경생활을 시작했으며, BC 8,000년 무렵 문명을 시작했다. 이후 상업혁명과 산업혁명을 거치면서 현재 지구상에는 80억명에 가까운 인류가 살고 있다. 인류는 어떻게 위대한 존재로 우뚝 설 수 있었을까? 우선은 불의 발견을 들 수 있다. 불의 발견으로 음식을 익혀 먹기 시작하면서 영양상태가 좋아지면서 두뇌용량이 커졌다. 이러한 뇌 용량의 변화가 인지혁명을 이끌었다. BC 7만 년에 발생한 인지혁명에 의해 다른 인간종은 사라지고 사피엔스만 남게 되었다. 인지혁명 이전의 인간은 미물에 불과했으나 인지혁명 이후 지구 먹이사슬의 최정상에 올랐다. 이후 인류는 뒤이은 농업혁명과 상업혁명, 이어진 과학혁명과 산업혁명을 거치면서 인구를 기하급수적으로 늘렸다. 현재 인류는 모바일 디지털화, 융합적 혁신 등 초연결 혁명의 시대를 맞이하고 있다.

불과 150년 사이 네 차례에 걸쳐 일어난 산업혁명의 여파는 컸다. 10억이던 인구는 폭발적으로 증가하여 80억이 되었고, 이산화탄소 농도는 급격히 증가하여 인류의 생존을 위협하고 있다. 인구가 급격히 증가한 것은 평균 수명 연장과 사망률 감소의 영향이 크다. 즉, 풍족한 먹거리와 의료 기술 발달, 소득 증가에 따른 생활 환경 개선 등이 인류의 수명을 꾸준히 늘리는 요인이 되었다. 그렇다면 인구가 폭발적으로 증가하는 것이 인류의 삶에 왜 위험한 것일까? 세계식량농업기구(FAO)에 따르면 기후 변화와 인구 증가가 맞물려 인류는 향후 식량난을 피할 수 없을 것으로 예측했다. 인류는 이산화탄소 배출 증가로 인한 지구 온난화나 미세 먼지, 각종 오·폐기물 오염 등 환경문제도 피할 수가 없다. 작용이 있으면 반작용이 있는 법이다. 산업혁명의 반작용은 생각보다 치명적일 수 있다.

2. 분업, 잉여, 교환

교환과 분업, 특화는 톱니바퀴와 같다. 자급자족을 넘어 교환으로 이어지는 인류의 경제생활 변화에 대해 먼저 살펴보자. 아주 옛날 원시시대를 한번 떠올려 보자. 그때는 열매를 따(채집) 먹거나, 동물이나 물고기를 잡아서(수렵) 먹고 살았다. 그날그날 먹고 살았다. 교환할 것이 있었을까? 당연히 없었다. 나 먹기도 어려웠으니 교환할 것은 당연히 없었다. 신석기 시대에 농업이 등장했지만 대부분 자급자족하면서 생활했다. 그런데 점차 도구가 발전하면서 농업이 활발해지고 생산량도 많이 늘어났다. 이에 따라 어떤 변화가 나타났다. 바로 잉여생산물의 발생이다. 생산량이 늘어나다 보니 아마 먹고 남는 것이 생기게 된 것이다. 잉여는 '남다', 즉 '나머지'라는 뜻이다. 그럼 남은 생산물을 어떻게 했을까? 살아가는 데는 농산물 말고 내가 필요한 다른 것도 있다. 예를 들면 옷이라고 해보자. 그러면 나의 잉여농산물을 필요로 하는 옷을 가진 사람과 서로 맞바꾸는 물물교환이 발생한다.

 용어 설명

▶ **잉여(剩餘 surplus)**
1. 쓰고 난 후 남은 것
2. <수학> '나머지'의 이전 말
If there is a surplus of something, there is more than is needed.

▶ **잉여 생산물**
생활에 필요한 것 이상으로 생산된 나머지 생산물
☞ 잉여생산물의 약탈로 인해 정복전쟁이 일어나고(노예제), 지배계급이 탄생함.

한 사람이 하루 먹고 사는데 빵1개가 필요하다 가정해보자. 생산력이 증대하여 한 사람이 하루에 빵1.1개를 생산할 수 있으면, 10명이 11개의 빵을 생산할 수 있음. 즉, 10명이 생산한 빵으로 11명의 사람이 살 수 있게 됨. 한 사람(1명)이 열 사람(10명)을 부릴 수 있으면 부리는 그 한 사람은 일하지 않고도 살 수 있음.
☞ 이러한 이유로 인간에 의한 인간의 약탈 관계가 발생함. 잉여생산물의 약탈과 함께 사회의 계층적 분열이 발생함. 전쟁포로는 최초의 억압받는 집단이 됨.

출처 : 네이버 어학사전, 네이버 지식백과.

좀 더 생각을 진전시켜 보자. 그러면 이런 생각이 들 것 같다. "나는 벼농사도 짓고, 콩도 생산하고, 옷도 직접 만드는 등, 내가 생활하는데 필요한 모든 것을 다 내가 생산할 필요가 있을까?" 그다음에는 이런 생각을 하지 않을까. "그래 그러면 나는 옷만 만들자. 그리고 남는 옷을 가지고 콩이나 쌀 등과 교환을 하면 좋겠다. 나에게 필요한 모든 것을 다 생산할 필요가 없으니 너무 편하고 좋을 것이다." 이렇게 생각하다 보면 자연스레 "나는 내가 가장 잘 할 수 있는 옷만 생산하면 된다."는 생각에까지 이른다.

그러면 옷을 만드는 규모는 커질까? 아니면 작아질까? 당연히 커진다. 옷을 많이 만들어야 남는 옷으로 다른 물건과 교환을 할 수 있기 때문이다. 그러면 나 혼자 그 많은 옷을 다 만들 수 있을까? 당연히 혼자서는 해낼 수 없다. 그래서 나타난 것이 분업(分業)이다. 분업은 '일을 나누다'라는 뜻이다. 그래서 나는 옷감을 만들고, A 사람은 옷을 재단하고, B 사람은 바느질하고, C 사람은 옷에 무늬를 넣는다. 이렇게 교환은 자연히 분업을 발생시켰다.

다음은 아담 스미스가 쓴 〈국부론〉에 나오는 분업에 대한 설명이다. "노동자 한 사람이 기계의 힘을 빌리지 않고 수작업으로 핀을 만든다면 잘 해야 하루에 한 개 정도 만들 수 있다. 그러나 핀제조 과정을 18개 공정으로 나누어 10명이 분업을 하면 하루에 4만 8천 개의 핀을 만들 수 있다. 즉, 한 명이 하루에 4천 8백 개의 핀을 만들 수 있는 셈이다. 이같이 핀 생산에 특화해 분업을 실현하기 위해서는 한 달에 14만 개의 핀을 팔 수 있는 시장이 있어야 한다. 따라서 이만한 시장규모가 주어진다면 특화로 높은 생산성을 올리고 막대한 이윤을 얻을 수 있는 수확체증의 세계가 열리게 된다."

그럼 특화(特化)는 무엇인가? 특화의 특(特)은 '특별하다' 화(化)는 '되다'라는 뜻이다. 따라서 특화는 '특별하게 되다'는 뜻이다. 예컨대, 분업하게 되면 나는 다른 사람보다 옷감을 더 잘 만들면 된다. 그러면 나는 옷감 만드는 일에서 특별하게 된다. 따라서 특화라는 것은 분업이 이루어지면서 다른 사람보다 잘 할 수 있는 일을 전문적으로 하는 것을 의미한다. 정리하면, 잉여생산물이 생기면 교환이 이루어지고, 교환이 이루어지면 분업이 나타나고, 분업이 전문적으로 이루어지면 특화가 나타난다. 그러므로 교환과 분업, 특화는 서로 불가분의 관계라 할 수 있다. 국제 사회도 마찬가지다. 모든 나라는 국가를 운영하기 위한 물건들을 다 만들기 어렵다. 그래서 각 나라들은 자신들이 잘 할 수 있는 것들을 특화하여 생산하는 국제적 분업을 하고, 다른 나라의 다른 물건들과 교환한다. 그 교환을 우리는 무역이라고 부른다.

마지막으로 잉여생산물에 관한 마르크스의 주장을 한번 살펴보고 지나가자. 마르크스는 과거의 모든 문명사회는 사회적 계급 구조를 가지며, 이것은 잉여생산물에 대한 계급 통제에 경제적으로 기초하고 있다고 주장하였다. 한편 마르크스는 역사 속의 모든 사회에서 소수 사람이 이런 사회적 잉여생산물을 영유했고, 그리하여 사회는 생산자 계급과 사회적 생산물의 영유자 계급으로 분리되었다고 주장하였다. 고대 그리스와 로마 사회에서는 노예노동을 통해 잉여생산물의 대부분을 만들어 냈으므로 노예가 직접 생산자이고, 노예 소유주는 잉여생산물의 영유자가 되었다. 중세 유럽 사회에서 잉여생산물은 봉건영주의 땅에 종속된 농노의 노동으로부터 나오므로 농노가 직접 생산자이고, 봉건영주는 잉여생산물의 영유자가 되었다. 위대한 예술작품과 과학적 업적(문화와 과학의 성립)은 노예와 농노의 피와 땀이 없었더라면 불가능했다고 한다. 여러분의 생각은 어떤가.

3. 화폐

지금은 우리가 태어날 때부터 당연한 듯이 돈이 존재하지만, 과거에는 돈이라는 개념 자체가 없었다. 돈은 왜 생겨났을까? 원시시대의 사람들은 원래 물건과 물건을 교환하면서 생활을 했었다. 어느 농부는 쌀을 수확했고, 어느 어부는 생선을 잡았다고 가정해보자. 그때 어부는 농부의 쌀을, 농부는 어부의 생선을 가지고 싶다면 어떻게 했을까? 돈이 없었으므로 농부는 쌀을 줄 테니 생선을 달라 하고, 이에 어부는 마침 나도 쌀이 필요한 참이었는데 내가 가진 생선과 교환하자고 응하면 거래가 성립되었을 것이다. 이 거래 덕분에 밥과 생선이 있는 식사가 가능했을 것이다. 이렇게 돈이 없던 시대에는 물건과 물건을 교환하면서 내가 원하는 것을 손에 넣을 수가 있었다. 즉, 생활에 필요한 모든 것들을 교환을 통해 얻었다.

그러나 물건과 물건을 교환하는 것만으로는 여러 불편한 점이 발생하기 시작했다. 첫째, 교환하고 싶은 물건이 서로 일치하지 않는다. 둘째, 교환하고 싶은 물건들의 가치가 서로 일치하지 않는다. 셋째, 가치가 보존되지 않는다. 여기에 대해 좀 더 자세히 알아보도록 하자. 첫 번째 불편한 상황은 교환하고 싶은 물건이 서로 일치하지 않을 때 발생한다. 왜냐면 같은 종류의 물건끼리는 교환하고자 하는 사람들의 필요가 맞을 때만 교환이 성립하기 때문이다. 예컨대 쌀이 필요한 사람이 생선을 가지고 있고, 반대로 생선을 필요한 사람이 쌀을 가지고 있다면 상대방이 원하는 물건을 가지고 있으므로 교환이 성립한다. 그러나 쌀을 원하는 사람은 생선을 가지고 있고, 생선을 원하는 사람은 고구마를 가지고 있을 때도 있다. 그러면 원하는 물건과 줄 수 있는 물건이 서로 달라 이때는 교환이 성립되지 않는다.

두 번째 불편한 상황은 서로 원하는 물건을 가지고 있으나 그 가치가 일치하지 않을 때 발생한다. 예컨대 돼지 1마리와 꿀 100통과 교환하고 싶은데, 돼지를 사고 싶은 사람이 꿀 1통밖에 가지고 있지 않다든가, 돼지를 원하는 사람이 돼지 1마리가 아니라 절반만 원하는 경우가 있다. 이 경우에 물건은 일치해도 그 수나 양의 가치가 일치하지 않기 때문에 교환이 성립되지 않는다.

세 번째 불편한 상황은 교환을 원하는 물건이 부패해 버리는 경우 발생한다. 이 경우에는 가치가 보존되지 않는다. 즉, 생선이나 고기, 채소 등은 아무리 물건을 많이 가지고 있어도 점차 부패하기 때문에 필요할 때에 필요한 물건과 교환할 수 있게 된다.

이러한 불편함을 줄이기 위해 동양에서는 쌀을 교환에 이용했다. 고구마 열 개는 쌀 한 되, 소 한 마리는 쌀 열 가마 식으로 물건의 가치를 표현했다. 이렇게 하면서 교환할 때 생기는 불편함이 줄어들었고, 모든 사람이 똑같은 기준으로 교환할 수 있었기 때문에 교환의 속도 또한 빨라졌다. 쌀은 오래 보관할 수 있어서 보존에 용이하다는 이점도 있었다.

이후 금속을 원형으로 가공해서 화폐로 만들어 사용하면서 돈이 탄생했다. 이러한 일은 세계 각지에서 일어났다. 희소가치가 있고, 보존할 수 있으며, 가지고 다니기에도 편리한 물건이 쌀과 같은 역할을 하게 된 것이다. 조개껍데기와 돌, 돼지 이빨 등을 사용하기 시작하면서 물건과 물건끼리 교환하는 것보다 편리해지면서 화폐경제가 발생하기 시작했다.

화폐는 분업을 촉진 시켜 사람들이 특정한 일에 전문화할 수 있도록 만들었다. 화폐가 없는 사회에서는 전문직업인이 존재하기 어렵다. 이것은 직접교환을 하는 물물교환 경제를 생각하면 쉽게 이해할 수 있다. 직접교환이 이뤄지기 위해서는 쌍방의 욕구가 일치해야 한다. 즉, 내가 원하는 물건을 가지고 있는 사람이 내가 가지고 있는 물건을 원해야 교환이 이뤄진다.

4. 시장

앞서 살펴보았듯이, 현대사회의 시장에서 분업은 필수적이다. 분업은 상호 간의 원활한 교류로 더 넓은 사회를 만들고 더 빠르고 효율적으로 시장을 이끈다. 하지만 이 분업은 교환가능성을 전제로 한다. 교환가능성이란 잉여생산물이 있고 시장이 있어야 생긴다. 그럼 시장은 언제 처음 발생하였고 어떻게 변화해왔을까?

석기시대, 그러니까 지금으로부터 약 6천 년 전에 이미 물물교환이 이루어졌다고 한다. 많은 부족들은 내부적으로 그리고 타 부족과의 관계에서 도끼와 부싯돌, 정과 막대, 조개껍질, 항아리, 모피, 가죽 등의 물건을 거래했다고 한다. 이 같은 물물교환이 이루어지는 장소를 시장으로 본다면 시장의 역사는 참으로 오래되었다고 볼 수 있다. 이쯤해서 시장에 대해 좀 더 자세히 알아보자.

시장은 인적·물적·시간적·공간적 요소들이 유기적으로 합쳐져 교환의 기능을 중심으로 이루어진 장소를 가리키는 경제용어이다. 쉽게 말해 상품의 교환이 이루어지는 곳이다. 인류가 교환을 시작한 이래로 지금까지 시장은 사람들의 삶과 떼어낼 수 없는 한 영역으로 존재해 왔고, 인류가 존속하는 한 앞으로도 변함이 존재할 것이다. 시장의 의미를 완전히 밝히기가 쉽지 않다. 시장은 우선 '모이는 장소'라고 할 수 있다. 함께 참여한 모든 사람에게 유용한 결과가 있을 것을 기대하며, 인적·물적·시간적·공간적 요소들이 한데 모여 자연발생적으로 만들어진 사회적 제도가 바로 시장이다.

시장은 크게 구체적 시장과 추상적 시장 두 가지로 나뉜다. 구체적 시장은 거래가 이루어지는 장소를 뜻하는 시장이고, 추상적 시장은 가격형성기능이 강조된 논리적 범주로서의 시장이다. 인류학과 역사학의 탐구대상은 인류의 삶과 함께 해왔던 구체적 시장이다. 이 경우의 시장은 '장터' 또는 '장판'의 의미가 강하다. 그런 면에서 전통적으로 시장을 장(場) 또는 장시(場市)·시상(市上) 등으로 불러왔는데, 이들 모두가 주기적 또는 지속적으로 거래가 이루어지던 한정된 장소의 성격을 갖는다는 특징이 있다. 교통과 수송 수단, 그리고 화폐경제가 발달하면서 장터의 구조적 작용 관계(기능)를 밝힐 필요가 있었다. 이 때문에 나타난 것이 일반화된 추상적 시장개념이다. 경제학에서 논의되는 노동시장·금융시장 등과 같은 시장은 공간적 제약을 뛰어넘어 자체의 논리 속에 존재하는 추상적 시장의 대표적 예들이다.

일정한 시간에 판매자와 구매자가 흔히 장기간에 걸친 인간적 관계를 바탕으로 만나 필요한 상품을 사고파는 특정한 장소를 구체적 시장이라 한다면, 공급과 수요가 서로 만나 경쟁을 통하여 상품의 가격과 수량 및 품질 등을 결정하는 형식적 공간이 추상적 시장이다. 즉, 장터가 사회·문화·정치·경제 등 모든 관련 분야가 한데 어우러진 열려 있는 삶의 총체적 장(場)이라 본다면, 추상적 시장은 경제적 합리성만이 극도로 추구되는 비인격적 교환관계의 총체라고 볼 수 있다.

구체적 시장의 기능을 일반화하는 과정에서 추상적 시장이 발견되었는데, 산업사회의 출발은 바로 이러한 발견과 깊은 관련을 맺고 있다. 왜냐면 산업사회는 사회적·정치적 요인에 의해 제도화되기보다는 합리적 사고를 바탕으로 하는 경제적 교환관계를 주축으로 제도화되어 있기 때문이다. 산업사회에서는 그 구성원들이 가지고 있는 다양한 욕구들을 주로 경제적 교환관계를 통하여 조정한다. 경제적 교환관계는 다시 시장에서 형성되는 가격에 따라 유도되기 때문에 시장은 산업사회를 조직하는 가장 기본적인 제도가 된다.

국가는 상충하는 구성원들의 욕구를 조정할 수 있는 또 다른 제도이다. 그러므로 시장과 국가는 때에 따라 보완하거나 대립하는 관계에 놓이곤 한다. 대립 될 때 무엇을 우선적 조정자로 삼느냐에 따라 시장경제체제와 통제경제체제 둘로 나눌 수 있다. 이에 따라 시장은 산업사회를 조직하는 기본적 제도일 뿐만 아니라 체제를 구분하는 초석이 되기도 한다.

위에서 설명한 바와 같이 시장은 인적·물적·시간적·공간적 요소들이 유기적으로 합쳐져 이루어진 사회적 제도이다. 그러므로 어느 요소를 강조하느냐에 따라 시장은 다양하게 분류될 수도 있다. 시장을 역사 속에 실제로 존재했던 구체적 시장으로 이해할 경우 당연히 시간적·공간적 요소들이 부각 되며, 일반화된 추상적 시장개념에서는 인적·물적 요소들이 특히 강조된다.

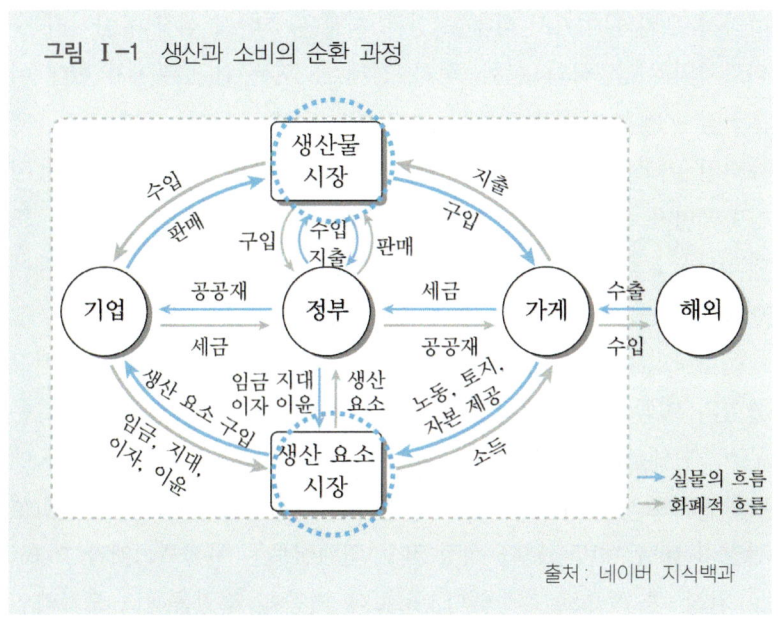

그림 Ⅰ-1 생산과 소비의 순환 과정

출처 : 네이버 지식백과

가장 많이 거론되는 시장의 분류방법은 거래되는 물건에 따라 분류하는 방법이다. 이때 시장은 상품시장과 요소시장으로 나뉜다. 상품시장은 다시 소비재시장과 생산재시장으로 나뉜다. 요소시장은 이른바 생산요소의 거래가 이루어지는 시장으로, 크게 토지가 가지는 자연적 성질을 매매하는 토지시장과 인간의 노동력을 거래하는 노동시장, 그리고 자본시장 등으로 구분된다.

각각의 시장은 또 다른 기준에 따라 더욱 세분될 수 있다. 예컨대,

자본시장은 기업활동에 필요한 기계설비·건물 등을 다루는 실물자본시장과 증권시장·화폐시장을 포괄하는 금융시장으로 구분할 수 있다. 정부의 규제나 일반적 거래관행이 준수되는 시장을 정상시장과 그렇지 않은 암시장 또는 회색시장으로 구분할 수 있다.

시장의 종류를 이처럼 다양하게 구분할 수 있지만, 모든 시장이 공통으로 가지고 있는 한 가지 기능은 모여서 교환하는 기능이다. 따라서 우리가 여기서 다루고 있는 시장은 추상적 시장이 아니라 장터로서의 시장, 사회·문화·정치·경제 등 모든 관련 분야가 한데 어우러진 구체적 시장을 말한다. 여러분이 잘 알고 있는 고대 그리스의 유적인 '아고라'는 장사꾼과 시민들이 물건을 흥정하는 시끌벅적한 시장바닥이자, 철학자들이 진리를 논하는 논쟁의 공간이기도 했다. 또한 고대 그리스 민주정치의 요람이었다. 우리나라에도 다음카페에 '아고라'라는 카페가 있다. 이름을 괜히 아고라라고 짓지 않았다.

우리나라의 시장은 1996년 유통시장 개방 이후 백화점, 전통시장 중심의 이중 구조에서 대형할인점, 홈쇼핑과 인터넷쇼핑몰과 같은 무점포판매업 등으로 구조가 변화하였다. 대한상공회의소의 발표에 따르면, 2022년 국내 소매업 매출액 규모는 494조원으로 코로나 발생 전인 2018년 대비 35.9% 성장했다. 업태별로는 무점포소매가 76.6%로 가장 큰 폭으로 성장했다. 코로나 기간을 겪었음에도 오프라인 유통 중 슈퍼마켓, 전문소매점, 편의점, 백화점의 매출액은 두 자릿수 성장했지만, 대형마트는 3.9% 성장하는 데 그쳤고, 면세점은 오히려 6.0% 역성장한 것으로 나타났다. 2022년을 기준으로 보면, 우리는 1년에 적어도 494조 원이라는 돈을 소비하는 데 썼다. 사람들은 이 많은 돈을 어디서 무엇을 하는 데 썼을까? 지난 한 해 여러분은 주로 어디서 쇼핑을 하고, 무엇을 샀는가?

5. 소비경제사회의 도래

인류의 삶이 자급자족경제에서 시장경제사회로 바뀌면서 어떻게 달라졌는지 한번 알아보자 이를 위해 먼저 한중섭(2018)이 쓴 〈사실 바쁘게 산다고 해결되진 않아〉에 나오는 원시인의 하루 일과를 읽어보자.

어느 원시인의 하루 일과

"동굴에 빛이 조금씩 들어온다. 잠에서 깨보니 아이들은 일찌감치 일어나 잡담을 나누며 장난을 치고 있다. '오늘은 사냥에 성공할 수 있을까.' 말라비틀어진 과육을 씹으면서 기필코 듬직한 들소를 잡으리라 전의를 불태운다. 고기를 못 먹은 지 벌써 삼 일째다. 삼삼오오 남자들이 짝을 지어 동굴 밖으로 나간다. 이들의 손에는 날카롭게 깎은 돌도끼가 들려 있다. 뜨거운 태양을 피해 여자들은 그늘을 따라 동굴 근처 나무에서 분주히 과일을 딴다. 아이들은 불쏘시개로 동굴에 낙서를 한다. 해가 질 무렵, 동굴 주위가 부산하다. 아이들이 환호성을 지른다. X를 비롯한 남자들은 늠름하게 노루 세 마리를 막대에 묶어 동굴로 들어온다. 들소는 아니지만 이 정도면 훌륭한 만찬이다. 게걸스럽게 노루 고기를 먹어 치운 후, X는 모닥불 앞에 쭈그려 앉아 불을 쬐며 낮에 노루를 사냥할 때 마주쳤던 늑대를 떠올린다. 다른 남자들과 같이 있었기에 망정이지 만약 혼자였다면 영락없이 늑대 밥이 됐을 거라는 생각에 등골이 서늘하다. 천천히 불을 쬐고 있으니 긴장이 풀리고 불안한 마음이 없어진다. 안전한 동굴 속, 더 이상 생명을 위협하는 맹수는 없다. 아이들은 아까부터 열심히 불쏘시개로 동굴 벽에 무언가를 그리고 있다. X는 동굴 밖 별을 보며 서서히 잠에 든다."

다음은 현대인의 하루 일과는 어떤지 살펴보자. 아래는 한중섭(2018)이 쓴 〈사실 바쁘게 산다고 해결되진 않아〉에 나오는 어느 주식 중개인 Y씨의 하루 일과이다. 한번 읽어 보자.

어느 현대인(주식 중개인 Y씨)의 하루 일과

"'따르릉.' 6시. 핸드폰 알람이 울리며 주식 중개인 Y 씨는 잠에서 깬다. 일어나자마자 반사적으로 TV 리모컨 버튼을 누르고 우적우적 시리얼을 먹는다. 화면 속 흘러나오는 지난밤 미국 증시, 연준(연방준비은행)의 금리 코멘트에 관한 뉴스를 듣는 둥 마는 둥 하며 스마트폰을 쥐고 메일을 체크한다. 집 근처 역에 회사 방향 지하철이 도착하는 시간은 6시 42분. 늦지 않기 위해 부랴부랴 샤워를 끝내고 집을 나선다. 지하철 안에서 스마트폰에 시선을 고정한 채 쉴 새 없이 간밤에 일어난 뉴스를 확인하다가 문득 고개를 스윽 들어본다. 이른 아침 지하철로 출근하는 사람들의 모습은 크게 다르지 않다. 자거나, 화장하거나 스마트폰 보거나. 회사에 도착해서 아침 회의를 마치고, 근처 카페에서 커피를 테이크 아웃한다. 애널리스트가 쓴 보고서를 빠르게 요약해서 9시 장 시작 전 손님들에게 보낸다. '후우'하고 한숨 돌리려던 차에 쉴 틈도 없이 전화가 울린다. 최저 임금과 법인세 인상이 한국 기업들의 이익에 미치는 영향에 대해서 문의하는 고객의 요청을 듣고, 오후까지 답을 보내주겠다고 하며 전화를 끊는다. 급하게 애널리스트에게 전화해서 의견을 물어보고 자료를 정리하다 보니 벌써 12시, 점심시간이다. 주식 중개인의 점심은 늘 배달 도시락이다. 오늘의 메뉴는 햄버거. 밥을 먹으면서도 메신저로 끊임없이 경쟁사 중개인들과 정보를 교환하고 주식시장에 대해서 이야기한다. 여기저기 바쁘게 전화를 돌리고 나니 어느새 장이 마감했다. 이제는 손님들을 만나러 갈 시간이다. 이따가 5시에 A기관 매니저를 만나고, 저녁 7시에는 신생 운용사인 B기관 CIO(Chief Investment Officer, 최고 투자책임자)와 저녁을 하기로 했다. 첫 번째 미팅을 끝내고 저녁 약속을 가는 도중에 집사람에게서 전화가 왔다. 4차 산업혁명 인재 육성반이라고 요즘 인기 있는 코딩 학원이 있는데, 아들 녀석 교육비가 더 들어갈 것 같다고 하는 것이다. '이런 중요한 때에 하필!' 화를 참아가며 그런 일은 알아서 하라고 신경질적으로 전화를 끊어버렸다. '가만 보니 아이 교육비에 들어가는 돈만 월 백만 원이 넘네. 집 대출금 갚을 것도 아직 한참인데. 이번에 보너스 잘 안 나오면 큰일 나겠군'이라고 생각하던 중, Y는 이미 도착한 B를 발견한다. 의식적으로 얼굴 근육을 써가며 가까스로 웃음을 짓고 B에게 늦었다며 넉살을 부리고는 술을 권한다. 저녁이 끝나고 2차가 이어진 후 밤 11시경 B를 택시에 태워 보낸 뒤, Y는 담배를 한 대 피운다. 하루 중 그가 느끼는 얼마 되지 않은 여유로운 순간이다. 그 무엇으로부터 방해받지 않고 쫓기지 않는 이 해방감. 집에 가는 택시 안에서 스마트폰을 보다가 문득 캘린더에 저장된 토요일 골프 약속이 눈에 들어온다. '젠장, 이번 주말에는 가족끼리 바다 놀러 가기로 약속했는데. 다음으로 미뤄야겠네.' 그렇게 보게 된 캘린더에서 내일, 이번 주, 이번 달, 이번 분기, 이번 해에 할 일 목록을 보니 그는 속에서부터 화가 솟는다. "왜 나는 늘 바쁘고 시간이 없는 거지!" 그래도 벌써 목요일인 것에 위안을 삼으며 내일만 버티고 일요일은 하루 종일 잠만 자야겠다고 다짐하고는 택시에서 곯아떨어진다."

원시인들이 살아가는 데는 집도 가구도 전자상품도 필요 없다. 오직 돌도끼 하나로 충분하다. 현대인은 살아가는 데는 TV와 스마트폰과 자동차 등 많은 상품이 필요하다. 현대인인 주식중개인 Y씨의 삶에서 보듯이, 현대인들이 세상을 살아가는 데는 삶을 편리하게 해주는 이런 상품들 없이는 불가능하다. 그러나 원시인들처럼 혼자 사는 자급자족 경제사회가 아닌 이상, 자신이 필요로 하는 모든 상품을 혼자 다 생산할 수는 없다. 그 대신 오늘날 대다수 사람은 자신이 가장 잘할 수 있는 일에 종사(노동력 판매)하면서 소득(임금)을 얻고 그 돈으로 자신이 필요한 것을 시장에서 구매한다. 이것이 분업(사회적 분업)의 힘이고, 우리가 생활에 필요한 상품을 시장에서 구매할 수밖에 없는 사회경제적 이유다.

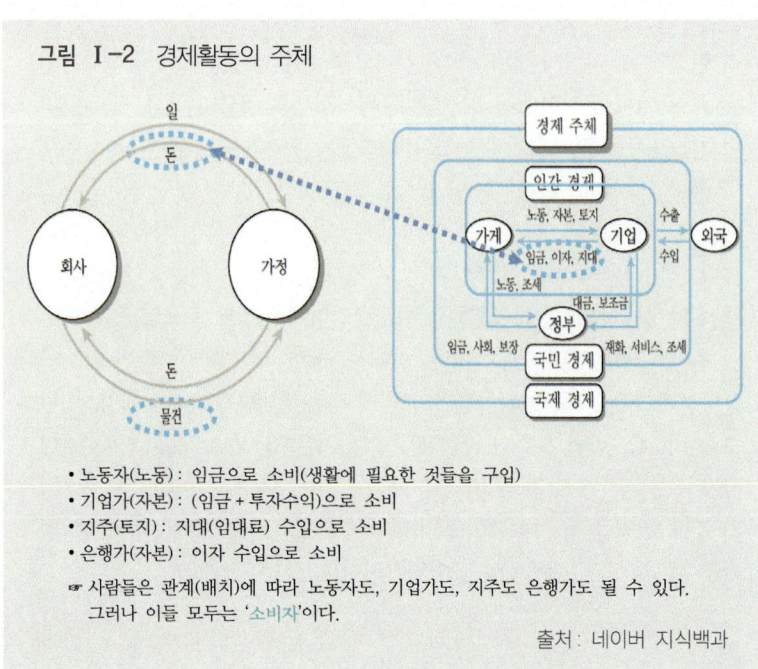

정리하면, 우리는 노동자로서 자신의 노동(시간)을 사용자에게 제공하고, 그 댓가로 임금(돈, 화폐)을 받고 있다. 우리는 소비자로서 이 임금으로 생활에 필요한 모든 것을 시장에서 구매하여 소비하며 살아가고 있다. 즉, 우리는 자급자족이 불가능한 고도의 분업화되고 전문화된 사회이자 시장경제사회에서 살고 있다. 따라서 우리는 구매(쇼핑)을 하지 않고는 단 하루도 살 수가 없다. 그래서 바야흐로 지금은 쇼핑의 시대다.

여러분은 어제 하루 누구와 어디에서 무엇을 하며 보냈는가? 그때 사용한 상품과 가격을 작성해보자. 사용한 상품의 가격은 구입 당시의 가격을 기준으로 적으면 된다. 아침에 일어나서 잠들 때까지 우리는 많은 상품을 사용하며 생활하고 있다. 이 많은 상품 중에 여러분이 직접 만들어 쓴 상품이 하나라도 있는가?

표 Ⅰ-1 소비와 관련한 나의 하루 일과표

	시간	어디에서	누구와	무슨 일을	사용상품과 지출 내역
오전	0:00-0:59				
	1:00-1:59				
	2:00-2:59				
	3:00-3:59				
	4:00-4:59				
	5:00-5:59				
	6:00-6:59				
	7:00-7:59				
	8:00-8:59				
	9:00-9:59				
	10:00-10:59				
	11:00-11:59				
오후	12:00-12:59				
	1:00-1:59				
	2:00-2:59				
	3:00-3:59				
	4:00-4:59				
	5:00-5:59				
	6:00-6:59				
	7:00-7:59				
	8:00-8:59				
	9:00-9:59				
	10:00-10:59				
	11:00-11:59				
	12:00-12:59				
	총지출 금액				

Chapter 2

심리적 이유

"Protect Me From What I Want(내가 욕망하는 것으로부터 나를 지켜줘)." 이 문구는 도심 대형 건물에 '빛으로 시(詩)를 쏘는 작가' 제니 홀저(Jenny Holzer)의 유명한 전광판 작품 제목 중의 하나이다. 욕망이 꿈틀대는 대도시 한복판의 고층빌딩 전광판에 적힌 이 한마디는 '소비'에 대한 현대인들의 인식을 잘 보여준다.

이번 장에서는 먼저 구매의 숨은 동기인 욕구와 욕망에 대해 알아보려고 한다. 욕구는 영어로는 Needs, Wants, Demand이다. Needs와 Wants는 모두 필요, 욕구, 욕망으로 번역할 수 있다. 여기에서는 Needs, Wants, Demand를 통칭할 때는 욕구로 부를 것이다. 편의상 여기에서는 Needs는 니즈로, Wants는 원츠로, Demand는 요구로, Desire는 욕망으로 우선 번역한다. 이 글에서는 용어를 정확하게 이해하기 위해 필요시 영어와 한글을 병기할 것이다.

1. 니즈, 원츠, 요구

먼저 니즈에 대해 알아보자. 니즈란 욕구라는 측면에서 보면 1차적인 욕구이다. 인간이 기본적으로 필요로 하는 것으로 기본적으로 무엇이 부족한 상태에서 그것을 채우고자 하는 열망이다. 현재 상태가 바람직하지 못할 때, 사람들은 보다 바람직한 상태가 되기를 원한다. 예컨대 지금 '몹시 목이 마르다', '무척 배가 고프다', '지금 무척 외롭다' 등등 이런 상태에서 사람들은 '목마름을 없애고 싶다', '배부르고 싶다', '사랑받고 싶다'는 열망을 하게 된다. 이런 열망을 일컬어 니즈라고 한다.

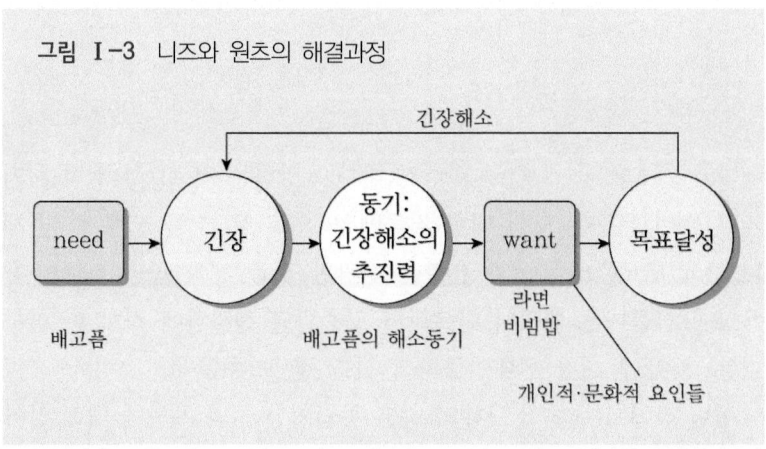

그림 I-3 니즈와 원츠의 해결과정

이러한 니즈는 마케터들에 의해 창조 가능한 부분이 아니다. 현재 살아 있는 사람이면 누구나 가지고 있는 가장 기본적인 열망들이다. 사람이 살아가는 데 필요한 의식주, 안전, 소속 등과 같은 기본적인 것이 결핍되었을 때 품게 되는 열망으로 볼 수 있다. 이런 니즈가 발생하면 사람들은 일단 긴장을 하게 되고 긴장해소를 위한 무엇을 필요로 하게 된다. 앞의 예를 이어서 설명하면 목이 마르니까 목마름

해소가 필요하고, 배가 고프니까 배가 부르면 싶고, 외로우니까 사랑받고 싶은 열망이 생기는 것이다. 결국 1차적인 욕구를 해결하기 위해서는 목마름을 해결하기 위한 마실 것, 배고픔을 잊을 수 있는 먹을 것, 외로움을 달랠 수 있는 어떤 것이 필요하게 된다.

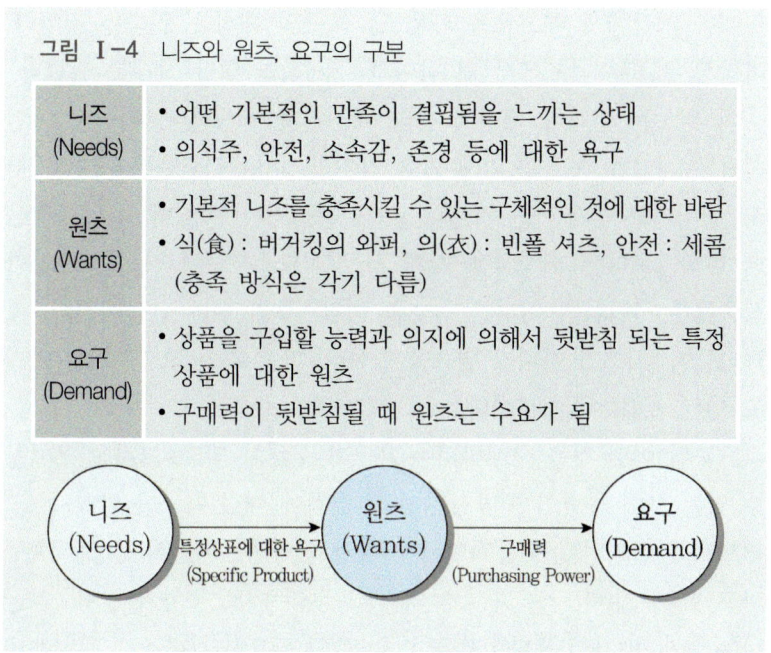

그림 Ⅰ-4 니즈와 원츠, 요구의 구분

이제 원츠에 대해 알아보자. 니즈가 1차적 욕구라면 원츠는 2차적 욕구라고 볼 수 있다. 여기서 원츠는 결핍에 따른 충족 욕구를 구체적으로 채워주는 어떤 것이 된다. 이 단계에서 욕구는 구체적인 형태를 띠게 된다. 즉, 사람들이 욕구충족을 위해 구체적인 무엇을 원하게 된다는 뜻이다. 이 구체적인 대상이 상품이 되는 것은 시장경제사회에서는 당연한 결과이다.

배고픔이라는 욕구의 예를 들어보자. 니즈는 지금 현재 '배가 몹시 고프다' 그래서 사람들은 '먹을 것'이 필요하다고 느낀다. 여기서는 '먹을 것'이 현재의 부족한 상태(배고픔)를 바람직한 상태(배부름)로 변화시켜 줄 수 있는 욕구의 대상이다. 그러나 '먹을 것'이라는 것은 구체적이지 않고 막연한 것이다. 그래서 사람들은 보다 구체적인 어떤 것을 원하게 된다. 그냥 원하는 것이 아니라 자신이 처한 현재 상황이나 맥락에서 배고픔을 채워 줄 욕구의 대상을 원하는 것이다. 따라서 원츠는 니즈에서 더 나아간 구체적인 열망 상태를 말한다.

이 원츠는 문화나 개성에 따라 개인차가 발생한다. 따라서 어떤 사람은 배고픔 해소를 위해 밥을 찾지만, 어떤 사람들은 국수를 찾고, 햄버거를 찾게 되는 것이다. 어제 술을 많이 마셨다면 밥을 찾을 때 비빔밥보다는 해장국을 찾게 될 것이다. 시중에 나오는 다양한 상품들은 사람들의 이러한 원츠를 해결해주기 위해 만들어졌다. 마케터들이 "니즈가 아니라 원츠를 팔아라."라는 격언을 신조처럼 여기고 있는 것은 이 때문이다.

요구란 어떤 것을 구매하려는 욕구가 구체화 되고, 그것을 구매할 수 있는 구매 능력이 뒷받침된 특정 상품에 대한 욕구를 말한다. 그러므로 실질적인 구매능력이나 의지가 없다면, 그것은 진정한 요구라고 할 수 없다. 자, 다시 앞의 '배고픔'의 예로 돌아가 보자. 지금 나는 몹시 '배가 고프다'. 지금 '먹을 것'이 필요하다(니즈). 그런데 내가 어제 술을 많이 마셔서 내 몸은 속을 풀 수 있는 '해장국'을 원한다(원츠). 그러나 지금 현재 나의 호주머니에는 달랑 3,000원 밖에 없다. 해장국이 한 그릇 8,000원인데 돈이 부족하여 먹을 수 없다. 대신에 편의점에 들러 3,000원 짜리 '해장라면'이나 사 먹어야겠다(요구). 이처럼 요구는 자신이 원하는 것들에 더 하여 사람들이 가지고 있는 재정적 상태와 그 상품을 구매하려는 의지가 반영된 것이다. 시장에 햇반이 나오고 컵라면과 컵밥이 나오는 이유는 이 때문이다.

마케팅은 고객의 욕구(니즈, 원츠, 요구)를 파악하고, 그 욕구(니즈, 원츠, 요구)를 충족시키기 위해 고객에게 사회·문화적 요인과 개인 특성을 반영한 상품을 개발하여 제공함으로써 고객을 만족시키는 일련의 활동들이다. 기업들은 이러한 활동을 통해 장기적인 기업의 목표(이윤추구, 생존)를 달성하고자 한다. 따라서 마케팅의 대상은 고객들의 니즈가 아닌 원츠에, 원츠가 아닌 요구가 되어야 하는 것은 어찌 보면 당연한 결과이다.

2. 욕망

영어사전을 찾아보면, 욕망이라는 단어 desire는 '몹시 바라다', '욕구하다'라는 뜻으로 나온다. 국어사전에서는 욕망을 '부족을 느껴 무엇을 가지거나 누리고자 탐함. 또는 그런 마음'으로 나온다. 그러나 이런 사전적 정의만으로는 욕망을 욕구와 구별하기 힘들어 보인다.

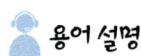 용어 설명

> ▶ Desire
>   1. 몹시 바라다, 욕구하다; 원하다, 희망하다(⇒ want [유의어])
>   We all desire success. 우리는 모두 성공을 바란다.
>   2. 요구[요망]하다, 원하다
>   <이성(異性)에> 욕정을 품다
>
> ▶ 욕망 欲望/慾望
>   하고자 할 욕(欲)
>   1. 하고자 하다, 바라다; 2. 장차(將次) ~하려 하다; 3. 하기 시작하다(始作--)
>   바랄 망(望)
>   1. 바라다, 기다리다; 2. 기대하다(期待·企待--), 희망하다(希望--)
>   [명사] 부족을 느껴 무엇을 가지거나 누리고자 탐함. 또는 그런 마음

> ➤ 욕구 欲求/慾求
> 구할 구(求)
> 1. 구하다(求--); 2. 빌다, 청하다(請--); 3. 탐하다(貪--), (욕심을)부리다
> [명사] 무엇을 얻거나 무슨 일을 하고자 바라는 일
>
> 출처 : 네이버 어학사전.

앞서 우리는 니즈와 원츠를 합해 모두 욕구로 번역할 수 있다고 했다. 이점 참고하여 용어에 혼돈이 없길 바란다. 라캉의 욕망이론이란 책에서는 인간의 욕망에 대해 어느 정도 잘 정의를 하고 있다. 거기에 있는 내용들을 참고로 하여 욕망의 정체에 대해 한번 살펴보도록 하자. 라캉은 욕구는 식욕과 성욕처럼 가장 일차적인 충동이라고 말한다. 만족을 추구하여 그걸 충족시켜 줄 대상을 찾고자 하는 충동 말이다. 이는 다른 사람에게 만족시켜 달라는 요구로, 대개는 사랑의 요구로 나타난다. 달리 말하면 요구는 욕구를 표현한다고 말할 수 있다. 욕구는 언제나 요구를 통해 표현되고 충족되어야 하기에 그 충족은 늘 불충분하다고 한다. 즉, 욕구와 요구 사이에 메울 수 없는 간극이 있다는 말이다. 라캉은 이 욕구와 요구의 격차로 인해 욕망이 생겨난다고 보았다. 이런 의미에서 욕망은 결핍이라고도 할 수 있다. 그것은 결핍을 메울 대상을 찾아 나서지만 결코 만족 될 수 없는 것이기에 또 다른 대상으로 끊임없이 치환된다. 즉, 대상이 끊임없이 치환되는 '욕망의 환유연쇄'가 나타난다. 여기서 중요한 것은 욕망이 절대로 충족될 수 없다는 사실, 그리고 이러한 욕망이 또 다른 욕망을 부른다는 사실이 중요하다.

아래 그래프를 한번 보자. 그래프 1은 이상점이 있다. 즉, 이 그래프에 따르면 결핍상태가 충족이 되면 사람들은 만족하게 된다. 이 상태에서는 결핍이 사라지게 되고, 욕구가 해소된다. '배고픔'을 예로

들면, 한계효용이 체감하게 되므로 더 이상 밥을 먹는 것이 즐겁지 않고 오히려 고통으로 다가오는 순간이 온다는 것이다. 반면에 그래프 5를 한번 보자. 이 그래프는 이상점을 가지고 있지 않다. 그래서 결핍상태가 충족이 되더라도 결코 만족에는 도달하지 않는다. 이 그래프는 한계효용 체증의 법칙을 보여준다. 채우고 또 채워도 욕구가 충족되지 않는다. 하나의 욕구가 또 다른 욕구를 부르는 '욕망의 환유연쇄'가 나타나는 것이다. 그래서 그래프 1은 욕구의 그래프이고 그래프 5는 욕망의 그래프다.

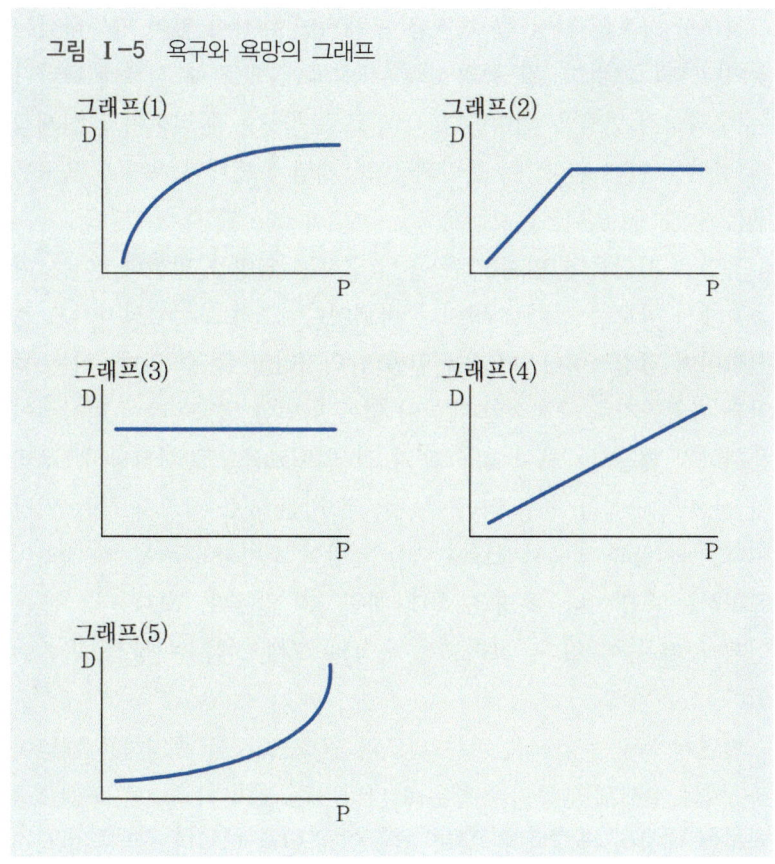

그림 I-5 욕구와 욕망의 그래프

Chapter 2 심리적 이유

지금까지 살펴본 내용을 토대로 욕구와 욕망을 구분해보자. 욕구와 욕망은 둘 다 사람들의 만족(기쁨)을 추구하려는 열망과 관련된 감정이다. 이를 불안과 공포라는 개념에 대비해서 살펴보면 이해가 빠를 수 있다. 불안(anxiety)과 공포(terror, fear)는 죽음, 즉 존재의 소멸 때문에 나타나는 감정이다. 불안(不安)이라는 감정은 걱정이 되어 마음이 편하지 않은 상태를 일컫는다. 불안의 가장 큰 특징은 구체적인 대상이 없어 추상적이고 애매모호하다는 것이다. 그러므로 불안은 다분히 의식적이고, 정신적이며, 감정적인 성격을 띠고 있다. 반면에 공포(恐怖)라는 감정은 두렵고 무섭다는 상태를 일컫는다. 그러므로 공포의 가장 큰 특징은 구체적인 대상이 있어 명확하다는 것이다. 뱀, 호랑이, 칼 등과 같은 대상에 접했을 때 신체에 나타나는 무의식적 반응을 의미한다. 그러므로 공포는 물리적이고 신체적인 성격을 띠게 된다. 이 불안과 공포 개념에 빗대어 욕망과 욕구를 구분해 볼 수 있다.

욕망은 사람들이 만족(기쁨)을 추구하는 열망을 말한다. 이는 마음속에서 나오는 강한 소망이나 바람이다. 그러므로 의식적이고 정신적이며 감정적이다. 따라서 일종의 의지라고 볼 수 있다. 이는 불안과 마찬가지로 구체적인 대상이 없는 막연한 열망이라서 이상점이 존재하지 않는다. '보다 더', '잘'과 같은 비교급으로 나타난다. 우리가 상품을 구입할 경우 더 좋은 것, 더 비싼 것을 찾고자 하는 열망이다. 사치품과 명품브랜드에 대한 열망이 소비와 관련될 때 개인이 표현하는 욕망이다. 욕망은 절대 채워지지 않는다. '보다 더', '잘'은 언제나 더 높이 있다. 그러므로 욕망의 그래프에는 이상점, 만족이 없다.

반면에 욕구는 앞서 살펴본 니즈와 원츠, 요구를 통칭하는 개념이다. 이는 실제로 행동이나 행위로 나타나는 것이다. 즉, 욕구에는 구체적인 대상이 존재한다. 특히 결핍으로 인해 나타나므로 무의식적이고 물리적이고 신체적인 특징이 있다. 따라서 욕구는 일종의 충동이다. 우리가 상품을 기본적인 욕구를, 즉 결핍을 해소하기 위해 상품을 구입하는 것이 이에 해당한다. 욕구는 한번 채워지면 해소된다. 그러므로 욕구의 그래프에는 이상점이 존재한다.

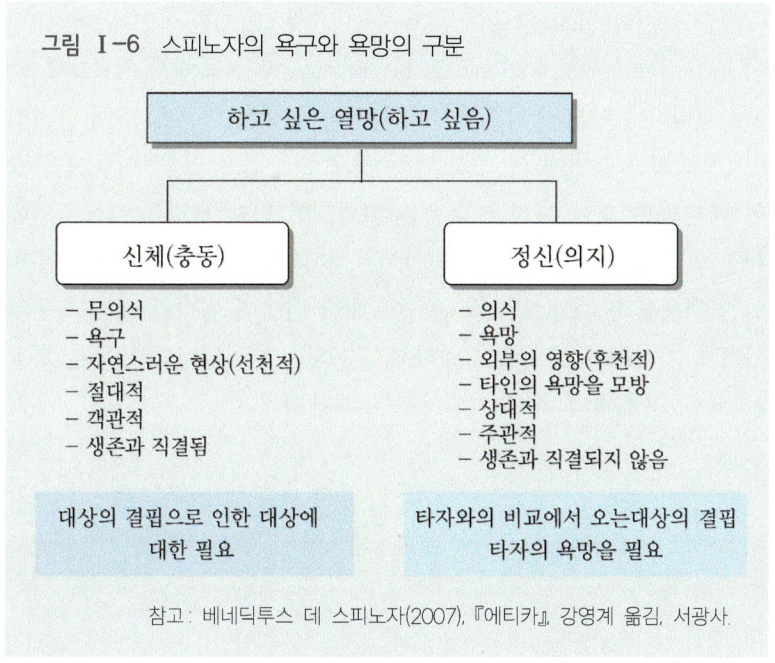

그림 Ⅰ-6 스피노자의 욕구와 욕망의 구분

참고: 베네딕투스 데 스피노자(2007), 『에티카』, 강영계 옮김, 서광사.

상품은 사용가치와 교환가치를 지닌 물건을 말한다. 그러나 상품에는 이러한 가치 이외에도 상징적 가치(브랜드)와 심미적 가치(디자인), 초월적 가치(윤리) 등이 포함되어 있다. 사용가치에 초점을 맞춰 상품을 구입하려는 마음은 욕구로 해석하고, 상징적 가치와 심리적 가치, 초월적 가치에 맞춰 상품을 구입하려는 마음은 욕망으로 해석할 수 있다. 욕구와 욕망의 충족을 대상으로 구분할 수는 없는 이유는 이 때문이다. 소득수준이 높아지고, 교육수준과 문화수준이 높아짐에 따라 사람들은 욕구보다는 욕망을 더 추구하게 된다. 마케팅이 불필요한 욕망을 자극한다는 오명은 이 때문에 덧씌워졌다.

3. 매슬로우의 욕구이론

매슬로우(Abraham Harold Maslow; 1908~1970)는 1954년에 유명한 욕구이론을 『Motivation and Personality』라는 책에서 처음으로 소개하였다. 이 이론은 기존의 심리학이나 경제학 이론에 비해 감정적인, 정서적인 측면에 더 중점을 둔 것으로 알려져 있다. 이론이 등장한 배경과 주요한 특징은 다음과 같다. 첫 번째 특징은 행동주의에 대한 반발을 들 수 있다. 매슬로우는 당시의 행동주의에 반발하면서, 인간 행동을 단순한 외부적 자극에 대한 반응이 아니라 내적 욕구와 가치에 기인하는 것으로 이해하고자 했다. 그는 인간의 행동은 복잡한 욕구 구조에 의해 조절된다고 주장했다.

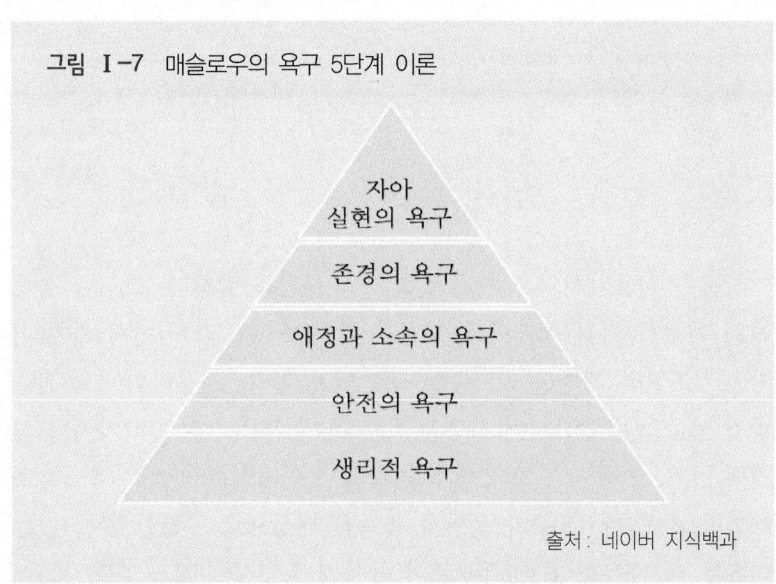

그림 I-7 매슬로우의 욕구 5단계 이론

출처: 네이버 지식백과

이와 함께 경영컨설턴트이기도 한 매슬로우는 이론에서 인간의 복잡한 욕구 구조를 강조하고자 했다는 것이 두 번째 특징이다. 매슬로우는 욕구를 단순히 신체적인 요구만이 아니라, 사회적, 정서적, 정신적인 측면에서도 이루어지는 복잡한 과정으로 이해했다. 이것이 이론에서 다루는 다섯 가지 계층의 욕구로 나타나게 되었다. 세 번째 특징은 매슬로우가 자아실현에 대한 욕구를 강조했다는 점이다. 매슬로우는 인간의 최고의 욕구가 자아실현에 대한 욕구인 것으로 생각했다. 이는 창의성, 문제 해결, 개인의 잠재력 발휘 등을 포함한다. 이 개념은 매슬로우의 이론에서 가장 상위에 위치한 계층으로 나타났다. 마지막 특징은 계층적 구조와 우선순위가 있다는 것이다. 매슬로우는 이 욕구들이 계층적 구조를 이루며, 기본적인 욕구가 충족되어야 높은 계층의 욕구로 나아갈 수 있다고 제안했다. 이는 우선순위가 있다는 개념으로, 물리적 생존이 보장되어야 안전 욕구, 소속 욕구, 존경 욕구, 자아실현 욕구 순으로 나아갈 수 있다는 것을 의미한다.

이러한 매슬로우의 욕구이론은 실증적 연구에 기반한 이론이다. 매슬로우는 자신의 이론을 다양한 문화와 실증적 데이터에 기반하여 개발했다. 이는 당시의 다양한 문화와 개인에게 적용 가능한 범용적인 이론을 제시하려는 노력을 보여준 것이었다. 매슬로우의 욕구이론은 인간 행동을 이해하고 조절하는 데 중요한 역할을 했으며, 특히 조직 행동, 교육, 리더십, 마케팅 등 다양한 분야에서 활용되고 있다. 유명한 이론이라 나무위키, 위키백과, 네이버 백과사전 등에서 매슬로우와 그의 이론에 대해 자세히 설명하고 있다.

여기에서는 이들 자료들을 참고로 매슬로우의 욕구이론을 다섯 가지 단계로 나누어 살펴보자. 이 다섯 가지 계층은 생리적 욕구, 안전욕구, 소속 및 애정욕구, 존경욕구, 자아실현의 욕구이다. 이 이론은 소비자 행동을 이해하고 마케팅전략을 수립하는 데 도움이 될 수 있다. 그러므로 이 이론의 단계별 특성을 알아보자.

첫 번째 단계는 생리적 욕구(Physiological Needs)이다. 이 단계는 기본적인 생존에 필요한 욕구로 의식주 등과 관련이 있다. 배가 고프면 먹고 싶고, 배부르면 졸리고, 화장실도 가고 싶고 등등 생리적인 욕구가 인간의 가장 기본적인 욕구이다. 즉, 의식주에 필요한 본능적인 욕구가 가장 최우선 충족되어야 다음 욕구가 생길 수 있다. 마케팅전략에서는 상품이 어떻게 소비자의 생리적 욕구를 충족시키는지 강조할 수 있다. 예를 들어, 건강 음료나 영양 보충제 등의 상품도 이에 해당될 수 있다.

두 번째 단계는 안전 욕구(Safety Needs)이다. 생리적 욕구가 해결되면 불안과 공포로부터 심리적 안전함을 추구하려는 욕구인 안전의 욕구가 생긴다. 보호, 확실성, 질서, 예측 가능한 환경 등 신체적, 정서적 안전을 추구하고자 한다. 위험이 있는 것은 회피하고 안정적인 일을 선호하거나 저축을 하거나 익숙한 것, 아는 것을 우선 선택하고자 하는 것이 그러한 욕구에 해당된다. 이 안전 욕구는 신체적 안전과 경제적 안정성을 의미한다. 보험, 안전장치, 거주지의 안전성 등이 여기에 해당된다. 상품의 안전성, 보증 제도, 환불 정책 등을 강조하여 소비자에게 안전감을 제공하는 것이 중요하다. 예를 들어 세콤, 세스코, 보험상품 등이 이에 해당한다.

세 번째 단계는 소속과 애정 욕구(Social Needs)이다. 사람들과의 관계를 맺고 싶어 하고 단체나 집단에서 자신의 자리를 갖고 싶은 욕구가 바로 소속감 때문이다. 인간은 집단적인 심리가 있으므로 대인관계를 형성하고, 그 안에서 자신의 자리를 가지고자 한다. 또한 상대방에게 애정을 주고받는 것도 포함된다. 결국 인간은 외로움과 소외감을 피하고 무리속에서 소속되어 있기를 늘 원한다. 이제는 대면이든 비대면(인스타, 화상)으로든 소통하려고 하는데 그것은 바로 이 욕구 때문이다. 이 단계는 사회적 관계, 친구, 가족과의 소통을 통한 만족을 다룬다. 소비자들은 상품이나 브랜드를 통해서도 사회적인 소속감을 느낄 수 있다. 최근에는 SNS활용이 늘고 있는데, 소셜 미디어를 활용한 마케팅전략이나 상품의 공유 가능성을 강조하는 경우가 그 예이다.

네 번째 단계는 존경 욕구(Esteem Needs)이다. 관계를 맺고 나면 사람들은 자신에 대한 안정적이고 좋은 평가를 다른 사람으로부터 받기를 바란다. 자부심이나 자존감을 느끼며 타인에게서 존중받기를 바라는 마음이 이에 해당한다. 자기 스스로가 높게 생각하거나 타인에게 존중받아 높게 생각하는 것 등이 기초하여 자존감을 형성하게 된다. 자신의 장점과 약점, 자기 자신을 잘 알고 자신을 객관적으로 평가할 수 있어야 자기존중감과 자신감을 얻는다. 더 나아가 명예나 권력, 성취감 등 좀 더 환경보다는 자아로 욕구가 이동한다. 즉, 존경 욕구는 자존감, 자존심, 경쟁, 성취에 관련이 있다. 이에 따라 브랜드 명성, 상품의 품질, 특별한 경험을 통해 소비자에게 존경받는 느낌을 제공할 수 있다.

마지막 다섯 번째 단계는 자아실현 욕구(Self-actualization Needs)이다. 자아실현의 욕구는 자기완성의 욕망과 잠재적인 자신의 모습을 실현하려는 최상의 욕구이다. 매슬로우의 욕구 중 가장 높은 곳에 위치한 마지막 욕구이기도 하다. 즉, 사람들은 존경욕구에 만족하면 최종적으로 자신이 진정하고 싶었던 일이나 자신의 길을 걷고 싶어 한다. 이 시기에 이르면 사람들은 남이 아닌 나에게 집중되어 내가 하고 싶은 일을 추구하게 된다. 결국 자아를 찾고 자신에게 맞는 자신의 길을 걷고자 하는 것을 의미한다. 이 단계는 창의성, 문제해결, 자기계발에 대한 욕구를 나타내기도 한다. 이 때문에 고객이 자기 자신을 실현할 수 있는 기회를 제공할 필요가 있다.

마케팅 전략을 수립할 때, 상품이나 브랜드가 이러한 욕구 중 어떤 욕구를 어떻게 충족시키는지를 강조하고, 고객과의 강력한 연결을 구축하는 것이 중요하다. 또한, 소비자의 욕구와 가치관을 이해하고 그에 맞게 적절한 메시지와 채널을 선택하여 소통하는 것이 효과적이다. 매슬로우의 욕구이론을 잘 분석해보면, 욕구이론은 욕구와 욕망으로 나눌 수 있다. 생리적 욕구와 안전욕구는 저차원 욕구로서 신체와 관련이 있다. 이는 결핍으로 나타나며 반드시 충족되어야 하는 기본적인 욕구이다. 반면에 애정·소속욕구, 존경욕구, 자아실현 욕구는 고차원의 욕구로서 정신과 관련이 있다. 이는 결핍으로 인한 불만족만 있지, 절대 만족이라는 이상점이 없는 욕망에 해당한다고 볼 수 있다.

기본적인 욕구를 충족시켜주는 상품이라고 하더라도 상품에 애정·소속욕구와 존경욕구, 자아실현 욕구를 충족시켜 주고자 하는 것은 소비자의 욕망을 충족시켜 주는 것이다. 예컨대 상품이 가진 사용가치를 높이는 것이 아니라 상징가치와 심미적 가치, 초월적 가치를 제공하고자 하면 욕구가 아닌 욕망을 파는 것이다. 소득수준과 교육수준이 높아지면 자연 저차원 욕구 충족보다는 고차원 욕구인 욕망이 일어난다.

다음 [표 1-2]의 빈칸을 채워가며 지금까지 배운 욕구와 욕망을 제대로 이해했는지 테스트해자. 먼저 5단계 욕구별로 어떠한 니즈들이 있는지 3가지 정도 나열해보자. 이들 니즈들을 충족시켜주는 상품카테고리를 나열해보자. 각 상품(브랜드)에서 원츠와 요구에 해당하는 상품(브랜드)에는 어떤 것이 있는지 찾아보자. 그리고 마지막으로 욕망을 충족시켜주는 상품(브랜드)에는 어떤 것이 있는지도 찾아보자. 기존에 있는 상품들도 좋고, 새로 나왔으면 하는 상품들도 좋다. 여러분이 채우지 못한 공간, 이 공간이 향후 신상품개발이 필요한 공간이다. 이 공간이 새로운 블루오션이 될 것이다.

표 I-2 매슬로우의 욕구 단계별 욕구와 욕망의 구체화

매슬로우 욕구 5단계	욕구			욕망(desire)
	니즈(needs)	원츠(wants)	요구(demands)	
1. 생리적 욕구	들고 다닐 작은 손가방이 필요해! ex) 핸드백	가죽으로 만든 손가방을 원해! ex) 가죽 핸드백	저렴한 가죽 손가방을 줘! ex) 인조 가죽 핸드백	유명한 브랜드 손가방을 갖고 싶어! ex) 명품 가죽 핸드백
2. 안전 욕구				
3. 애정/소속 욕구				
4. 존경 욕구				
5. 자아실현 욕구				

4. 철학자들이 바라본 욕망

종교와 철학에서는 욕망을 부정적으로 보았다. 즉, 비이성적이고 감성적인 욕망은 이성에 의해 거부되고 억눌러야 할 인간의 속성으로 인식되었다. 16세기 이후 근대에 이르러 욕망에 대한 긍정적 인

식이 싹트기 시작했다. 이진경(2005)이 지은 『철학과 굴뚝청소부』와 진경갑(1999)이 지은 『욕망의 통제와 탈주』는 욕망을 다룬 여러 철학자들을 소개하고 있다. 여기에서는 이들 철학자 중 저자의 흥미를 끄는 주요 근현대 철학자들의 욕망관을 소개할 것이다.

  욕망을 보는 관점은 크게 세 가지로 분류할 수 있다. 첫 번째는 욕망을 결핍과 충족의 대상으로 보는 관점이다. 프로이트와 헤겔 등이 이에 해당한다. 두 번째는 금기와 위반의 대상으로 욕망을 보는 관점이다. 바타유와 라이히 등이 이에 해당한다. 세 번째는 욕망을 흐름과 생산으로 보는 관점이다. 스피노자와 니체, 들뢰즈 등이 이에 해당한다.

근현대 철학자들의 욕망관

1. 결핍, 충족의 대상 : 프로이트, 헤겔, 쇼펜하우어
2. 금기, 위반의 대상 : 라이히, 바타이유
3. 흐름, 생산의 대상 : 스피노자, 니체 들뢰즈

▶ **헤겔**

  헤겔(Georg Wilhelm Friedrich Hegel, 1770~1831)은 인정과 관심을 인간의 욕망으로 본 철학자다. 인간이란 타자의 관심과 애정이 없다면 존재할 수 없다. 다른 동물들은 태어나자마자 부모로부터 어느 정도 독립한다. 그렇지만 인간의 갓난아이는 스스로의 힘으로 걷지도 먹지도 못한 채 몇 년을 보내야 한다. 부모나 타인의 도움이 없다면, 삶을 제대로 영위하기도 버겁다. 어른들이 학연이나 혈연, 그리고 외모 등등에 연연하는 것도 모두 타인으로부터 손쉽게 관심과

인정을 받으려는 욕망 때문에 가능했던 것이 아닌가.

헤겔의 욕망관에서 중요하게 다뤄지는 개념은 『정신현상학』에 등장하는 노예와 주인의 변증법이다. "사랑은 인정 욕구이고 따라서 연애는 인정투쟁이다." 인정받기 위해서는 투쟁을 해야 하고, 그 투쟁은 목숨을 건 투쟁이어야 하며 그래야 자존감을 획득하고 사랑도 명예도 얻을 수 있다는 논리다. 인정투쟁에서 목숨을 건 자는 승리하여 주인이 되는 것이고, 용기를 내지 못하고 물러난 자는 노예가 된다. 주인은 인정을 위해 투쟁을 했고, 목숨을 걸었다. 그러나 그가 획득한 인정은 그에게는 무가치한 것이다. 왜냐하면 그는 자신이 인정하는 사람의 인정에 의해서만 욕망이 충족될 수 있기 때문이다. 주인이 이룬 것은 자립적 의식이 아니라 도리어 비자립적 의식이다. 노예에게 의존해서 살아가는 주인은 진정한 주인이 아닌 '노예의 노예'에 불과하다는 주인의 새로운 자각과, 노예야말로 주인을 주인으로 만드는 '주인의 주인'이라는 노예의 새로운 자각이 일어난다. 이로써 예속된 노예는 주인이 처해 있던 것과는 반대되는 위치로 진화되기에 이른다. 노예는 더 이상 노예이기를 중단하는 것이다. 노예에게 의존해서 살아가는 주인은 '노예의 노예'가 되고, 주인을 주인이게 하는 노예가 '주인의 주인'이 되는 역설적 관계가 헤겔의 '주인과 노예의 변증법'이다.

▶ 프로이트

프로이트(Sigmund Freud, 1856~1939)는 인간의 본능 외에 우리가 미처 알 수 없는 마음의 힘, 즉 무의식적 동기에 의해서 몸과 마음이 움직이고 있다고 했고, 그 충동을 욕동(慾動, drive·독일어 Trieb)이라고 하였다. 그의 욕동은 타고난 본능과는 구별되는 개념으로 인간의 마음을 움직이게 하는 동기적 힘을 가진 무의식적 소망(wish) 또는 욕망(desire)으로 가정하였고, 무의식의 기본적인 단위로 생각하였다. 따라서 그는 욕망은 절대 충족될 수 없다고 보았다. 특히 그의 정신분석학은 주체가 부족, 결핍을 느껴 욕망이 일어난다는 부정적인 욕망관을 바탕에 두고 있다. 이런 부정적인 욕망관으로 욕망을 억제되거나 거부되어야 하는 것으로 간주하였다.

이 욕망관의 근저에는 '오이디푸스 콤플렉스'가 자리잡고 있다. 5~6세의 남자아이는 엄마에게 애정을 쏟고 아버지를 방해자로 여긴다. 하지만 아버지에게 거세의 위협을 받으므로 아이는 무의식중에 욕망을 억압당하는 동시에 아버지의 원칙을 내면화하게 된다. 프로이트는 이러한 억압된 심리를 아버지를 살해하고 어머니를 아내로 맞은 그리스신화의 오이디푸스 왕의 이름을 따서 '오이디푸스 콤플렉스'라고 이름 지었다. 이 개념은 이후 정신분석학뿐만 아니라 현대 철학자인 들뢰즈 등에게 많은 영향을 미쳤다.

후기 프로이트는 이드(Id), 에고(Ego), 슈퍼에고(Super-Ego)를 통해 인간의 성격과 정신 구조를 나타내는 세 가지 핵심 개념을 제안했다. 개념을 간단히 소개하면 다음과 같다. 이드는 본능적인 욕구와 원초적인 욕망을 대표한다. 즉, 에너지의 근원이며, 즉각적인 만족을 추구한다. 이드는 현실적이거나 타인의 감정이나 규칙을 고려하지 않고 순수한 욕구에 의해 움직인다. 이에 반해 슈퍼에고는 윤리적, 도덕적 책임과 이상을 담당한다. 사회적 규범과 가치관, 도덕적 원칙 등을 내면화하고, 이에 따라 행동하도록 개인을 규제한다. 나아가 슈퍼에고는 이드의 즉각적인 욕구보다는 미래에 대한 고려를 하며, 양심과 도덕적 가치에 근거하여 행동을 조절한다. 중요한 것은 에고다. 에고는 현실성을 담당하는 부분으로, 현실과 외부 세계와의 상호작용을 조절한다. 이드의 욕구를 만족시키되 현실의 제약과 타인과의 관계를 고려하여 적절한 방식으로 조절한다. 따라서 에고는 상황에 따라 이드와 슈퍼에고 사이에서 균형을 찾는 역할을 한다. 이드와 슈퍼에고, 에고는 프로이트가 개발한 정신 구조 이론에서 중요한 역할을 하며, 에고가 이 두 가지 간의 균형을 유지하려고 노력하는 것으로 나타난다. 이러한 상호작용은 인간 행동과 개인성 형성에 영향을 미치는 중요한 요소 중 하나이다.

▶ 라이히

라이히(Wilhelm Reich, 1897~1957)는 『파시즘의 대중 심리』라는 책에서 성적 에너지의 억압이 개인과 사회의 신경증적 병리 현상의 원인이라고 주장했다. 따라서 성적인 해방을 통해 주체적인 사람이 될 수 있다고 보았다. 『파시즘의 대중 심리』에서 그는 "사민당과 공산당뿐 아니라 히틀러도, 심지어 보수적인 당들마저 경제적인 문제, 즉 '빵'에 대해 주로 이야기를 했었다. 그런 상황에서 히틀러가 성공을 거두는 데에는 그가 대중의 정서적·성적 욕구를 충족시키는 방향으로 접근했고 그럴 수 있었기 때문이다."라고 분석했다.

이를 좀 더 면밀히 이해하기 위해 라이히가 어떤 문제의식을 가졌는지 알아보자. 라이히는 대중이 왜 사회주의 혁명을 통해 스스로의 객관적 이익을 실현할 수 있다는 사실을 망각하고 히틀러의 손을 들어줌으로써 자신의 이익에 반하는 행동을 하게 되었는가에 관심을 가졌다. 또한 대중은 왜 스스로의 억압을 욕망하는지, 왜 대중은 착취하고 억압하는 히틀러와 같은 파시즘 권력을 지지할 정도로 비합리적인 행동을 하는지에 대해 의문을 가졌다. 이를 해명하기 위해 라이히는 인간행동에 미치는 비합리적 요인을 분석한 프로이트에 주목했다. 그는 프로이트의 관점을 받아들여 비합리적 행동의 궁극적 원인이 대중의 무의식에 있고, 이 무의식에는 억압된 성적 욕망이 자리잡고 있다고 결론지었다. 라이히는 성욕도 기본적 생리욕구의 일종이기 때문에 리비도의 에너지 분출을 막고 억압하는 것은 건강한 삶을 불가능하게 하고 왜곡된 성격구조를 형성한다고 보았다. 이에 따라 라이히는 성적 욕망을 억압하면 정신기능의 장애를 유발하며 리비도의 에너지를 충분히 발산한 사람만이 내면의 심리적 갈등을 해결함으로써 건강한 인성을 형성하여 건강한 주체로 우뚝 설 수 있다고 주장했다. 이후 그는 권위주의적 성격구조와 성적 억압의 심리적 역기능을 제거하는 섹스폴 운동을 제안하고 이를 실천했다.

▶ 바타이유

바타이유(Gorge Bataille, 1897~1962)는 프랑스의 소설가이자 철학자이다. 그는 "위반 없는 곳에 쾌락은 없다."는 말로 금기와 위반을 사유한 철학자이다. 그는 위반이란 당연히 금기와 짝 지워진 말로서, 금기와 위반이 없으면 쾌락도 없다고 보았다. 그의 주장에 따르면 욕망은 금기 때문에 생긴다. 인간의 가장 큰 욕망은 죽음이다. 성(性) 충동은 죽음의 충동이라고 보고, 지독한 에로티시즘은 바로 죽음에 이르는 길이라고 주장하였다.

여기서 잠시 바타이유의 에로티시즘에 대해 살펴보고 넘어가자. 그의 에로티시즘 이론은 본질적으로 죽음, 소모, 낭비, 그리고 금기 등의 개념들을 중심으로 구성되어 있다. 그의 에로티시즘은 일반적인 성적 욕망을 초월하고, 더 깊은 인간의 경험과 존재의 본질에 대한 탐구를 의미한다. 바타이유는 에로티시즘을 소모와 낭비의 행위로 이해한다. 그는 에로티시즘을 생명력의 낭비, 에너지의 낭비로 정의하며, 이것이 일반적인 생존 목적과는 상반된다고 주장했다. 에로티시즘에서 중요한 것은 즐거움을 얻는 것보다는 그 즐거움을 낭비하고 소모하는 행위 자체이다. 바타이유는 에로티시즘과 죽음을 깊이 연관시켰다. 그는 죽음의 경험이 에로티시즘에서 비롯된다고 믿었으며, 에로티시즘을 통해 인간은 자기 자신의 존재에 대한 경계를 극복하고, 죽음의 무서움에 도전한다고 주장했다. 바타이유는 에로티시즘이 종종 금기와 극한 경험과 연관되어 있다고 봤다. 그는 사회적, 도덕적 규범에 도전하고 그 한계를 넘어서는 행위를 통해 에로티시즘을 이론화했다. 금기를 깨고, 금기를 통해 더 깊은 경험을 얻는 것이 에로티시즘의 본질이라고 생각했다. 바타이유는 인간 존재의 비합리성과 무의미함에 대해 강조했다. 에로티시즘을 통해 이러한 비합리성을 체험하고 받아들이는 것이 인간의 본질에 더 가깝다고 주장했다. 바타이유의 에로티시즘 이론은 인간의 본성에 대한 독특하고 특이한 시선을 제공하며, 그의 작품은 종종 사회적 규범과 도덕성에 도전하며 인간의 본질적인 모순과 비합리성을 탐구했다. 바타이유의 에로티시즘은 금기와 위반을 다루고 있지만, 죽음에 이르기까지 삶을 긍정하는 것이다.

▶ 스피노자

스피노자(Baruch de Spinoza, 1632-1677)는 욕망을 체계적으로 탐구한 최초의 철학자이자 욕망을 긍정한 철학자이다. "각 사물이 자신의 존재 안에서 지속하고자 노력하는 코나투스(conatus)는 그 사물의 현실적 본질일 뿐이다." 그의 명저 『에티카』에 나오는 이 문장이 욕망이 무엇인지를 이해하는데 중요하다. '코나투스'(conatus)란 '어떤 개체 안에 존재하는 자기 보존의 무의식적 의지 또는 욕망'이라고 풀어 쓸 수 있는 개념이다. 그는 어떤 개체든, 그것이 사람이든 자연이든, 동물이든 사물이든, 이 코나투스를 가지고 있다. 인간의 코나투스란 인간이 자신의 존재를 보존하려는 힘을 의미한다. 그는 이 코나투스가 정신에만 관계되면 의지, 정신과 육체에 동시에 관계되면 충동 혹은 욕구, 이것을 의식하면 욕망이라고 불렀다.

스피노자는 욕망이 인간의 본질이기 때문에 기쁨(쾌락)과 슬픔(고통)은 욕망에서 비롯된다고 보았다. 기쁨과 슬픔은 욕망의 원인이기 보다는 오히려 욕망에 의해 형성된 결과라고 본 것이다. "기쁨은 더 큰 완전성으로 이행하는 감정이고, 슬픔은 더 작은 완전성으로 이행하는 감정이다.", "더 큰 완전성, 외부환경의 영향을 받지 않는 능동적 인간, 즉 자유인을 지향한다."는 『에티카』속의 이 문장이 그의 사상의 핵심을 말한다.

욕망은 감정이고 이 감정은 외부환경인 객체와 마주쳤을 때 주체인 나에게서 일어난다. 나의 신체활동을 증가시키면, 즉 나의 코나투스에 도움이 되면(신체활동을 증가시키면) 기쁨의 감정이 일어나고, 도움이 되지 않으면(신체활동을 감소시키면) 슬픔의 감정이 일어난다. 이 때문에 스피노자는 "기쁨을 추구하고 슬픔을 회피하라."는 주장을 했다.

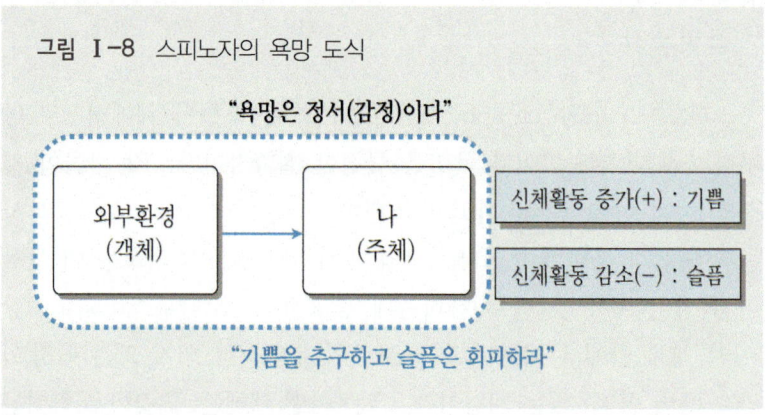

그림 I-8 스피노자의 욕망 도식

이로써 스피노자는 자신의 존재를 유지하려는 힘이 욕망이고, 이 욕망이 사고와 행동을 결정하며, 이는 궁극적으로 자연의 필연성에 기인한 힘이므로 인간의 자유의지 같은 것은 있을 수 없다고 보았다. 그는 욕망이 인간의 본질이기 때문에, 기쁨과 슬픔은 욕망에서

비롯된다. 따라서 기쁨과 슬픔은 욕망의 원인이라기보다 욕망에 의해 형성된 결과라고 보았다. 즉, 그는 우리가 어떤 것을 좋아하기 때문에 욕망하는 것이 아니라 욕망하기 때문에 좋아하는 것이다고 보았다. 이러한 관점은 욕망을 결핍이나 결여로 보는 전통적인 관점과는 다르다. 이러한 이유로 스피노자를 욕망을 긍정한 최초의 철학자로 부른다. 특히 이러한 관점 때문에 이후에 살펴볼 니체와 들뢰즈는 스피노자를 혁명적 사상가로 예찬하였다.

스피노자는 정신과 육체를 통일적으로 파악했으며, 욕망이 무의식적이고 신체적인 속성을 지니고 있다고 보았다. 이러한 그의 생각은 프로이트에게도 영향을 미쳤다. 이처럼 스피노자는 욕망을 인간의 현실적 본질로 규정하고, 욕망의 존재인 인간이 어떻게 해야 덕 있는 삶을 살 수 있는가를 탐구한 철학자이다. 한편 그는 많은 철학자들에게 영감을 주고 영향을 미친 철학자의 철학자라고도 불린다.

▶ 쇼펜하우어

쇼펜하우어(Arthur Schopenhauer, 1788-1860)는 모든 존재의 밑바탕에서 지배하는 힘을 의지로 보았다. 그가 여기에서 말하는 의지는 보편적 도덕원칙에 따르려는 실천적 이성으로서의 칸트가 말하는 의지와는 다르다. 어떤 궁극적 목적이나 목표도 없이 의지 자체를 위한 의지, 욕망 자체를 위해 끊임없이 분투하는 '맹목적 의지'를 말한다. 이러한 맹목적 의지가 무기계에서는 전기력과 자기력, 과학적 결합력, 중력과 같은 형태로 나타난다. 유기계에서는 본능적 충동으로 나타나며, 인간의 경우에는 원초적 의지의 힘인 의식적 욕망이 더해져 나타난다.

이 맹목적 의지를 통해 쇼펜하우어의 철학을 한번 살펴보고 지나가자. 인간은 자신을 맹목적으로 욕망하는 의지의 역동에만 맡겨 버리면 등불 없이 밤길을 걷는 것과 같고 치열한 생존경쟁에서 패배할 위험이 높다. 그러므로 인간은 자신의 인생 항로를 비추는 탐조등과도 같은 지성이 필요하다. 이 지성을 통해 표상의 세계가 열리고 이성의 빛이 맹목적 의지를 어느 정도까지는 통제할 수 있다. 그러나 우리 인간이 살고 있는 세계는 인식론적으로는 표상의 세계이지만 본체론적으로는 완전한 의지의 세계이기 때문에 이성은 의지의 노예라는 한계에서 결코 벗어날 수가 없다.

의식이 없는 다른 존재와 달리 원초적 욕망의 힘을 내면으로 의식하는 인간 존재의 삶은 고통의 연속이다. 맹목적 의지는 맹목적이기에 끝없는 욕망이며 무엇인가를 결여한 상태이며, 영원히 충족될 수 없는 결핍이자 절망이다. 욕망은 인간 정신을 부식시켜 인간을 지치게 한다. 쉽게 만족을 얻을 수도 없고, 만족을 얻는다 해도 새로운 욕망이 다시 나타나 괴롭힌다. 이 때문에 삶이란 어쩔 수 없는 불행이고 고통이며 끝없는 절망이다. 고통이야말로 삶의 실체이며, 쾌락과 행복은 고통의 일시적 유예에 불과하다. 이러한 고통에서 일시적으로 벗어나 있는 사람들에게는 이내 권태가 찾아온다. 그러므로 인간은 결핍으로 인한 고통과 만족에 동반된 권태 사이에서 왔다 갔다 하는 진자와 다름이 없다. 인간은 자신이 우주적 의지의 일부임에도 불구하고, 시간과 공간 및 인과율에 제약된 현상적 존재로 개별화되는 과정에서 스스로를 독립된 개체로 착각하는 가상에 빠진다. 즉, 이기적 자기보존의 욕망을 의식하기 때문에 인간은 고통에 시달리는 것이다. 쇼펜하우어는 이러한 고통을 극복하는 길은 예술적 명상과 종교적 해탈을 통해서만 가능하다고 보았다. 이러한 이유로 많은 사람들은 쇼펜하우어를 염세주의 철학자로 부른다.

▶ 니체

니체(Friedrich Nietzsche, 1844-1900)도 쇼펜하우어처럼 의지를 인간의 본질로 보았다. 그러나 그의 의지는 맹목적인 삶의 의지로 규정한 쇼펜하우어와는 달리 투쟁하고 정복하고 창조하려는 자발적 힘의 의지이자 권력의지라고 보았다는 점에서 차이가 있다. 앞서 살펴보았듯이, 쇼펜하우어는 이 의지가 곧 삶의 고통이므로 이를 부정함으로써 삶의 고뇌로부터의 해탈을 설파했다. 반면에 니체는 아무리 격렬한 고통이라도 이를 운명애(Amor Fati)로 받아들이고 자기긍정을 통해 무언가를 끊임없이 창조하고 생성할 수 있는 힘을 고양시켜야 한다고 주장했다.

니체가 말하는 '힘에의 의지', '권력의지'는 대상 세계와의 상호작용 영역을 확장하고 통제하려는 존재 고유의 자발적 경향을 의미한다. 동물에게도 대상과의 상호작용 영역을 성공적으로 확장하고 통제하려면 상당한 자기통제가 필요한데 이 경우 많은 고통이 뒤따른다. 이러한 이유로 모든 인간 행위의 기본적 동기는 단순한 생존도 쾌락의 추구도 아니라고 보았다. 니체는 모든 인간활동의 기본동기를 자신과 환경을 창조적으로 변형시키려는 자발적 의지라고 보았다. 즉, 니체는 우리의 모든 일상적 야심도 지배력을 행사하려는 권력의지의 표현으로 보았고, 이를 힘 혹은 권력의지라고 불렀다.

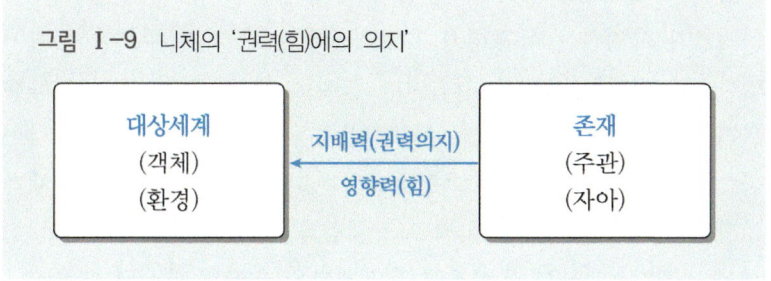

그림 Ⅰ-9 니체의 '권력(힘)에의 의지'

개인 간의 호전적 행위 혹은 국가 간의 전투에 참여해 정복의 쾌감을 느끼거나, 조각가가 자신의 예술적 심상을 대리석 같은 딱딱한 재료에 투여해 작품을 창작하는 활동도 모두 권력의지의 표현이다. 과학자나 철학자가 지식을 탐구하는 과정에서 느끼는 희열도 권력의지의 표현인데, 이러한 희열은 과학자나 철학자들이 자신의 관점인 개념적 질서를 대상 세계에 부여할 수 있는 지배력을 통해 느끼는 기쁨이다. 대상 세계와의 상호작용 영역을 확장하고 통제하려는 존재 고유의 자발적 경향, 모든 인간활동의 기본동기를 자신과 환경을 창조적으로 변형시키려는 자발적 의지, 지적탐구 활동이나 예술적 창작 활동 등 모든 활동을 욕망하는 권력의지의 표현으로 보고 이성도 의지의 현실적 실현수단으로 보기 때문에 의지가 가장 근원적이다. 따라서 니체가 말하는 권력의지는 대상 지배 자체를 목적으로 하기보다는 대상을 지배하는 과정에서 자신의 잠재적 가능성을 최대한 발휘하고 수월성을 실현하려는 끊임없는 생성의 열정이다. 이에 더해 니체의 권력의지는 신체와 관련된 무의식적 욕망이다.

▶ 들뢰즈

들뢰즈(Gilles Deleuze, 1925-1995)는 스피노자와 쇼펜하우어, 니체의 욕망이론에 영향을 많이 받았다. 들뢰즈의 욕망이론은 유물론적 욕망개념으로도 불린다. 이 개념에 대해 좀 더 자세하게 알아보자. 들뢰즈가 제기하는 유물론적 욕망개념에는 세 가지 주요한 특징이 있다. 첫 번째는 욕망을 결핍이나 결여로 개념화하는 모든 전통적 관점을 거부하고, 무의식적 에너지의 능동적 흐름으로 본다는 것이다. 헤겔과 프로이트 등의 욕망개념과는 다르며, 스피노자나 니체가 주장한 신체적 혹은 생물학적 욕망개념과 같은 물질적 에너지의 흐름에 가깝다. 따라서 들뢰즈의 욕망개념은 욕망을 상실된 대상이나 결핍에 대한 수동적 반작용이 아니라, 끊임없이 무언가를 만들어 내는 창조적이고 생산적인 에너지의 능동적인 흐름으로 본다는 점에서 다르다.

두 번째는 들뢰즈의 욕망은 무의식적 리비도의 흐름이고, 본질적으로 기계적인 에너지의 흐름이라고 본다는 점에서 특징이 있다. 들뢰즈는 욕망을 기계적이라고 보았는데, 이는 생물학적 욕망개념과는 다른 차원의 개념이다. 욕망을 기계적 에너지의 흐름이라고 한 이유는 욕망개념에서 인격적 주체개념을 제거하기 위한 것이었다. 따라서 기계는 정태적이고 완결된 구조를 이루는 공학적 기계를 뜻하는 것이 아니라, 욕망의 흐름이 인간의 의식과 무관하게 작동되는 무의식적 에너지의 유목적 흐름임을 강조하는 은유로 보아야 한다.

세 번째는 들뢰즈의 욕망이 고정된 표상체계에 구속될 수 없는 역동적인 에너지의 흐름이라는 특징이 있다. 즉, 욕망의 본질이 자유롭고 기계적이며 끊임없이 무언가를 만들어내는 생산적인 에너지의 흐름이므로 표상체계에 구속되지 않는다고 본 점이다. 이 때문에 들뢰즈의 욕망개념은 프로이트의 리비도, 스피노자의 코나투스, 니체의 의지개념과 유사한 유물론적 욕망으로 볼 수도 있다.

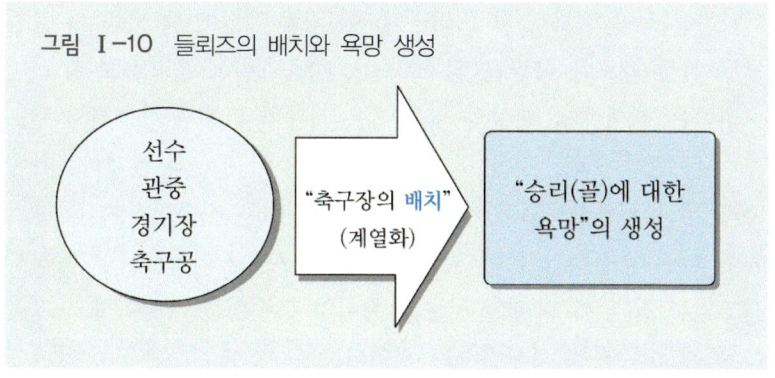

그림 Ⅰ-10 들뢰즈의 배치와 욕망 생성

정리하면, 들뢰즈의 욕망은 배치의 구도 속에서 생성되며, 긍정적이고 생산적인 욕망이다. 즉, 어떤 욕망이 따로 존재하는 것이 아니라 특정한 배치 속에 사람들이 들어서게 되면 그 성격과 결부된 욕망을 갖게 된다. 예컨대 '선수-관중-경기장-축구공' 등은 '축구장'의 배치를 이루고, 이 배치 속에 사람들이 있게 되면 '승리(골)에 대한 욕망'이 일어난다. 욕망이란 '나'라는 주체에 속하는 게 아니라 나와 만나는 것들에 속한다는 것, 즉 나와 그것들의 관계에 속한다는 것이다. 이처럼 욕망이 그때그때 마다 새롭게 구성이 된다는 것이 들뢰즈가 주장하는 욕망개념의 핵심이다.

5. 욕망의 창조적 활용: 신상품 아이디어 개발

들뢰즈는 욕망의 생성과 관련된 단절과 접속은 끊어지지 않고 반복적으로 일어난다고 보았다. 접속이 반복되더라도 그 내용과 성격은 매번 바뀐다. 생명이란 차이를 만들어내는 능력이며, 차이를 만들어가는 삶이란 끊임없이 새로운 배치에 수반되는 새로운 욕망을 생성하는 일이라고 볼 수 있다. 따라서 들뢰즈가 말하는 욕망이란 생산적인 능력이자 그 경향이다. 들뢰즈의 욕망개념은 리좀(Rhizome)이라는 사유에서 보다 잘 드러난다. 이 리좀 개념에 대해 좀 더 알아보고 이를 새로운 욕망을 창조하는 신상품개발에 활용해보자.

리좀은 '사이에서' 대상과 대상 혹은 기계와 기계가 접속해서 새로운 것을 만들어내는 것을 의미한다. 어떤 것이 무엇과 관계하는가에 따라 본질이 달라지고 관계의 질이 달라진다는 사유방식이다. 줄기들이 어떤 중심뿌리 없이 접속되고 분기되는 줄기식물처럼 특정한 사고의 기반 없이 다양한 것들의 차이와 복수성을 다원화하고 그것을 통해 새롭게 번식시킨다는 것이다.

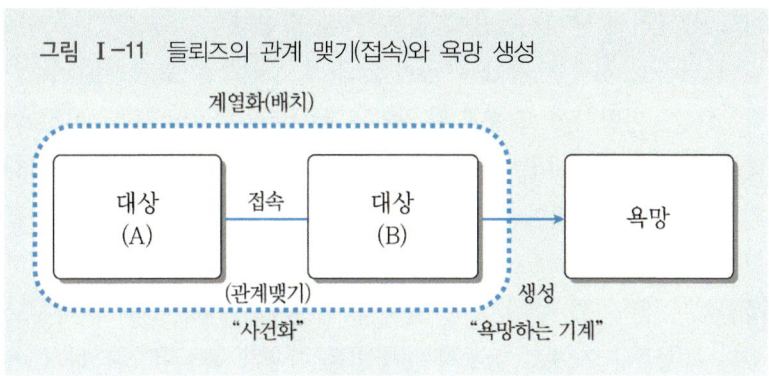

리좀은 여러 존재가 복잡하게 접속되면서, '그리고'를 만들고 외적으로 부과되는 억압적 코드들로부터 탈주하는 장(場)이라고도 볼 수 있다. 사물들 사이에서는 늘 무슨 일인가가 일어난다. 또한 '사이들'은 늘 변해간다. 즉, 혼돈에서 질서가 형성되기도 하고 변형되기도 하고 해체되기도 한다. 이런 삶의 역동적 흐름을 따라가면서 세우고 변형시키고 해체시키는 것, 차이들에 생성을 도입하는 것, 이 사유가 바로 리좀이다. 이 리좀적 사유는 수평적 발상으로 다양하면서도 유연한 사고로 우리를 이끈다.

리좀적 사유에는 몇 가지 원리가 숨어 있다. 첫 번째는 접속의 원리다. 이는 줄기들이 어떤 지점이든 열려 있어서 다른 어떤 지점과도 접속이 가능하다는 원리다. 두 번째는 이질성의 원리이다. 이 원리는 다양한 종류의 이질적인 것과 결합하여 새로운 것, 새로운 이질성을 생성한다는 원리이다. 세 번째는 다양성의 원리로서 차이가 어떤 하나의 중심으로 통일되거나 동일화도 않는 차이의 반복이라는 원리이다. 네 번째는 비의미적 단절의 원리로서 주어진 어떤 선들과의 관계를 끊고 그 선 안에 만들어지는 의미화의 계열에서 벗어나 새로운 것을 창조한다는 원리다. 다섯 번째는 지도그리기와 전사술의 원리다. 이는 지도 제작법을 알려주고, 거기서 벗어나는 창조적이고 생산적인 탈주선들을 그리는 법을 말한다.

이 리좀적 사유를 통해 욕망을 창조의 동인으로 활용해볼 수 있다. 신상품아이디어 도출에 활용되는 Random Combination Method라는 방법이 있다. 이 방법은 들뢰즈의 리좀 사유와 많이 닮았다. 창의적 아이디어를 찾아내는 대표적인 기법 중 하나가 바로 무작위 결합법(Random Combination Method)이다. 평소대로 생각하면 전혀 상관없는 두 가지 주제 혹은 물체를 선정해서 해당 주제가 가지고 있는 특성들을 강제로 연결하는 방법을 활용해 좀처럼 생각하기 어려운 창의적인 아이디어를 개발하는 기법이다. 그렇다면 우리 주변에 있는 자연물 중에서 하나를 무작위로 고르고, 우리의 오감 중에서 하나를 무작위로 골라 기존 사물과 연결하는 무작위 결합법을 적용하면 어떤 창의적인 아이디어를 도출할 수 있을까.

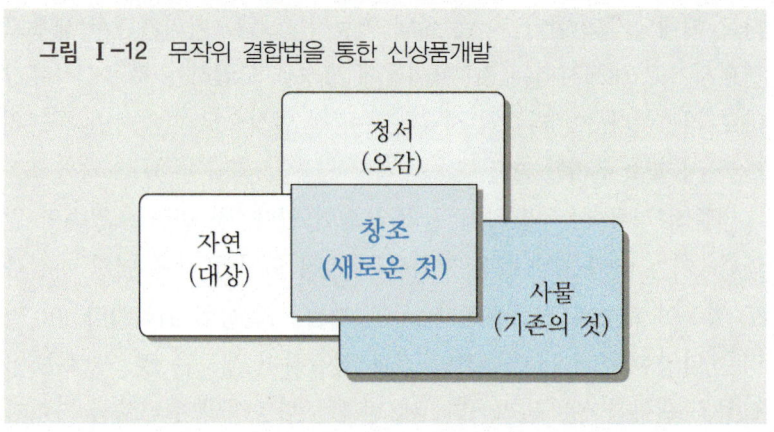

그림 Ⅰ-12 무작위 결합법을 통한 신상품개발

진행은 다음과 같은 3단계로 이루어진다. 1단계는 미션을 달성하기 위한 1개 혹은 2개의 키워드를 무작위로 발굴(randomly selection)하는 것이다. 예컨대 자연물 중에서 무작위로 하나를 고르고, 우리의 오감을 표현하는 형용사 단어들 중에서 무작위로 하나를 고르면 된다. 그리고 발굴한 키워드끼리 다양한 조합(combination)을 만들어 보는 것이다.

　2단계는 만든 조합들을 미션 대상에게 다각도로 적용해보는 것이다. 여러 아이디어들을 보다 세부적으로 검토하면서 구체화하면 된다. 필요시 그림을 그려가면서 작동원리와 디자인 등을 제시하면 더욱 좋다. 3단계는 적용한 조합들을 적절한 기준에 따라 선택하는 것이다. 혁신성과 실현가능성, 성장성 등을 검토하면서 우선순위를 정해보는 것이다. 아래 나와 있는 세상에 없는 새로운 자동차 만들기 프로젝트를 참고로 세상에 없는 새로운 컴퓨터를 한번 만들어 보자.

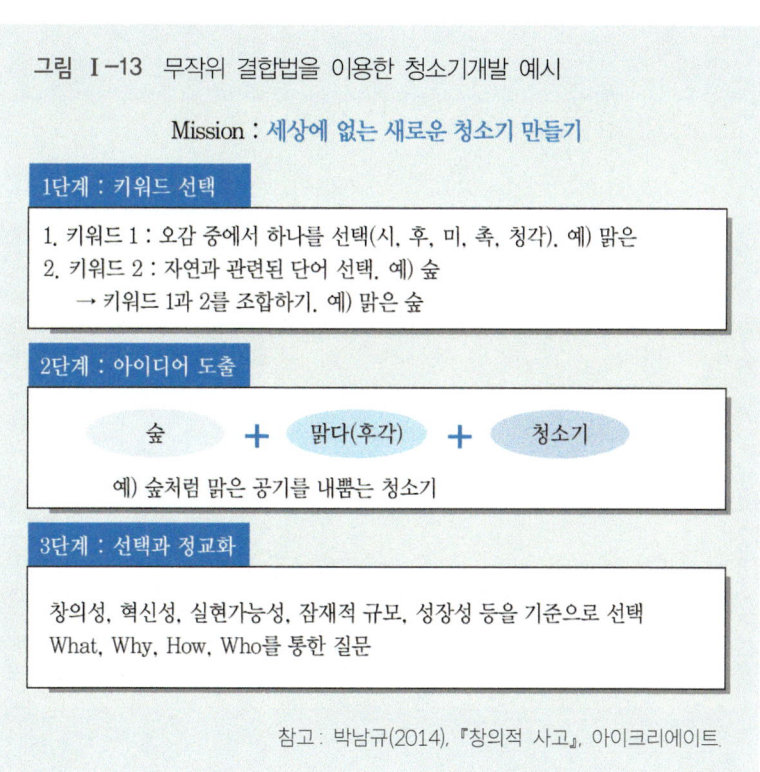

그림 I-13 무작위 결합법을 이용한 청소기개발 예시

참고 : 박남규(2014), 『창의적 사고』, 아이크리에이트.

감정적 이유

    고객만족, 감정마케팅, 감성정치, 감정노동 등등 감정과 관련한 용어들이 매체에 많이 등장하고 있다. 바야흐로 감정 전성시대라고 불릴만하다. 최근 연구에서 감정이 경영과 마케팅 분야에서 중요한 역할을 하는 것으로 나타나고 있다. 그 이유는 첫째, 소비자 경험을 강조하는 경향 때문이다. 소비자들은 상품이나 서비스를 구매할 때 그 경험에 높은 가치를 두고 있다. 감정은 소비자들이 브랜드나 상품에 어떠한 감정적 연결을 형성하는 데 큰 역할을 한다. 특히 긍정적인 감정은 브랜드 로열티를 증진시키고, 부정적인 감정은 소비자들의 이탈을 유발할 수 있다. 둘째, 소셜 미디어의 영향 때문이다. 소셜 미디어의 확산으로 소비자들은 상품이나 브랜드에 대한 감정을 쉽게 공유하고 소통한다. 이러한 소셜 미디어의 플랫폼에서의 감정적인 반응들은 브랜드 이미지에 큰 영향을 미치며, 기업은 이를 고려하여 자사의 마케팅 전략을 구성하려고 한다. 그러나 우리는 정서, 감정, 느낌, 분위기 등등 감정과 관련한 용어들을 의미의 구분 없이 무차별적으로 사용하고 있다. 이번 장에서는 감정과 관련한 용어들의 차이를 밝혀본다. 그리고 감정이 어떻게 작동을 하는지, 그리고 구매행동에는 어떤 영향을 미치는지를 알아보고자 한다.

1. 정서, 느낌, 감정

감정(感情)은 '느끼다'는 감(感)이라는 글자와 사물에 접하여 '느끼는 마음'이라는 정(情)이라는 글자가 모여서 이루어진 단어이다. 국어사전에서는 '어떤 일이나 현상, 사물에 대하여 느끼어 나타나는 심정이나 기분'이라고 정의하고 있다. 정서(情緖)는 사물에 접하여 '느끼는 마음'이라는 글자 정(情)과 실마리와 시초를 나타내는 서(緖)라는 글자가 모여서 생겨난 단어이다. 국어사전에서는 '갑자기 일어나는 노여움, 두려움, 기쁨, 슬픔 따위의 급격한 감정'으로 정의하고 있다. 그러나 사전의 정의만으로 보면, 감정은 사물을 접하면서 느끼는 마음의 일반적 상태를 말하는 반면, 정서는 갑자기 일어나는 우발적인 마음의 상태로 볼 수 있다.

우리말 감정과 정서에 해당하는 영어 단어에는 emotion, feeling, affect 등이 있다. 영한사전을 찾아보면, emotion은 감정, 정서, 감성, 기분, 감동으로 번역되어 있다. 영영사전에서는 '사랑, 성냄, 기쁨, 두려움과 같은 강한 느낌(feeling)'으로 정의하고 있다. 이는 한자어 정(情)에 가깝다. Feeling은 '체내나 피부에서 느끼는 무언가에 대한 몸의 인식'으로 정의하고 있다. 이는 한자어 감(感)에 가깝다.

이렇게 사전의 정의를 토대로 보면, 감정은 몸의 감각에 대한 인식이라는 정감(情感)과 사랑, 성냄, 기쁨, 두려움과 같은 강한 느낌 자체를 의미하는 정시(情緖)라는 단어가 결합하여 만들어졌다는 것을 알 수 있다. 이는 어떤 대상이나 자극에 대해 반응하는 몸과 마음의 상태를 의미하는 광범위한 정신적 느낌을 표현한다고 볼 수 있다.

용어 설명

▶ **감정(感情)**

感 : 느낄 감 : 느끼다
情 : 뜻 정 : 마음의 작용: 사물에 접하여 느끼는 마음
어떤 일이나 현상, 사물에 대하여 느끼어 나타나는 심정이나 기분

▶ **정서(情緒)**

緖 : 실마리 서 : 실마리, 첫머리, 시초
사람의 마음에 일어나는 여러 가지 감정
지역이나 집단 따위와 관련된 한정적 특성을 가진 성향
갑자기 일어나는 노여움, 두려움, 기쁨, 슬픔 따위의 급격한 감정

Emotion(情) : a strong feeling (such as love, anger, joy, or fear)
Feeling(感) : an awareness by your body of something in it or on it, sensation
Sensation : a particular feeling or effect that your body
Affect : to produce an effect on (someone or something)
Affecturus : affect의 라틴어

출처 : 네이버 어학사전.

유기체는 내부와 외부 자극에 대해 늘 반응을 한다. 왜냐하면 항상성 유지를 위해서이다. 즉, 생존을 위해서 자동적으로 반응하는 것이다. 그렇지 않으면 생존이 불가능하다. 유기체가 신체 내부와 외부의 자극에 대해 가장 먼저 나타내는 신체(몸)의 반응이 바로 정서(emotion)이며, 이로 인해 충동, 욕구가 일어난다. 이는 내수용감각에 의해 일어나며, 무의식적이며 지각 불가능하다. 숲속을 걷다 갑자기 곰을 만났다고 생각해 보자. 호흡이 빨라지고 머리카락이 곤두서는 등 신체가 이상 반응을 보이기 시작한다. 몸이 얼어붙어 죽은 체하거나 아니면 곧장 도망친다. 이 신체(몸)의 반응(몸이 얼어붙거나 도망을 가게 되면)에 대해 우리가 의식적으로 알아차리게 되면 두려

움과 같은 정신(마음)의 반응(뇌 속에서 일어나는 반응)이 나타난다. 이를 느낌(feeling)이라 부른다. 욕망(의지)은 이로 인해 일어난다. 따라서 느낌은 언어로서 관념화되며, 의식적으로 지각이 가능하다. 우리의 몸과 마음에서 일어나는 이 정서와 느낌이 충동, 욕구, 욕망(의지)로 발현되어 행동의 동기가 된다.

스피노자는 충동, 동기, 정서, 느낌을 통틀어 감정(affect)이라고 불렀다. 여기에서도 스피노자의 정의를 받아들여 몸과 마음에서 일어나는 반응을 통칭하여 감정이라고 부를 것이다. 즉, 몸의 반응은 정서(emotion)로, 마음의 반응은 느낌(feeling)으로 부를 것이다.

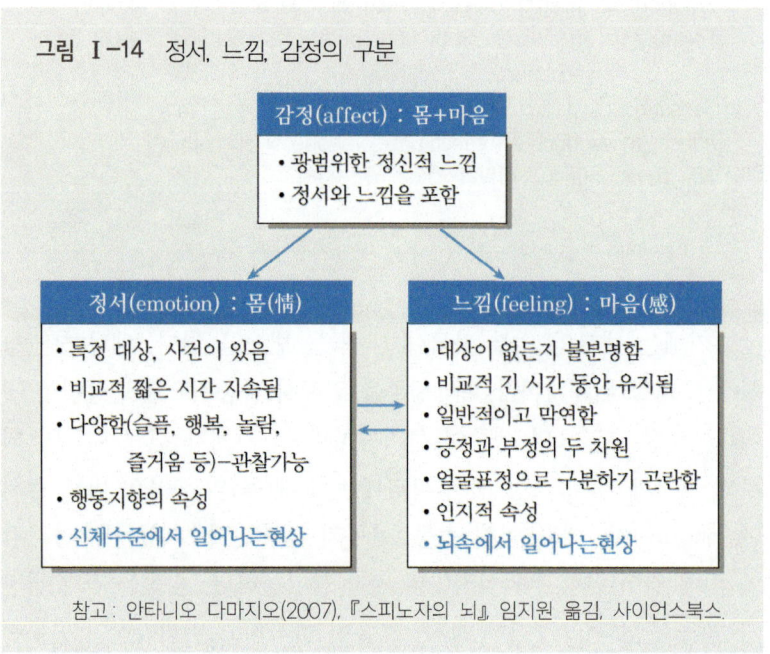

그림 Ⅰ-14 정서, 느낌, 감정의 구분

참고: 안토니오 다마지오(2007), 『스피노자의 뇌』, 임지원 옮김, 사이언스북스.

안토니오 다마지오는 『스피노자의 뇌』라는 책에서 우리의 몸과 마음에서 일어나는 반응을 나무(항상성 나무: homeostasis tree)에 빗

대어 설명했다. 항상성의 맨 밑바닥에는 대사작용, 즉 체내 화학적 균형을 유지하기 위한 화학적, 기계적 요소들(예, 호르몬 분비; 소화에 관련된 근육 수축; 심박과 혈압 조절 등)과 기본반사, 면역계 등이 포함된다. 중간 단계는 쾌락이나 통증과 관련된 행동들이며, 세 번째는 다양한 충동 및 동기 즉 배고픔, 목마름. 호기심, 탐구놀이, 성행위 등이다. 그리고 맨 위에 단계에 협의의 정서, 즉 emotion이 있다. 여기에서 다마지오는 정서(emotion)와 느낌(feeling)을 구분한다. 즉, 정서와 느낌은 신체의 생리적인 별개의 반응이라는 것이다. 생명체의 진화과정에서 정서가 먼저 생기고, 나중에 느낌이 순차적으로 일어났다는 것이다.

정서와 느낌은 어떻게 다른가? 우선 정서의 무대는 몸이고 느낌의 무대는 마음(mind)이다. 정서는 행위 또는 움직임이다. 상당수는 공개적이며, 얼굴 표정, 목소리, 또는 특정 행동들로 다른 사람이 볼 수 있다. 반면, 느낌은 심상으로 소유자를 제외한 어떤 사람도 볼 수가 없다. 다시 말해 느낌은 생물의 뇌 속에서 일어나는 가장 사적인 현상이다.

안토니오 다마지오의 설명을 다시 정리해보자. 우리가 외부의 자극에 노출되면, 신체내부에서는 항상성 유지를 위해 면역반응, 기본반사, 대사조절 등을 자동적으로 수행한다. 만약 균형이 깨어지면 통증과 쾌락 등의 반응을 나타낸다. 몸은 통증은 회피하고 쾌락은 지속하려는 무의식적인 반응을 하는데 한다. 이러한 반응이 바로 충동이다. 몸의 반응에 대해 우리가 두려움, 놀람, 기쁨 등의 언어로 관념화하여 지각할 수 있으면 정서적 반응으로 나타난다.

『감정은 어떻게 만들어지는가』라는 책에서 리사 펠드먼 배럿(Lisa Feldman Barrett, 2017)은 이렇게 말했다. "당신이 감정을 경험할 때마다 또는 당신이 경험하는 것은 당신이 또다시 개념을 사용해 범주화하면서 내수용과 오감을 통해 들어오는 감각에 의미를 부여한다,

즉 감정은 구성된다." 우리가 말하는 감정은 어떤 어떤 감정이 따로 존재하는 것이 아니다. 유기체인 우리 몸이 환경의 자극에 대응하여 생존을 위한 반응하게 되고 그 반응이 관념화되어 지각될 때 특정한 이름의 감정이 된다.

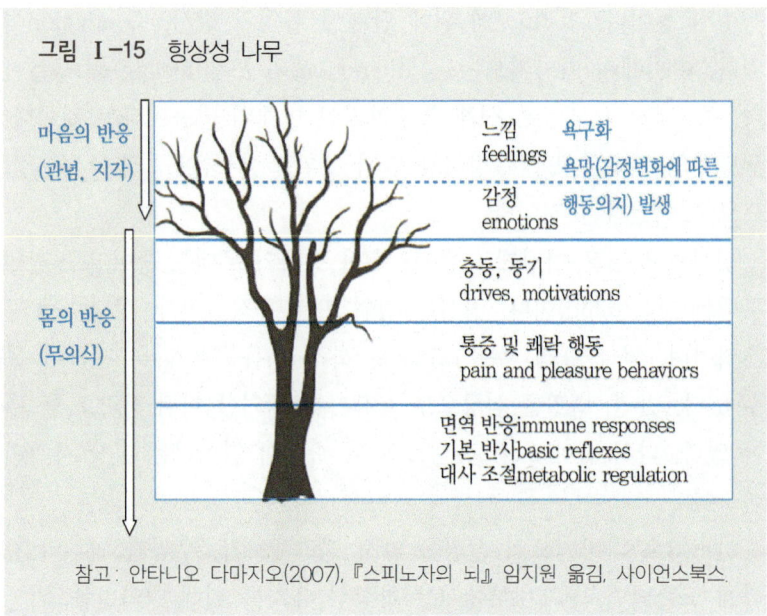

참고: 안타니오 다마지오(2007), 『스피노자의 뇌』, 임지원 옮김, 사이언스북스.

2. 단순감정

다마지오는 진화상 오래되었고, 고등동물들도 가지고 있는 원시적 감정들을 일차감정이라 불렀다. 이 일차감정이 바로 단순감정이다. 일차감정은 변연계 회로의 주유 부위인 편도체, 전대상회, 뇌섬, 체성감각, 중뇌 등의 뇌세포만들에 의해 일어난다. 단순감정에서 '단순'은 공감 없이 일어나는 감정이라는 의미를 띠고 있다. 단순감정은 개체의 생존에 맞춰 자연선택의 진화과정에서 형성된 것이다. 반면에 공감감정은 공감적 행위조절을 통한 개체들의 공감적 작용에 의해 진화된 감정들이다. 단순감정은 공자가 말하는 칠정과 유사하다. 여기에서는 단순감정에 해당하는 여섯 가지 주요 감정에 대해 살펴보고자 한다.

- 기쁨(Joy) : 기쁨은 유쾌함(pleasantness)이나 희열(delight)이다. 이 감정은 본능적으로 일어난다는 의미에서 공자는 이 기쁨을 '배우지 않고도 할 수 있다.'라고 하였다. 기쁨은 마음속으로 조용하고 표정 없이 느끼기도 하지만, 만면의 미소로 표현되기도 한다. 이 기쁨을 한자어로는 희열이라도 한다. 기쁨은 긍정적인 감정으로, 만족, 즐거움, 행복 등을 포함한다. 기쁨은 일상적인 삶의 즐거운 순간이나 성취에 대한 반응으로 나타날 수 있다. 소비자 행동과 관련지어 생각해 보면, 기쁨은 긍정적인 감정으로, 소비자가 제품이나 서비스와 관련된 즐거운 경험을 할 때 발생할 수 있다. 만족도를 높이고 브랜드 충성도를 증가시킬 수 있다.
- 슬픔(Sadness) : 슬픔은 일종의 서글픔이다. 슬픔은 육체적으로 얼굴표정, 눈물을 흘리는 생리현상, 목매임과 같은 목소리의 변화, 울음소리 등으로 분명히 표출된다. 슬픔은 부정적인 감정으로, 손실, 실망, 아픔 등을 경험할 때 나타낸다. 슬픔은 삶의 어려움이나 불행한 사건에 대한 자연스러운 반응일 수 있다. 슬픔은 외로움과 그리움을 동반한다. 눈물은 인간만이 흘리는 것으로 인간이 흘리는 분비물 중에서 유일하게 역겨움을 일으키지 않는 것이다. 부정적인 경험, 불만족, 또는 실망이 슬픔을 유발할 수 있다. 이는 상품 또는 서비스의 개선이 필요함을 시사하며, 소비자들은 이러한 부정적인 경험을 피해 경쟁 상품이나 브랜드로 이동할 수 있다.

- 놀라움(Surprise) : 새로운 정보나 예상치 못한 사건에 대한 반응으로 나타나는 감정이다. 놀라움은 긍정적이든 부정적이든, 예상 밖의 변화에 대한 반응을 나타낸다. 긍정적인 놀라움은 새로운 상품 출시, 특별한 할인, 또는 예상치 못한 경험이 소비자에게 긍정적인 영향을 미칠 수 있다. 브랜드에 대한 기억력을 강화하고 소비자들의 호감을 증가시킬 수 있다.

- 분노(Anger) : 분노는 성내고 화내는 감정이다. 분노는 자기의 고유 영역을 침범하거나 자기를 향한 공격에 대한 보복이나 응징의 의미를 담고 있다. 부정적이고 강력한 감정으로, 불만, 분노, 적대감 등을 표현한다. 분노가 고조될 때는 음성변화, 얼굴 근육의 경직으로 인한 찡그림, 혈관축소와 혈압상승, 심박상승, 체온상승, 주먹과 팔의 근육경직 등이 일어난다. 따라서 분노는 자기방어, 지배와 관련된 생리적이고 심리적 과정을 조직하고 조절하는 역할을 한다. 소비자가 상품이나 서비스에 불만족을 느낄 때 분노가 발생할 수 있다. 분노는 소비자가 주로 어떤 상황이 불공평하거나 혐오스러운 것으로 인식될 때 나타날 수 있다. 불만 해결과 소비자에 대한 적절한 대응이 중요하며, 부정적인 화를 긍정적인 경험으로 변화시킬 수 있다.

- 혐오(Disgust) : 혐오는 싫어하는 감정이다. 이것은 사람을 미워하는 감정이 아니라 사물이나 어떤 상황이나 사건, 행동을 꺼리고 회피하는 감정이다. 역함, 불쾌감, 징그러움, 싫증, 거부감 등을 포괄하는 감정이다. 즉, 혐오는 부정적인 감정으로 불쾌하고 역겨운 것에 대한 반응을 나타낸다. 음식, 특정 행동, 냄새 등이 혐오를 유발할 수 있다. 부정적인 첫인상, 불쾌한 경험, 또는 불만족이 혐오를 유발할 수 있고, 브랜드 이미지를 손상시킬 수 있으므로 이를 방지하기 위한 품질 향상과 고객 서비스 개선이 필요하다.

- 두려움(Fear) : 두려움은 보통 무서움과 이와 관련한 불안감 또는 걱정을 포괄하는 개념이다. 두려움은 공포라고도 불린다. 두려움은 신체적으로 뚜렷하게 표현된다. 두려움이 생길 때는 눈동자와 동공이 커지고, 피부의 소름이 돋고, 호흡과 맥박이 빨라지는 등 신체변화가 일어난다. 부정적이고 방어적인 감정으로, 위험, 위협, 불안 등에 대한 반응을 포함한다. 두려움은 생존에 필요한 반응으로, 환경에서 발생하는 위험에 대비하는 데 도움을 줄 수 있다. 경쟁적인 시장에서 소비자들이 불확실성이나 위험을 느낄 때 두려움이 발생할 수 있다. 신뢰성 있는 정보 제공, 보증 및 안전성 강화 등을 통해 두려움을 감소시키고 소비자 신뢰를 확보할 수 있다.

단순감정들은 일상생활에서 서로 교차하며 나타나기도 하며, 감정의 정의와 해석은 문화적, 사회적, 개인적인 차이에 영향을 받을 수 있다. 또한 이러한 감정은 생존과 사회적 상호작용에서 중요한 역할을 하는데, 이는 감정이 진화적으로 발전한 결과라고 한다. 정리하면, 단순감정은 소비자행동에서 중요하게 다루는 개념이다. 다양한 감정이 소비자의 판단, 선택, 구매, 사용, 구매 후 행동 등에 많은 영향을 미치기 때문이다.

3. 공감감정

공감감정은 '공감된 감정(empathized emotion)'이다. 즉, 공감감정은 내 안에서 남의 감정을 재생한 감정인 동감(same emotion)이다. 그러나 공감과 동감은 완전히 같은 것은 아니다. 황태연(2015)은 『감정과 공감의 해석학』에서 공감은 긍정적 감정과 부정적 감정을 가리지 않고 남의 감정을 자기 속에서 재현하여 남의 감정과 유사한 감정을 남과 같이 느끼는 감정적 작용이며, 동감은 내 안에서 유사하게 재현된 남의 감정이라고 구분하였다.

공감감정을 과학적으로 설명하는데 기여한 사람은 자코모 리촐라티(Giacomo Rizzolatti)이다. 1996년 리졸라티(Giacomo Rizzolatti)와 그의 연구진은 흥미로운 사실을 발견했다. 한 원숭이가 포도를 먹고 있을 때 보이는 뇌에서 일어나는 반응이 다른 원숭이가 포도를 먹는 모습을 지켜보는 원숭이의 뇌에서도 똑같은 반응이 일어난 것이다. 똑같은 반응을 점화시키는 이 신경을 리촐라티는 거울신경(mirror neuron)이라고 불렀다. 거울신경은 다른 사람이 하는 동작이나 행동을 이해하고, 모방하는 데 개입한다. 이 거울신경으로 인해 사람들은 다른 사람의 행동을 관찰하고 있을 때 마치 관찰자 자신이 스스로 그 행동을 하는 것처럼 느낀다.

거울신경세포는 대뇌피질, 즉 전두엽의 운동피질 아래쪽과 두정엽의 아래쪽, 그리고 측두엽 앞쪽에 주로 위치하고 있다. 거울신경은 모방을 통하여 활성화된다. 즉, 대뇌피질에 있는 거울신경세포들이 타인의 말이나 행동을 바라보면서 활성화되어 관찰 대상인 타인을 똑같이 모방하게 되는 것이다. 인간은 신체의 모든 부위의 움직임에 거울신경이 반응한다고 한다. 이 거울신경이 무의식적이고 내적으로 행동과 감정을 모방하기 때문에 우리는 다른 사람의 느낌이나 행위를 암시적으로 파악할 수 있는 것이다.

거울신경은 행동의 모방과 관련 있을 뿐 아니라 행동의 의도를 이해하는 데에도 관련 있다. 여자친구나 남자친구와 전화 통화하는 상황을 떠올려 보자. 친구가 전화 통화하며 행복한 표정을 짓는다고 할 때 나는 친구의 표정을 거울 반시하여 똑같은 미소를 짓고 똑같은 운동 반응을 보인다. 그리고 전화로 말을 다 듣지 않아도 친구의 감정을 이해하게 된다. 우리는 타인의 표정이나 자세, 말의 억양과 강세, 심지어는 말하는 방식이나 사용하는 단어까지 무의식적으로

흉내를 낸다.

　거울신경이 작동하여 지각적 이해가 발생하였다고 공감이 발생하는 것은 아니다. 여기서 공감과 교감의 차이를 알아볼 필요가 있다. 황태연(2015)은 단순히 타인의 감정을 아는 것이 교감이며, 이는 타인의 얼굴표정을 보고 타인의 감정을 감정의 재생 없이 그냥 지각하는 교감이라고 말했다. 반면에 공감은 타인의 감정을 내 안에서 재생하기 때문에 타인과 동일한 감정을 느끼는 것이다. 싸이코패스는 타인의 감정을 교감에 의해 알지만 공감적으로 타인과 동일한 감정을 자기 안에서 재생하지 못하기 때문에 이 동일한 감정을 느끼지 못하는 것이다. 즉, 사이코패스는 교감능력은 있으나 공감능력이 없는 사람이다.

　정리하면, 교감은 내가 타인의 감정을 거울신경으로만 느끼는 것이다. 공감은 내가 타인의 감정을 거울신경으로 느낄 뿐만 아니라 이 감정을 마음속에서 재생하여 이 재생된 감정을 느끼는 것이다. 이 공감감정이 도덕적 감정의 근원이다. 공감감정에는 크게 보면 동정심과 도덕적 수치심과 정의감, 공경심, 옳고 그름이라는 시비감정이 있다. 공감 감정은 각각의 상황과 개인의 경험에 따라 다양할 수 있지만, 일반적으로 동정심, 연민, 위로, 이해, 사랑 등이 이에 속하는 감정이다. 동정심(Compassion)은 타인의 어려움에 공감하고, 그에 대한 동정심을 느끼는 감정이다. 연민(Pity)은 상대방이 어려움에 처해 있거나 불운한 상황에 있는 것에 대해 안타까운 감정을 느끼는 것을 말한다. 위로(Comfort)는 상대방이 어려운 상황에서 위로와 힘을 받을 수 있도록 지지하는 감정이다. 이해(Understanding)는 타인의 감정과 상황을 이해하고 공감하는 것을 나타내는 감정이다. 사랑(Love)은 상대방에 대한 긍정적인 감정으로, 상대방이 어려움을 당했을 때도 사랑과 지지를 표현할 수 있다. 타인의 관점을 이해하는 능력은 마케팅에서 늘 중시되어왔다. 공감을 마케팅에 제대로 활용하려면 고객의 관점에서 소비자의 감정을 이해하려는 노력이 우선이다.

4. 소비감정

쇼핑하는 과정이나 매장 내에서 소비자가 경험하는 다양한 감정은 상황과 개인의 성향에 따라 다르지만, 일반적으로는 다음과 같은 다양한 감정이 나타날 수 있다.

- 기쁨(Joy) : 할인, 특가 상품 발견, 또는 새로운 상품에 대한 흥미로운 경험 등이 소비자에게 기쁨을 불러일으킬 수 있다.
- 놀라움(Surprise) : 예상치 못한 세일, 이벤트, 또는 새로운 상품 출시와 같은 상황에서 놀라움이 느껴질 수 있다.
- 불안(Anxiety) : 결정을 내리기 전에 상품이나 서비스에 대한 불확실성이나 우려로 인해 소비자가 불안을 느낄 수 있다.
- 흥분(Excitement) : 특별한 이벤트, 새로운 상품의 출시, 또는 특별한 체험으로 인해 소비자가 흥분을 느낄 수 있다.
- 혼란(Confusion) : 다양한 옵션이나 정보 과다로 인해 소비자가 혼란을 느낄 수 있다. 이는 선택의 어려움이나 정보 부족에 기인할 수 있다.
- 만족(Satisfaction) : 쇼핑이나 거래 과정에서 만족을 느끼는 순간이 발생할 수 있다. 만족은 상품이나 서비스에 대한 기대를 충족시켰을 때 나타날 수 있다.
- 불만족(Dissatisfaction) : 상품 불량, 서비스 부족, 또는 기대에 못 미치는 상황 등이 소비자에게 불만족을 유발할 수 있다.
- 호감(Liking) : 매장 분위기, 직원 태도, 브랜드 이미지 등이 소비자에게 호감을 불러일으킬 수 있다.
- 불쾌감(Discomfort) : 매장 내 환경이나 다른 소비자와의 교류에서 발생하는 불쾌한 상황이 소비자에게 불쾌감을 유발할 수 있다.

- 호기심(Curiosity) : 새로운 상품이나 특별한 할인에 대한 호기심이 소비자를 쇼핑 경험에 참여시킬 수 있다.

유창조와 김상희(1994)는 소비자가 매장에서 경험하는 감정을 긍정적 감정과 부정적 감정으로 분류하여 제시한 바가 있다. 충족감, 유쾌함/즐거움, 매력/흥미, 과시욕 등 5가지는 이들의 분류에서 긍정적 감정에 속한다. 반면에 포만감, 허탈감, 불쾌감, 무시감, 위축감, 불안감 5가지 부정적 감정에 속한다.

한편 소비자는 상품을 구입한 상품을 소비하는 과정에서도 다양한 감정을 경험할 수 있다. 아래는 상품 소비 과정에서 일반적으로 나타나는 감정들이다

- 기대감(Anticipation): 상품을 구매하기 전에는 상품에 대한 기대감을 느낄 수 있다. 이 기대감은 신상품 출시, 할인 이벤트, 또는 특별한 기대 등으로 나타날 수 있다.
- 만족(Satisfaction) : 상품을 소비하고 나면, 기대에 부응하여 만족을 느낄 수 있다. 상품이 기대와 일치하거나 예상보다 더 나은 품질이라면 만족감이 크게 높아진다.
- 실망(Disappointment) : 기대와는 달리 상품의 품질이나 성능이 낮거나, 기대했던 만족을 얻지 못할 경우 실망을 느낄 수 있다.
- 놀라움(Surprise) : 상품을 받거나 사용하는 과정에서 예상치 못한 특징이나 장점을 발견할 때 놀라움을 느낄 수 있다.
- 쾌락(Pleasure) : 상품이나 서비스 사용 과정에서 즐거움을 느낄 수 있다. 디자인, 향, 사용 편의성 등이 쾌락을 유발할 수 있다.
- 자부심(Pride) : 고가의 상품이나 명품을 소비할 때 자부심을 느낄 수 있다. 브랜드 로고나 디자인으로 인해 소비자는 자신을 더 좋게 느낄 수 있다.
- 죄책감(Guilt) : 비싼 상품을 구매하거나 불필요한 소비를 한 경

우 죄책감을 느낄 수 있다. 이는 소비자의 가치관과 상반될 때 나타날 수 있다.
- 호감(Liking) : 상품이나 브랜드에 호감을 갖거나, 다른 소비자와의 공유로 인해 긍정적인 감정을 느낄 수 있다.
- 비판감(Criticizing) : 상품이나 브랜드에 대해 부정적인 특징이나 단점을 발견할 경우 비판감을 느낄 수 있다.
- 감사(Gratitude) : 상품이나 서비스를 통해 얻은 특별한 혜택이나 서비스에 대해 감사의 감정을 느낄 수 있다.

이러한 감정들은 소비자 경험을 크게 영향을 미치며, 기업은 이러한 감정을 이해하고 관리하여 브랜드로부터 긍정적인 인상을 남기고 소비자의 만족도를 높일 수 있다.

사람들은 왜, 무엇을 위해 돈을 주고 상품을 구입할까? '가지고 싶으니까'라는 대답이 떠오를 것이다. 그러면 왜 그 상품을 가지고 싶은 것일까? 그 상품을 구입하는 목적인 무엇일까? 집을 구매하는 경우를 생각해 보자. 집을 사는 이유는 가족들과 편안히 살기 위해서, 이사 가고 싶지 않아서, 내 집을 가지고 싶어서, 등등 여러 가지 이유가 있다. 이렇게 묻다 보면 단순히 '집' 자체를 소유하기 위해서 구입하는 것이 아님을 알 수 있다. 집을 사는 진짜 목적은 가족과 편안하게 살고 싶어서다. 즉 사람이 돈을 주고 집을 사는 진짜 이유는 '감정'이다.

사람들이 돈을 주고 상품을 구입하는 이유는 다음과 같은 4가지 감정 때문이다. 첫째는 안심이다. 즉, 살아가기 위해 구매를 한다. 둘째는 공감이다. 즉, 사랑하기 위해 구매를 한다. 셋째는 성장이다. 즉, 배우기 위해, 경험하기 위해 구매를 한다. 넷째, 공헌이다. 즉, 자기만족감을 채우기 위해 구매를 한다. 이처럼 사람들이 돈을 주고 상품을 구입하는 이유는 물건을 가지고 싶어서가 아니라 긍정적 감정을 얻고 싶어서이다.

표 Ⅰ-3 스피노자의 48가지 감정분류와 추구/회피행동 파악하기

감정			정의	추구/회피행동
욕망 (기쁨 추구) (슬픔 회피)	기쁨 (신체 활동 증가)	자긍심	자긍심이란 인간이 자기 자신과 자기의 활동능력을 고찰하는 데서 생기는 기쁨이다.	
		경탄	경탄이란 어떤 사물에 대한 관념이다. 대립되는 말은 경멸이다.	
		야심	야심이란 모든 감정을 키우며 강화하는 욕망이다.	
		사랑	사랑이란 외부의 원인에 대한 생각을 수반하는 기쁨이다.	
		대담함	대담함이란 동료가 맞서기 두려워하는 위험을 무릅쓰고 어떤 일을 하도록 자극되는 욕망이다.	
		박애	박애란 우리가 불쌍하게 생각하는 사람에게 친절하려고 하는 욕망이다.	
		동경	동경이란 어떤 사물을 소유하려는 욕망 또는 충동이다.	
		과대평가	과대평가란 어떤 사람에 대한 사랑으로 말미암아 정당한 것 이상으로 느끼는 것을 말한다.	
		호의	호의란 타인에게 친절을 베푼 어떤 사람에 대한 사랑이다.	
		환희	환희란 우리가 희망했던 것보다 더 좋게 된 과거 사물의 관념을 동반하는 기쁨이다.	
		영광	영광은 우리가 타인이 칭찬할 거라고 상상하는 자신의 어떤 행동의 관념을 동반하는 기쁨이다.	
		감사	감사 또는 사은은 사랑의 감정을 가지고 우리에게 친절을 베푼 사람에게 친절하고자 하는 욕망이다.	
		동정	동정이란 타인의 행복을 기뻐하고, 타인의 불행을 슬퍼하도록 인간을 자극하는 한에서의 사랑이다.	
		공손	공손함이나 온전함은 사람들의 마음에 드는 일은 하고 그렇지 않은 일은 하지 않으려는 욕망이다.	
		끌림	끌림이란 우연에 의해 기쁨의 원인이 될 수도 있는 그 어떤 사물의 관념을 수반하는 기쁨이다.	
		확신	확신은 의심의 원인이 제거된 미래 또는 과거의 사물의 관념에서 생기는 기쁨이다.	
		희망	희망은 그 결과에 대하여 의심하는 미래가 과거 사물의 관념에서 생기는 불확실한 기쁨이다.	
		오만	오만이란 자신에 대한 사랑 때문에 자신을 정당한 것 이상으로 느끼는 것이다.	
		쾌감	정신과 신체에 동시에 관계되는 기쁨의 정서를 쾌감이나 유쾌함이라고 한다.	

Chapter 3 감정적 이유   77

감정			정의	추구/ 회피행동
욕망 (기쁨 추구) (슬픔 회피)	슬픔 (신체 활동 감소)	비루함	비루함이란 슬픔 때문에 자기에 대해 정당한 것 이하로 느끼는 것이다.	
		경쟁심	경쟁심이란 타인이 어떤 사물에 대해 욕망을 가진다고 우리가 생각할 때, 우리 내면에 생기는 동일한 사물에 대한 욕망이다.	
		탐욕	탐욕이란 부에 대한 무절제한 욕망이자 사랑이다.	
		반감	반감이란 우연적으로 슬픔의 원인인 어떤 사물의 관념을 동반하는 슬픔이다.	
		연민	연민이란 자신과 비슷하다고 우리가 상상하는 타인에게 일어난 해악의 관념을 수반하는 슬픔이다.	
		회한	회한이란 희망에 어긋나게 일어난 과거 사물의 관념을 동반하는 슬픔이다.	
		당황	당황이란 감정은 인간을 무감각하게 만들거나 동요하게 만들어 악을 피할 수 없도록 만드는 두려움이라고 정의된다.	
		경멸	경멸이란 정신이 어떤 사물의 현존에 의하여 그 사물 자체 안에 있는 것보다 오히려 그 사물 자체 안에 없는 경우 상상하게끔 움직여질 정도로 정신을 동요시키지 못하는 어떤 사물에 대한 상상이다.	
		잔혹함	잔혹함이나 잔인함이란 우리가 사랑하거나 가엽게 여기는 자에게 해악을 가하게끔 우리를 자극하는 욕망이다.	
		멸시	멸시란 미움 때문에 어떤 사람에 대해 정당한 것 이하로 느끼는 것이다.	
		절망	절망이란 의심의 원인이 제거된 미래 또는 과거 사물의 관념에서 생기는 슬픔이다.	
		음주욕	음주욕은 술에 대한 지나친 욕망이나 사랑이다.	
		겸손	겸손이란 인간이 자기의 무능과 약함을 고찰하는 데서 생기는 슬픔이다.	
		분노	분노는 타인에게 해악을 끼친 어떤 사람에 대한 미움이다.	
		질투	질투란 타인의 행복을 슬퍼하고 반대로 타인의 불행을 제거하도록 자극하는 한에서 미움이다.	
		적의	적의는 미움에 의하여 우리들이 미워하는 사람에게 해악을 가하게끔 우리들을 자극하는 욕망이다.	
		조롱	조롱이란 우리가 경멸하는 것이 우리가 미워하는 사물 안에 있다고 생각할 때 발생하는 기쁨이다.	
		욕정	욕정이란 성교에 대한 욕망이나 성교에 대한 사랑이다.	
		탐식	탐식이란 먹는 것에 대한 지나친 욕망이나 사랑이다.	
		두려움	두려움이란 우리가 그 결과에 대하여 어느 정도 의심하는 미래 또는 과거 사물의 관념에서 생기는 비연속적인 슬픔이다.	
		미움	미움이란 외적 원인의 관념을 동반하는 슬픔이다.	

감정			정의	추구/회피행동
욕망 (기쁨 추구) (슬픔 회피)	슬픔 (신체 활동 감소)	후회	후회란 우리가 정신의 자유로운 결단으로 했다고 믿는 어떤 행위에 대한 관념을 수반하는 슬픔이다.	
		치욕	치욕은 우리가 타인에게 비난받는다고 생각되는 어떤 행동의 관념을 동반하는 슬픔이다.	
		겁	겁은 동료가 감히 맞서는 위험을 두려워하여 자기의 욕망을 방해당하는 그런 사람에 대해 언급된다.	
		소심함	소심함은 우리들이 두려워하는 큰 악을 더 작은 악으로 피하려는 욕망이다.	
		수치심	수치심이란 치욕에 대한 공포가 소심하고 추한 행위를 범하지 않도록 인간을 억제하는 것이다.	
		복수심	복수심은 마음의 정서로 우리에게 해악을 가한 사람에게 똑같은 마음으로 해악을 가하게끔 우리를 자극하는 욕망이다.	

출처 : 베네딕투스 데 스피노자(2014), 『에티카』, 황태연 옮김, 비홍.

사람들이 구매를 통해 얻고 싶은 감정은 달리 말하면 불만이나 불쾌감을 해소하는 감정으로 볼 수 있다. 안심은 불안을 해소하는 감정이고, 공감은 외로움을 해소하는 감정이다. 성장은 정체를 해소하는 감정이며, 공헌은 열등감을 해소하는 감정이다. 사람들은 이러한 부정적 감정을 해소하기 위해 상품을 구매한다.

정리하면, 사람들이 진정 원하는 것은 상품이 아니다. 사람들은 안심, 공감, 성장, 공헌이라는 감정을 원한다. 그리고 불안, 외로움, 정체, 열등감이라는 감정에서 벗어나려고 한다. 그렇기에 기업들이 사람들의 이러한 부정적 감정을 해소해 주면 그 댓가로 수익을 얻을 수가 있다.

스피노자는 감정을 48가지로 분류했다. 앞서 살펴보았듯이 스피노자는 "기쁨을 추구하고 슬픔은 회피하라." 하라고 했다. 어떻게 소비자에게 기쁨(긍정적 감정: 기쁨, 쾌감, 희열, 만족, 행복감 등)의 감정을 줄 것인가? 어떻게 소비자가 느끼는 슬픔(부정적 감정; 슬픔, 분노, 고통, 우울, 두려움, 불안)을 줄일 것인가? 스피노자가 분류한 48가지 감정을 통해 기쁨을 추구하고 슬픔을 피하는 방법을 생각해보자. 어떤 상품이 우리 소비자에게 도움을 줄까? 기업은 소비자에게 기쁨을 주고, 사랑을 받는 존재이다. 그렇지 못하면 살아남지 못한다. 자본의 숙명이다.

5. 소비자 만족과 불평

소비자만족은 구매한 상품뿐만 아니라 구매경험 그 자체와 판매원과 매장에서도 생긴다. 소비자만족과 불만족은 실용적 가치과 경험적 가치라는 두 가지 차원을 기반으로 구매한 상품에 대한 평가로 나타난다. 소비자만족은 소비자로 하여금 행복감, 위안, 흥분, 환희 등의 긍정적 감정을 갖게 할 수 있다. 반면 불만족은 압박감, 후회, 분노, 짜증 등의 부정적 감정을 유발할 수 있다. 상품 사용결과에 따라 갖게 되는 만족과 이를 통해 얻는 느낌은 일시적이며 시간에 따라 변한다는 특성이 있다. 구매한 상품에 대한 소비자의 평가는 특정한 소비상황에 구한되기도 있다.

소비자만족은 반복구매, 브랜드충성도, 호의적 구전 등을 발생시킨다는 점에서 매우 중요하다. 특히 소비자는 구매한 상품에 만족한다면 그 상품을 계속하여 구매할 것이며, 자신의 긍정적 경험을 다른 사람들에게 퍼트릴 가능성이 높다. 그러나 만족하지 못한다면, 다른 브랜드로 전환하거나 제조업자, 소매업자, 다른 소비자들에게 그 상품에 대한 불만을 퍼트릴 것이다.

소비자만족과 관련한 소비자행동연구에 대해 알아보기 진에 소비자만족 경영에 대해 간략히 살펴보고 넘어가자. 소비자만족 경영은 기업이 상품 또는 서비스를 고객에게 제공함으로써 고객들의 만족을 극대화하려는 경영 철학이다. 이는 기업이 단순히 이익을 추구하는 것뿐만 아니라, 고객들과의 긍정적인 관계를 유지하고 고객만족을 중시하는 방향으로 경영활동을 전개하는 것을 의미한다. 소비자만족 경영의 역사와 연구 흐름을 시대별로 간단히 요약하면 다음과 같다.

- **1950년대-1960년대 : 소비자 중심의 시대 시작**

소비자만족 경영의 기원은 1950년대와 1960년대로 거슬러 올라간다. 이 시기에 소비자 중심의 시대가 도래하면서 기업들은 상품 또는 서비스의 품질을 향상시키고 고객의 요구를 충족시키려는 노력을 시작했다.

- **1970년대 : 소비자행동 연구와 마케팅의 발전**

1970년대에는 소비자행동 연구가 활성화되었다. 기업들은 소비자들의 니즈와 행동을 더 깊이 이해하고자 노력하며, 이를 기반으로 상품과 서비스를 개선하여 소비자만족을 증진시키는 방향으로 노력했다.

- **1980년대-1990년대 : 품질경영과 고객만족의 강조**

1980년대와 1990년대에는 품질경영과 고객만족이 중요한 경영 전략으로 부상했다. 이 시기에는 ISO 9000 시리즈와 같은 품질 인증제도가 도입되었고, 기업들은 상품 및 서비스의 품질 향상에 집중하여 소비자만족을 극대화하려는 노력을 보였다.

- **2000년대 이후 : 디지털 기술과 고객경험 중심 경영**

2000년대 이후에는 디지털 기술의 발전으로 고객과의 상호작용이 더욱 다양해지고, 고객경험(Customer Experience, CX)이 중요시되었다. 기업들은 온라인 및 오프라인에서의 고객경험을 개선하고, 소비자의 의견을 수용하여 상품 및 서비스를 지속적으로 개선하는 방향으로 전략을 수립하고 있다.

- **현재 : 지속적 피드백과 개선**

현재에 이르러서는 소비자만족 경영은 계속해서 발전하고 있다. 기업들은 소비자와의 지속적인 소통과 피드백 수렴을 통해 상품, 서비스, 그리고 기업 전반에 대한 소비자의 기대에 부응하고 만족을 유지하기 위해 노력하고 있다.

이처럼 소비자만족 경영은 지속적인 발전을 거듭하고 있으며, 기업이 경쟁력을 확보하고 고객 로열티를 증진시키는 데에 중요한 역할을 하고 있다.

소비자 만족은 소비자행동연구에서 중요한 연구영역이자 고객지향적인 기업이 관심을 기울여야 할 연구영역이다. 소비자만족 및 불만족에 관한 소비자행동 연구에서는 다양한 이론들이 제시되어 왔다. 이러한 이론들은 소비자가 상품이나 서비스에 대한 경험을 어떻게 평가하고 그에 따라 행동하는지를 설명하고 이해하는 데 도움을 준다. 소비자만족 및 불만족의 형성과정을 설명하는 주요한 이론들로는 기대불일치모형(expectancy disconfirmation model)과 공평성이론(equity theory)이 있다. 이 이론들에 대해 자세히 알아보자.

▶ 기대불일치모형(expectancy disconfirmation model)

Oliver(1980)가 제안한 기대불일치 모형은 소비자만족 및 불만족 결정과 관련하여 가장 넓게 받아들여지고 있는 이론이다. 이 모형을 근간으로 각종 소비지만족지수들이 개발되었다. 이 모형에서는 만족과 불만족에 세 가지 요인이 영향을 미친다고 보고 있다. 첫 번째 요인은 일치와 불일치로서 사전 기대와 지각된 성과와의 차이에 관한 것이다. 단순한 일치는 성과가 소비자가 기대한 것만큼 났다고 지각하는 경우이다. 각종 매체에서 맛집으로 소문난 식당을 예로 들어보자. 소비자가 방문 전에 맛집으로 이름이 나서 100점 만점에 85점 정도 할 것으로 기대하고 식당을 방문했다. 식사를 마치고 나서 보니 자신의 사전 기대한 대로 85점 정도 수준으로 지각한 경우이다. 이 경우에는 만족도 불만족도 발생하지 않는다. 긍정적 불일치는 자신의 사전기대보다 성과가 더 좋을 때 발생한다. 즉, 85점 정도 수준으로 기대했는데 자신의 생각과 달리 훨씬 맛과 서비스가 좋은 95점 정도 수준으로 성과를 지각할 때 발생한다. 부정적 불일치는 소비자가 기대한 것보다 성과가 좋지 못할 때 발생한다. 맛집으로 소문나서 맛과 서비스가 좋을 줄 알았는데 막상 가서 보니 기대보다 못한 75점 정도 수준으로 지각하는 경우이다. 이 경우에는 불만족이 발생한다.

두 번째 요인은 지각된 성과로서 상품성과에 대한 소비자의 지각이다. 이는 소비자의 주관적 판단으로 동일한 상품에 대한 성과지각은 소비자에 따라 달라질 수 있다. 지각된 성과는 기대와의 일치 및 불일치를 통해 만족과 불만족에 영향을 미친다.

세 번째 요인은 기대로서 상품 구매 이전에 소비자가 예상하는 상품성과 수준을 말한다. 상품성과에 대한 기대수준은 과거경험, 유사한 타상품에 대한 경험, 촉진변수, 소비자의 특성 등 다양한 요인들의 영향을 받는다.

▶ 공평성이론(equity theory)

사람들은 자신이 투입(inputs)한 노력에 의한 결과(outcomes)와 타인의 투입 대비 노력의 결과를 비교하여 자신의 비율이 타인의 비율보다 클수록 만족하는 경향이 있다. 이를 기반으로 만든 것이 공평성이론이다. 공평성이론은 심리학과 조직행동 분야에서 처음 제시되었으며, 허퍼츠(Hupertz, 1979) 등에 의해 소비자만족 연구에 도입되었다. 소비자만족을 결정을 설명하는 데 있어서 소비자의 비교 대상은 거래 상대방 혹은 동일한 상품을 구매한 다른 소비자이다. 소비자는 상품구매 후 자신이 지불한 가격(투입)에 비한 상품성과(산출)의 비율이 자신이 추정하는 판매자의 비용(투입)에 비한 가격(산출: 판매자의 수익)의 비율을 비교하여 자신의 비율이 높을수록 만족하게 된다. 또한 다른 소비자들에 비해서도 이 비율이 높을수록 만족도가 높아진다. 기대 불일치 이론은 산출에만 초점을 맞추는 데 반해 공평성이론은 투입과 산출 두 가지를 모두 고려한다는 특성이 있다.

소비자들은 구매 후 느끼는 만족 또는 불만족은 재구매의도와 구전행동에 큰 영향을 미친다. 만족한 소비자들은 해당 상품을 재구매할 뿐만 아니라 타인에게 긍정적인 구전활동을 한다. 반면에 불만족한 소비자들은 재구매를 하지 않을 뿐만 아니라 주위 사람들에게 부정적인 소문을 퍼트리기도 한다. 특히 구매 후에 하는 소비자들의 구전 커뮤니케이션 활동은 기업의 성장에 큰 영향을 미칠 수 있다. 최근 무선인터넷과 모바일기기의 보급으로 각종 소셜미디어에 대한 접근이 간편해졌다. 인터넷 커뮤니티 사이트, 블로그, 앤티 사이트, 사이트, 인스타그램과 유튜브 등 소셜미디어을 통한 온라인 구전에 대해 기업들의 대응이 더욱 중요해졌다. 특히 부정적 구전에 대한 대응이 더욱 중요해지고 있다.

Chapter

행위적 이유

"최근에 쇼핑을 한 적이 있습니까?", "그때 어떤 상품을 구매하셨습니까? 그리고 그 이유는 무엇입니까?", "다른 상품이 아닌 그 상품이 마음에 드신 특별한 이유라도 있습니까?" 이런 질문들을 받으면 소비자들은 어떻게 반응할까? 아마 제대로 답변하기 곤란할 것이다. 집안이나 사무실의 책상 여기저기를 한번 돌아보자. 쓰지 않는 상품들이 참 많을 것이다. 구입할 당시에는 꼭 필요해서 샀는데 이제는 그저 먼지만 둘러쓰고 있는 상품들이 허다할 것이다. 장롱 속을 들여다봐도 그렇고, 베란다 한구석을 들여다봐도 그렇다. 그럼 도대체 우리는 왜 이런 필요치도 않고 잘 사용하지도 않은 상품들을 잔뜩 구매한 것일까? 본 장에서는 소비자의 구매행동에 영향을 미치는 본능과 충동, 의지와 같은 행동 동인들에 대해 자세히 알아보고자 한다.

1. 본능

본능이라는 아이디어는 비록 그 모습이 시대에 따라 변해왔지만, 동기에 대한 관심이 존재하는 한에 있어서 함께 공존해왔다. 아퀴나스, 데카르트, 홉스와 같은 초기 철학자들은 기본적인 동물적 충동이 인간 행동을 주도하기 십상이라는 사실을 인식하였다. 인간 행동을 포함한 모든 사건이 이미 존재하는 원인에 의해 결정된다는 이러한 믿음은 결정론(determinism)이라고 알려진 철학 사조를 형성하였다. 결정론의 핵심에는 예정된 원인에 대한 믿음이 자리 잡고 있지만, 그 예정된 원인이 무엇인지는 철학자에 따라 다르다. 어떤 철학자는 그것이 하나님이나 원죄라고 생각하였고, 다른 철학자는 원자, 또 다른 철학자는 자연법칙이라고 생각하였다. 본능(instinct)은 그것이 특정한 결과에 접근하거나 그 결과를 회피하려는 타고난 것이라는 의미에서 그러한 결정론의 한 가지 형태를 대표한다. 따라서 비록 본능 개념이 오랫동안 존재하였다고 하더라도, 찰스 다윈(1859)이 자신의 저서 『종의 기원(On the Origin of the Species)』에서 진화론을 주장함에 따라 비로소 인간 동기의 공식적 설명으로 자리 잡게 되었다. 다윈의 아이디어는 동기 분야에서 본능 이론이 출현하는 초석을 놓았다. 그의 연구 이전에는 본능이 정념, 소망, 정서 등의 개념과 중복되는 모호한 것이었다. 그렇지만 다윈이 동물 행동과 생존 가치를 강조함으로써 본능의 정의에 초점을 부여하였다.

심리학 분야에서 윌리엄 제임스(William James)는 본능 아이디어를 널리 퍼뜨린 최초의 인물이었다. 제임스는 본능을 '목표를 예견하지도 않고 어떤 행동에 대한 사전 교육도 없이 그 목표를 달성하는 행동 능력'으로 정의하였다. 그는 경쟁, 사냥, 공포, 놀이 본능을 포함한 본능 목록을 개발하였다. 제임스의 많은 아이디어는 실제로 본능 개념이 영감을 제공한 것으로 그의 관념운동 행위 개념은 주로 본능에 근거한 것이다. 그가 사용한 유추 하나를 살펴보고 지나가자. 어미 닭은 본능 때문에 알을 품는다. 어미는 알을 보면 자동적으로 품을 수밖에 없다. 따라서 자극을 그저 보는 것만으로도 목표지향 행동을 활성화시키기에 충분하다. 제임스는 인간의 경우에도 마찬가지라고 주장하였다. 숲을 걷다가 무시무시한 곰을 만난다면, 사람들은 어떻게 대처해야 할 것인지를 숙고하지 않는다. 그저 달아난다. "본능이 이끌고 지능은 단지 뒤따를 뿐이다." 제임스는 본능이 다른 많은 동기적 힘의 하나일 뿐이라고 주장하였다.

본능 개념을 심리학과 동기 연구에 소개한 사람은 윌리엄 맥두걸(William McDougall)이다. 맥두걸은 제임스와 달리, 본능이 인간 행동을 책임지는 유일한 동기적 힘이라고 주장하였다. 그는 만일 본능이 없다면 인간은 연료가 떨어진 자동차처럼 주저앉을 수밖에 없다고 믿었다. 맥두걸에 따르면, 사람들은 목표를 향해 달려가는 것이 아니라 본능적 힘에 의해서 목표로 떠밀려가는 것이다. 그는 본능이 학습된 것이 아니며 획일적으로 발현되고 모든 동물 종에서 보편적이어야 하며, 인지와 행동 그리고 정서로 구성되어 있다고 주장했다. 이에 따라 맥두걸은 본능이 다음과 같은 방식으로 우리 행동에 영향을 미친다고 생각하였다.

우선 본능은 특정 대상을 향해 선택적으로 주의를 집중시킴으로써 인지에 영향을 미친다. 예컨대, 도망가기 본능이 점화되면, 사람들은 선택적으로 위협적인 대상에 주의를 기울인다. 생식 본능이 점화되면, 생식 기회를 신호해줄 수 있는 대상에 선택적으로 주의를 기울인다. 위협적인 것이든 생식 기회를 제공하는 것이든 주의를 기울여 탐색하게 되면, 자동적으로 도망가거나 접근하는 행동을 나타내게 되고, 그 행동에 수반된 정서를 경험하게 된다. 본능 개념을 받아들인 맥두걸은 인간 행동을 주도하는 1차 본능 목록을 작성하였다. 여기에는 우선 도망가기, 혐오감, 호기심, 호전성, 자기비하, 자기주장,

양육, 생식, 획득, 구성 본능 등 10가지가 있다. 나중에 그는 먹이 찾기, 수면, 신체 욕구 등과 같이 보다 기본적인 본능을 포함하여 그 목록을 18개 본능으로 확대하였다.

2. 충동

본능을 대체하기 위해 제기된 동기 개념이 충동(drive)이다. 다쉴(Dashiell, 1928)은 충동을 '생물적 욕구가 박탈되었을 때마다 발생하는 각성이나 에너지의 한 형태'로 정의했다. 이 정의에서 충동은 배고픔, 갈증, 성, 고통이라는 네 가지 주요 원천에서 발생하는 것으로 가정하였다. 따라서 유기체가 먹이, 물, 성을 박탈당하거나 고통에 노출될 때에는 언제나 충동의 증가를 경험하게 된다. 충동은 혐오적인 것이라고 가정하였기 때문에 동기적인 것이다. 충동 수준이 높을 때에는 기분이 좋지 않은 것이며, 증가하기 시작할 때에는 언제나 그 충동을 감소시키려는 행위를 하게 된다. 충동을 감소시키는 대상이나 사건을 1차 강화물이라고 부른다. 먹이, 물, 성행위, 고통 회피 등이 여기에 포함된다. 충동이 강할수록 이러한 1차 강화물을 향한 유기체 행동은 강력해진다. 따라서 만일 유기체에게 먹이를 24시간 박탈하면, 높은 수준의 충동을 경험하게 된다. 이렇게 높은 충동은 유기체 내에서 형성되어 충동을 감소시키고자 먹이를 찾아 나서도록 동기화시킨다. 먹이를 박탈한 쥐와 박탈하지 않은 쥐를 도착지점에 먹이가 놓여있는 미로에 집어넣으면, 충동의 차이로 인해서 먹이가 박탈된 쥐가 미로를 더 빠르게 달려가게 된다.

충동 이론가는 모든 행동이 충동을 감소시키는 방식으로 나타난다고 가정한다. 종합해보면, 충동에는 다음과 같은 여러 가지 중요한 자질이 존재한다. ① 욕구 박탈이 충동을 일으킨다. ② 충동은 혐오적이기 때문에 유기체는 항상 충동을 감소시키고 자 애쓴다. ③ 모든 행동은 충동을 감소시키려는 시도로 간주할 수 있다. ④ 충동 감소를 수반하는 행동은 강화됨으로써, 충동을 학습을 위한 필요조건으로 만든다. 이는 먹이 박탈 쥐는 그렇지 않은 쥐보다 미로를 빨리 달릴 뿐만 아니라 미로를 더 신속하게 학습하고 기억해낸다는 것이다.

여기에서는 프로이트와 헐이 제안한 두 가지 가장 유명한 충동이론에 대해 한번 살펴보고 보고자 한다. 프로이트에 따르면, 모든 행동은 인간의 생물적 기본 욕구를 만족시키고자 동기화된다. 음식이나 성적 욕구와 같은 가장 기본적인 충동은 신경계 내에 에너지가 형성되도록 만든다. 프로이트는 이러한 내적 에너지를 리비도(libido)라고 불렀다. 리비도가 높을 때 불안의 형태를 보이는 심리적 불편함이 야기된다. 만일 리비도가 계속 증가하게 되면, 정신건강을 위협할 수 있다. 따라서 이 에너지를 방출하여 편안한 상태로 되돌아가야 한다. 이 상태는 생물적 충동을 만족시키는 행동을 수행할 때 가능하다. 그런데 충동은 잠시 휴지기를 가질 뿐 결코 식을 줄을 모르기 때문에 어떤 만족도 그저 일시적일 뿐이다. 불안은 충동이 지나치게 높으며 회복할 수 없는 심리적 손상을 야기할 정도로 위협적임을 알려주는 적응적 경고 시스템이다.

일부 사람들은 프로이트의 충동 개념을 댐에 물이 차오르는 것에 비유하여 설명한다. 상류는 끊임없이 댐에 물을 공급한다. 물의 흐름은 그치지 않을 것이기에 댐은 하류로 물을 서서히 방출하는 시스템을 갖추어야 한다. 만일 댐이 정기적으로 물을 방류하지 않는다면, 물이 차올라 댐이 넘쳐 댐이 무너질 위험이 있다. 그러므로 댐의 수위가 높아질수록 위협은 그만큼 커진다. 수위가 지나치게 높지 않게 만드는 한 가지 방법은 수위를 점검하여 알려주는 시스템을 설치하는 것이다. 충동으로 보면 물은 리비도이고, 경고 시스템은 불안이다.

프로이트는 행동을 동기화시키는 세 가지 유형의 충동을 제안하였다. 첫째는 삶 충동(life drive 또는 성 충동)이다. 삶 충동은 프로이트에게 있어 가장 유명한 충동이다. 이 충동은 음식과 물 그리고 성적 생식과 같은 기본적인 생존과 쾌락주의적 즐거움을 반영한다. 삶 충동은 자신의 삶을 유지 시키며 그 삶을 후속 세대에 전달하는 기능을 갖는다. 리비도란 삶 충동이 생성하는 에너지를 말한다. 둘째는 죽음 충동(death drive)이다. 삶 충동만을 가지고는 인간의 모든 행동을 설명할 수 없다고 생각한 프로이트는 1920년에 출판한 책『쾌락원리를 넘어서(Beyond the Pleasure Principle)』에서 죽음 충동을 추가하였다. 전쟁이나 천재지변과 같은 외상 사건을 경험하는 사람은 그 경험을 의식에서 되새긴다는 사실에 주목하였다. 이를 바탕으로 프로이트는 사람들이 죽고자 하는 무의식적 소망을 품고 있으나 평상시에는 삶 충동이 이러한 소망을 가라앉힌다고 보았다. 그는 죽음 충동이 생성하는 에너지를 타나토스(thanatos)라고 불렀다. 셋째는 자기보존 충동(self-preservation drive)이다. 사람들은 자신의 존재를 보존하기 위한 일련의 행동을 수행하는데, 프로이트는 이러한 행동을 삶 충동과 연관시켰다. 그렇지만 삶 충동이 종의 생존을 보장하는 것인 반면, 자기보존 충동은 개체의 생존을 보장하는 것이라는 점에서 차이가 있다. 프로이트는 이러한 세 가지 충동을 규칙적으로 만족시키는 것이 신체와 정신 열쇠라고 주장했다.

  충동에 의존한 두 번째 주요 동기이론은 클라크 헐(Clark Hull, 1943)이 제안하였다. 헐은 유기체 행동의 강도를 충동과 습관의 곱(행동 = 충동 × 습관)이 결정한다고 주장하였다. 그의 이론은 다음과 같은 두 가지 요인으로 구성되어 있다. 첫 번째 요인은 불특정 각성(nonspecific arousal)이다. 헐은 충동이 불특정 각성의 형태를 취한다고 보았다. 이는 생물적 욕구(예컨대, 배고픔, 갈증 등)가 동일한 일반화된 각성을 촉발하며, 이러한 일반화된 각성은 다시 모든 행동에 에너지를 공급하는 것이지 단지 박탈된 욕구와 관련된 행동에만 국한되지 않는다는 사실을 의미한다. 예컨대, 먹이가 박탈된 고양이는 더욱 적극적으로 먹이를 찾을 뿐만 아니라 더욱 적극적으로 물도 찾으며 고통에 반응하기도 한다.

두 번째 요인은 습관이다. 헐은 충동 감소가 학습과 행동의 핵심 요인이라고 생각하였다. 그는 반복적으로 발생하는 충동에 의한 불편함을 감소시키기 위하여 유기체는 그 충동을 감소시켜 주는 보상이나 유인자극을 얻게 해주는 행위를 반복적으로 수행한다고 보았다. 그에 따르면, 특정 행위의 반복적인 수행을 통해서 유기체는 보상을 얻는 방식에 영향을 미치는 습관을 형성하게 된다는 것이다. 예컨대, 배가 고픈 강아지에게 두 발로 설 때마다 먹이를 주게 되면, 강아지는 배가 고플 때마다 먹이를 요구하기 위해 두 발로 설 것이다. 여기서 주목해야 할 점은 충동이나 습관 하나만으로는 행동이 일어나지 않는다는 점이다. 충동이 일어났지만 습관이 형성되지 않았거나, 습관은 형성되어 있지만 충동이 일어나지 않는다면 행동은 나타나지 않는다. 헐의 '행동 = 충동 × 습관' 공식은 이 사실을 반영한 것이다.

그럼 충동이 본능과는 어떻게 다를까? 기능 측면에서 충동은 본능과 거의 다르지 않다고 한다. 충동과 본능 모두는 대체로 자동적으로 유기체를 특정 목표로 이끌어간다고 한다. 그렇지만 본능은 태생적이고 생물적으로 주도되는 것으로 정의되는 반면, 충동은 그러한 제약이 없다는 점에서 약간의 차이를 보인다. 충동을 생물적 욕구로 표현하더라도, 학습된 반응도 수반한다는 점에서 본능과 다르다. 이는 유기체가 어떤 행동이 충동을 감소시키고 어떤 행동이 그렇지 않은지를 학습해야만 하기에 나타난다.

3. 의지

의지(will)는 소비자행동에서 중요하게 다루는 개념 중 하나이다.

소비자는 제품이나 서비스를 선택할 때 자신의 목표와 욕구를 기반으로 결정을 내린다. 이때 의지는 목표를 설정하고 그에 따라 행동을 이끌어내는 역할을 한다. 의지는 자기 통제와도 관련이 깊다. 소비자가 자기 통제 능력을 갖추고, 의지를 통해 유리한 결정을 내리는 경우 소비자 판단에 긍정적인 영향을 미친다. 의지는 소비자가 제품이나 서비스를 구매하고 사용하는 과정에서 만족감을 형성하는 데 중요한 역할을 한다. 의지는 소비자가 특정 브랜드에 대한 로열티를 형성하고, 그 브랜드에 대한 신뢰를 쌓는 데 영향을 미친다.

앞서 욕망과 감정을 설명하면서 '의지'에 대해 일부 다루었다. 여기에서는 의지에 대한 정의와 관련 연구들에 대해 살펴보고자 한다. 의지는 선택을 제약으로부터 자유롭게 만드는 행위자의 능력으로 정의되곤 한다. 다양한 이름으로 논의해온 의지를 때때로 의지력(willpower)이나 자유의지(free will)라고 부르기도 한다. 플라톤은 경주용 마차의 기사가 두 마리 말의 경쟁 충동을 제어한다는 유추를 사용함으로써 의지라는 뜻을 드러냈다. 성 아퀴나스와 성 아우구스티누스와 같은 중세기 신학자들은 사악한 죄를 극복하고 '신의 섭리'에 충실하는데 있어 자유의지의 중요성을 강조하였다.

대개 의지는 '개인이 의도적으로 특정 목표를 달성하거나 특정 행동을 취하는 능력'을 나타낸다. 이는 자율성, 결정력, 목표 지향성, 계획 수립, 의미 부여 등과 관련이 있다. 의지는 개인이 자신의 욕구, 목표, 가치에 따라 행동을 선택하고 조절하는 과정을 의미한다. 심리학에서 의지는 의사결정, 목표 설정, 자기 통제, 동기 부여 등과 관련된 여러 측면을 포함하며, 이러한 측면들은 다양한 의지의 이론과 모델을 통해 연구되고 있다. 의지는 종종 자율성과 연관이 있어, 개인이 외부 압력이나 간섭 없이 자신의 목표를 달성하고 행동을 조절하는 능력을 의미하기도 한다. 의지는 또한 의사결정의 과정에서 어떻게 목표를 설정하고 그에 따라 행동을 조절하는지를 이해하는 데 중요한 개념이다. 의지에 대한 연구는 심리학뿐만 아니라 철학, 뇌과학, 신경과학, 사회학 등 다양한 학문 분야에서 이루어지고 있다.

심리학 분야는 1800년대 후반에 철학과 생물학의 영향으로부터 출현하기 시작하였다. 심리학이 꽃을 피우기 시작함에 따라서 동기에 관한 과학적 연구도 시작되었다. 심리학이 출발할 무렵에 출현한 중요한 동기 개념 중의 하나가 의지 개념이었다. 의지에 대한 연구는 이처럼 심리학 분야에서 오랜 기간 동안 진행되어왔다. 이 연구는 다양한 시대와 학파에 걸쳐 다양한 관점에서 다뤄왔다. 심리학에서 진행한 의지와 관련한 연구들을 시대별로 간단히 정리해보고 넘어가자. 19세기 초기는 자유의지와 결정론적 시각이 우세한 시기였다. 이 시기 심리학의 선구자 중 일부는 자유의지에 대한 개념을 탐구했다. 이는 인간이 자유롭게 행동할 수 있는 능력에 대한 관심에서 비롯되었다. 그러나 이 시기에는 결정론적인 관점도 강조되었는데, 화합적 물리주의자들이 인간 행동이 물리적 요인에 의해 결정된다고 주장했다.

19세기 후반에는 데터미니즘(모든 사건은 결정론적이거나 우연적이며, 자유의지는 존재하지 않는다는 입장)이 강조되면서 의지에 대한 개념이 비판되었다. 제임스는 '의지의 자유'와 관련된 이론을 제시하며 데터미니즘에 대항했다. 20세기 초에는 행동주의 연구가 득세했다. 행동주의는 의지와 행동 간의 연결을 강조했다. 스키너는 강화와 벌칙을 통한 행동 형성에 주목하면서 의지를 특정한 행동의 결과로 이해했다. 20세기 중반에는 인지심리학의 부상했다. 인지심리학의 등장으로 의지에 대한 연구는 인지적인 측면에서의 이해를 강조하게 되었다. 알버트 반트라라피는 의지를 의사결정과 의도의 결과물로 이해하며 인지적인 과정에 주목했다. 20세기 후반부터는 뇌의 기능과 구조에 대한 연구를 바탕으로 의지를 신경과학적으로 접근하는 시도가 늘고 있다. 신경과학의 발전으로 인해 의지와 관련된 뇌의 영역과 기작을 이해하는 연구가 활발하게 진행되고 있다.

의지에 관한 선구자는 윌리엄 제임스이다. 제임스의 의지 관련 연구들을 살펴보자. 제임스는 의지를 심리학적인 용어로 소개하고, 이를 '의사결정의 힘'으로 정의했다. 그는 의지를 개인이 선택하고 취하는 행동에 관련된 능력으로 이해했으며, 자유의지와 자발성을 강조했다. 또한 제임스는 인간의 의지가 적극적이고 창의적인 선택의 결과물이라고 주장했다. 그는 개인이 다양한 선택지 중에서 어떤 행동을 선택하고 실제로 그 행동을 취함으로써 의지를 표현한다고 보았다. 제임스는 의지를 심리적인 에너지로 설명하기도 했다. 그는 의지가 개인의 에너지를 촉진하고 동기부여하는 역할을 한다고 봤다. 의지는 목표를 향한 에너지의 방향을 결정하며, 이는 효과적인 행동으로 이어질 것이라는 주장이다. 제임스는 의지가 단순히 정신적인 개념뿐 아니라 신체적인 요소와도 연관되어 있다고 봤다. 그는 신체적 활동이 의지를 형성하고 표현하는 데 영향을 미친다고 주장했다. 한편 제임스는 의지와 의식이 상호작용하는 것을 강조했다. 그는 개인의 의지가 의식적인 사고와 연결되며, 의식적인 과정을 통해 목표를 설정하고 그에 따라 행동을 조절한다고 보았다. 제임스는 의지가 시간적인 측면에서 중요하게 작용한다고 주장했다. 그는 현재의 의지가 과거와 미래의 경험과 연결되어 있다고 보았으며, 이는 개인의 행동을 이해하는 데 있어 중요한 개념 중 하나이다.

제임스는 의지와 노력(effort)을 구분하는데도 기여했다. 의지와 노력은 서로 관련이 있지만 다른 개념으로 간주된다. 앞서 보았듯이 제임스는 의지를 개인이 특정 행동이나 목표를 선택하고 그에 따라 행동을 취하는 능력으로 정의했다. 그러므로 의지는 개인의 결정력과 목표 지향성, 선택의 힘 등을 포함하는 개념이다. 노력은 이와 다르게 특정 행동이나 목표를 달성하기 위해 개인이 투입하는 에너지, 시간, 노력 등을 의미한다. 노력은 의지를 실제로 구현하고 목표를 달성하기 위해 개인이 기울이는 노력의 정도와 규모를 나타낸다. 제임스는 의지가 단순한 정신적인 개념뿐 아니라 신체적인 에너지와도 연관되어 있다고 강조했다. 그는 의지가 목표를 향한 움직임을 촉진하는 동기부여적인 역할을 한다고 보았다. 이때 노력은 목표를 달성하기 위한 실제 행동의 물리적인, 정신적인 에너지 투입을 나타내며, 의지는 이러한 노력을 끌어내는 동기부여의 역할을 한다. 예를 들어, 의지는 어떤 목표를 설정하고 그것을 달성하려는 의도를 나타내는 것이며, 노력은 그 목표를 달성하기 위해 실제로 일어나는 행동과 에너지 투입을 나타낸다. 따라서 의지와 노력은 상호작용하면서 개인의 행동을 끌어내는 데 기여한다.

제임스의 이러한 의지에 관한 관점은 심리학과 철학 분야에서 많은 영향을 미쳤으며, 그의 이론은 현대의 의지와 의사결정에 대한 연구에 영감을 주었다. 마지막으로 의지와 관련한 소비자행동 연구 주제에 대해 몇 가지 살펴보고 지나가자.

의지와 소비자행동 간의 관계는 소비자가 제품을 선택하고 구매하는 결정 과정에서 중요한 역할을 한다. 첫 번째는 자기통제와 구매결정 관련 연구이다. 이들 연구에서는 개인의 자기통제 능력이 소비자의 구매결정에 어떤 영향을 미치는지에 관심을 가진다. 예컨대, 자기통제가 강한 소비자는 자신의 욕구와 목표에 더 일관성 있게 따라가며 불필요한 소비를 피할 가능성이 높다. 두 번째는 의지 강화 전략에 관한 연구이다. 기업이 마케팅전략을 설계할 때 소비자의 의지를 강화하고 유도하는 방법 연구가 있다. 할인, 프로모션, 제품의 특별한 가치 제안 등이 소비자의 의지를 높일 수 있는 전략으로 간주된다. 셋째는 자기 효능감과 구매행동에 관한 연구이다. 소비자의 자기 효능감, 즉 특정 제품을 선택하고 사용할 능력에 대한 믿음이 의지와 연관이 있다. 자기 효능감이 높은 소비자는 더 나은 제품을 선택하고 긍정적인 구매결정을 할 가능성이 높다. 넷째는 의지 충족과 소비 관련 연구이다. 소비행동이 의지를 충족시키는 데 어떻게 기여 하는지에 대한 연구도 진행 중이다. 특히, 특정 제품이나 브랜드가 소비자의 욕구나 가치에 부합할 때 의지 충족이 일어나 소비자가 더 긍정적으로 반응하는 경향이 있다. 다섯째는 자기 조절력과 소비자의 대인관계에 관한 연구이다. 소비자의 자기 조절력이나 의지는 종종 다양한 사회적인 상황에서 어떻게 작용하는지에 대한 연구가 있다. 가령, 사회적 압박이나 영향이 미치는 상황에서 소비자의 의지가 어떻게 변하는지를 이해하는 데 관심이 쏠려 있다.

4. 계획구매와 충동구매

소비자들은 계획과 정보수집 단계를 거치면서 구매에 대한 기대를 만들어 낸다. 이런 기대 단계가 끝나고 나면 소비자들은 결정을 내리고 구매를 지지해 줄 수 있는 정당한 이유를 찾을 때 구매를 실행한다. 소비자행동에서는 이러한 구매를 계획구매라고 한다. 다른 말로는 고관여행동이라고 한다. 반대로 충동구매라고 하는 저관여행동은 먼저 구매행동을 하고 자신의 구매를 정당화시키는 반면, 고관여행동은 정보수집을 하고 이를 통해 구매할지 말지를 결정한 이후 구매행동을 하는 매우 복잡한 구매결정과정을 거치는 것을 말한다.

이런 계획구매도 일종의 즐거움을 소비자들에게 준다. 소비자조사에서 밝힌 한 응답자의 인터뷰를 직접 들어보자. "기대는 스트레스입니다. 건강한 스트레스. 기대로 인해 흥분하게 되지만 건강한 흥분입니다. 긍정적인 스트레스이구요." 다른 목소리도 한번 들어보자. "찾는 일이 저에게 재미를 줍니다." 계획은 비용을 치러야 하는 구매일수록, 즉 이것을 구매하기 위해 다른 것을 포기해야 하는 구매일수록 더 중요한 동기가 된다. 최근 경기위축 등 경제적 어려움 때문에 합리적 소비, 계획구매의 중요성을 언론에서 언급하는 횟수가 부쩍 늘어났다. 기업 측면에서 보면 또 다른 위기일 수도 있다.

다음은 비계획구매인 충동구매에 대해 한번 살펴보자. 국어사전을 찾아보면, 충동구매를 '물건을 살 필요나 의사가 없이, 물건을 구경하거나 광고를 보다가 갑자기 사고 싶어져 사는 행위'라고 정의한다. 흔히 우리가 쓰는 표현으로는 지름신이 강림했다고 한다. 한 인터넷 설문조사에서 조사한 결과에 의하면 사람들은 홈쇼핑을 할 때 충동구매를 많이 하는 것으로 나타났다. 지름신이 오면 어떻게 하느냐고 물었더니, '아이쇼핑을 한다'와 '돈 모아 산다'는 대답과 함께 '무조건 산다'는 응답도 아주 높게 나왔다. 계획구매를 선호하는 소비자들은 곧 발생할 구매와 관련된 정서적 고취나 기대 등에서 만족을 얻는 반면, 충동구매를 하는 소비자들은 충동구매를 하는 데서 오는 파워, 권한 등에서 만족을 느낀다. 할인은 충동구매에 있어 강력한 자극제가 된다. 홈쇼핑 채널에서는도 '가장 싼 가격이다', '지금 당장 주문하라 마감이 얼마 남지 않았다' 등등의 멘트로 충동질한다. 할인은 무계획적이고 즉흥적인 구매로 발생하는 죄책감을 즉각적으로 없애주기 때문에 구매를 결심하는 최종적인 동기로 작용한다.

여기서 또 응답자의 생생한 증언을 들어보자. "돈을 아낄 수 있으면 좋죠. 할인이 된다면 지금 당장 필요하지는 않아도 평소에 하나 있었으면 하고 생각했던 상품일 경우엔 살 것 같아요." "세일하는 상품을 보면 승리자가 된 기분이에요." "당장 필요하지 않은 상품을 살 때는 죄책감이 들지만, 그 상품이 할인 중이라면 죄책감이 좀 줄어들죠." 남자와 여자 중 누구 충동구매를 더 많이 할까? 남자보다는 여자들이 충동구매를 더 많이 할 것으로 알고 있지만, 연구결과에 의하면 여성보다는 남성이 더 충동구매를 많이 한다고 한다. 남자는 원래 합리적인 동물이 아니던가?

이즈음에서 충동구매와 관련한 연구들을 간단히 살펴보고 지나가자. 충동구매는 이성적이거나 습관적인 구매행동과는 다른 개념이며, 사전에 계획하지 않은 상품을 구매한다는 점에서 비계획적 구매와 유사한 개념으로 사용되고 있다. 충동구매에 영향을 미치는 요인들은 크게 외적 자극인 기업의 마케팅활동 요인과 내적 자극인 소비자의 심리적 요인으로 구분 가능하다. 기업들은 소비자를 설득하기 위해 막대한 비용을 4P's 믹스(상품, 가격, 유통, 촉진) 활동에 쏟아붓고 있다. 외적 자극인 기업의 마케팅활동 요인들이 충동구매에 미치는 영향에 관한 연구들을 살펴보면 다음과 같다.

첫째, 기업들은 유행에 맞는 신상품 혹은 혁신적인 신상품을 출시함으로써 새로운 것에 대한 호기심과 신기함을 추구하는 소비자들을 자극하여 충동구매를 유발할 수 있다. 뿐만 아니라 포장이나 디자인 등 상품의 외형적인 속성들도 소비자의 충동구매를 자극할 수 있다. 쾌락적 상품들이나 기능적 상품들도 충동구매에 영향을 미칠 수 있다. 소비자들은 이런 상품군을 구매함으로써 자신의 용모와 이미지를 강화하여 자존감을 높일 수 있기에 다른 상품군들에 비해 충동구매를 많이 한다.

둘째, 가격할인, 쿠폰 등의 가격 관련 정책도 충동구매에 영향을 미치는 중요한 요인이다. 소비자들은 가격이 높은 품목은 계획구매를 많이 하며, 가격이 낮은 품목에 대해서는 충동구매를 많이 하는 경향이 있다. 학생과 젊은 층 등 비교적 소득이 낮은 집단에서 음식의 가격이 충동구매의 중요한 요인으로 나타났다. 따라서 기업이 제공하는 가격할인이나 쿠폰 등의 가격정책은 소비자들의 충동구매를 유발하는 중요한 요인들이다.

셋째는 기업이 소비자를 대상으로 벌이는 광고와 즉각적인 구매를 유도하는 구매시점 광고(POP: point of purchase advertising), 할인판매, 사은품제공, 점포내 진열과 배치, 무료시식 등의 판촉활동은 소비자의 충동구매를 유발하는 강력한 요인이 되고 있다.

넷째, 대량유통 등의 유통요인들도 소비자의 충동구매를 유발하는 요인들이다. 최근에는 인터넷 쇼핑, 홈쇼핑, 소셜커머스 등의 등장으로 대량유통을 통해 소비자가 상품에 노출될 기회가 확대됨으로써 충동구매가 일어날 가능성이 그만큼 커지고 있다.

한편 기업의 마케팅활동과 같은 외적 자극뿐만 아니라 내적 자극인 심리적 요인들도 충동구매에 영향을 미친다. 첫째, 최적자극수준(optimum stimulation level)이 소비자의 충동구매에 영향을 미친다. 모든 유기체는 어떤 일정한 양의 자극을 선호하는 경향이 있는데 이를 최적자극수준이라고 부른다. 최적자극수준이 높은 사람들은 낮은 사람들에 비해 자극추구적이며 갈등 상황에서 보다 쉽게 반응하므로 충동구매 성향이 높다고 한다.

둘째, 사람들이 자신의 최적자극수준을 맞추기 위해 끊임없이 탐색활동을 하는데 이러한 탐색활동도 충동구매에 영향을 미친다. 즉, 환경의 자극을 변형하거나 조작하여 자신의 최적자극수준을 맞추려는 이러한 탐색행위도 충동구매에 영향을 미칠 수 있다. 예컨대, 감정에 의존하는 경향이 많고, 내면의 기분 등 쾌락적 감각 자극을 추구하는 감각적 탐색행위를 하는 사람들은 인지적 자극보다는 쾌락적이고 감각적인 자극에 노출될 때 충동구매를 할 가능성이 높다.

셋째, 사람들의 쇼핑동기도 충동구매를 유발할 수 있다. 구매욕구가 없음에도 쇼핑을 하게 되는 소비자들이 어떤 동기에 의해 쇼핑을 할 때 충동구매가 더 일어나는지를 개인적 동기와 사회적 동기로 나눈다. 기분전환, 자기만족, 새로운 경향에 대한 학습, 감각적 자극 등의 개인적 동기에서 쇼핑을 할 때, 인적네트워크를 도모하는 사회적 경험, 유사한 취미를 가진 사람들과의 대화, 동료집단과의 만남, 쇼핑을 통한 신분과시, 흥정의 즐거움 등의 사회적 동기에서 쇼핑을 할 때 충동구매가 더 많이 일어나는 것으로 나타났다.

넷째, 소비자의 특성으로서 나이, 성뿐만 아니라 소비자의 감정적 상태와 지각된 위험, 물질주의 성향 등의 심리적 요인들도 충동구매에 영향을 미친다. 이 외에 자기통제, 혁신성, 위험감수성, 쾌락성 등과 같은 개인의 심리적 요인들도 충동구매에 긍정적인 영향을 미치는 변수들이다. 한편 문화(집단주의 vs. 개인주의), 시간과 금전적 여유, 구매할 때 타인이 존재하는지 여부 등과 같은 상황적 요인들도 충동구매에 영향을 미치는 변수들이다.

5. 숨어 있는 구매행동의 동인들

소비자들의 구매행동을 연구하는 학자들은 소비자들이 무엇을 언제 어디서 구매하며, 얼마나 소비하는지에 대해 우리에게 많은 정보를 알려준다. 이들 학자들은 이와 관련된 문제들을 파악하기 위해 도표와 그래프, 다양한 측정방법을 동원한다. 하지만 이러한 분석을 통해 얻은 수많은 숫자 정보들은 '왜' 그것이 궁극적으로 소비행동을 이끌어냈는지에 대한 질문에 제대로 대답을 할 수 없다. 소비자들은 꼭 필요하지 않은 상품을 구매할 때 어떤 이유를 필요로 한다. 쌀이나 두부, 라면과 같은 소비재는 상품 자체가 구매의 정당성을 설명한다. 반면에 고장 난 것이 아닌 데도 냉장고와 TV, 세탁기와 같은 가전상품을 바꾸는 경우, 최신 핸드폰으로 바꾸기, 계절과 유행에 맞는 옷 사기 등 꼭 필요하지는 않지만 구매를 하는 경우 소비자들은 자신을 설득할 만한 정당한 이유를 필요로 한다. 물론 정당한 이유 때문에 상품을 구입했다고 하더라도 이성적인 구매행동은 아니다. 이는 착각일 뿐 실제로는 개인적인 욕구와 감정에 이끌린 구매행동이다.

▶ **선물주기**

선물주기(gift giving)는 주는 사람과 받는 사람 사이에 일어나는 선물 교환의 과정이다. 우리 생활에서 흔히 볼 수 있는 친숙한 의례이기도 하다. 선물을 주고받는 행동은 형태에는 다소 차이가 있으나 모든 사회에서 발견되는 의례로, 이를 통해 선물을 주는 사람과 받는 사람은 서로 간에 관계를 형성할 수 있다. 나아가 의사전달의 수단으로도 활용할 수 있다. 내 의사가 아닌 사회적 의무감 때문에 선물을 하거나, 반대로 보상이나 대가를 바라지 않고 자발적으로 선물을 주는 상황도 있다. 선물은 받는 사람에게 기쁨을 주고 그 목적이 무엇이든 선물을 하는 사람의 호의를 표현해주는 역할을 한다. 자신을 위해 선물을 할 수도 있다. 자신에게 선물하는 경우와 다른 사람을 위해 선물을 하는 경우의 가장 큰 차이는 선물을 받는 대상일 것이다. 판단과 의사결정 행동에 대한 심리한 연구에 의하면 소비자들은 나를 위해 선택을 할 때와 타인을 위한 선택을 할 때 중요하게 고려하는 속성이 달라진다고 한다. 특히 소비자들은 자신을 위한 선택 상황에서보다 타인을 위한 선택 상황에서 더 높은 창의력을 발현하였다는 연구결과도 있다.

  자신을 위한 선물에 대해 좀 더 자세하게 알아보고 넘어가자. 한 사람에게 줄 선물을 사러 나갔다가 두 사람의 선물을 사서 집에 오는 사람들은 얼마나 될까? 다른 말로 하면 원래 선물을 주려고 했던 사람을 위해 하나를 사고, 하나는 자신을 위해 선물을 사버리는 사람이 얼마나 되는지를 묻는 말이다. 조사결과를 보면, 자신을 위한 선물 값이 다른 사람에게 줄 선물 값보다 더 나간다 한다. 한마디로 주객이 전도된 것이다. 어떤 소비자는 다른 사람에게 줄 선물을 고르다 자신에게 선물하게 되는 것을 이런 말로 설명한다. "하나는 네 것, 다른 하나는 나의 것." 주로 선물은 생일이나 크리스마스, 발렌타인데이, 결혼기념일, 어버이날 등에 많이 한다. 선물을 할 때 얼마의 돈을 지출하는지는 선물 받을 사람이 자신과 얼마나 가까운 사이인지에 따라 결정된다고 한다. 그래서인지 이웃이나 직장동료보다는 자식이나 배우자를 위한 선물을 살 때 더 많은 돈을 쓴다고 한다. 그러나 무엇보다도 사람들은 자기 자신을 위한 선물을 살 때 가장 큰 돈을 투자한다고 한다.

옥션에서 자사 회원 1,149명을 대상으로 설문조사를 한 결과에 의하면, 자신한테 선물주기의 목적에 대해 10대는 '예상치 못한 수입이나 여윳돈이 생겼기 때문'으로, 20대 이상은 '기분전환이나 스트레스 해소 차원' 등을 들었다. 이들의 52% 이상은 선물 품목으로 의류를 꼽았다. 2위는 패션소품(13%), 3위는 가전상품(11%) 순으로 높게 나왔다. 자신한테 선물주기 경험은 연령대에 구애받지 않고 폭넓게 확산돼 10대에서 40대까지 68~74%로 별 차이가 없었다. 기혼자의 자신한테 선물주기 경험 비율 역시 미혼자와 비슷한 70%대로 나타났다. 다른 사람을 위해 구입하는 선물의 평균 비용은 1~3만 원대라는 응답이 43%(503명)으로 가장 많았다. 다른 사람을 위한 선물에 지불할 수 있는 최대 비용으로는 322명(28%)이 3~5만 원대로 응답했다. 반면에 자기에게 보내는 선물비용은 상대적으로 후했다. 10만 원 이상 선물하겠다는 응답이 25%(267명)로 가장 많았으며 3~5만원(20%), 5만 원 이상(17%), 1~3만원(14%) 등의 순이었다. 100만 원 이상이라는 응답도 11%(135명)나 차지했다.

여러분은 자신을 위해 선물을 한다면 어떤 선물을 하고 싶은가? 나는? 돈 모아서 멀리 여행을 떠나고 싶다. 그것도 혼자서.

▶ 삶의 질(quality of life)

삶의 질이란 '본인이 직접 체험하고 느끼는 만족감'을 말한다. 삶의 질을 향상시키고자 하는 공통의 동기가 작용하는 방식은 소비자의 정신세계 안에서 여러 국면에 따라 다르게 나타난다. 이는 마케터들이 상품이나 브랜드를 팔기 위해 꼭 알아야 하는 필수 개념이다. 이러한 확인과정을 통해 소비자들이 자신이 구입하는 상품이 '필요를 충족시키는 상품'인지를 어떤 방식으로 어떻게 인식하는지 통찰을 얻을 수 있다. 상품이 어떻게 삶의 질을 향상시키는가에 대한 통찰을 얻음으로써 마케터들은 소비자의 기본적인 신념과 가치에 부합하는 포지셔닝 전략을 찾을 수 있다. 조사결과, 삶의 질 향상과 관련된 상품의 범주에는 크게 다섯 가지가 있었다.

첫 번째는 지적 영역으로서 교육과 지식이 개인의 삶의 질 향상의 주요한 수단으로 인식되고 있었다. 교육은 자기계발을 통해 더 나은 직업을 찾거나 자신을 발전시키는 수단이 된다. 예를 들면 컴퓨터와 책 등이 여기에 해당된다.

두 번째는 물리적 영역으로서 고통과 질병 해소가 삶의 질을 높이는 수단으로 인식되고 있었다. 한마디로 "건강을 잃으면 모든 것을 잃는다."는 뜻이다. 비타민과 같은 건강보조식품, 운동기구, 의료서비스, 정수기와 공기청정기 등 환경 관련 상품들이 여기에 해당한다.

세 번째는 종교적 영역으로서 마음의 평화를 얻고 안전하고 안락한 생활이 삶의 질을 높이는 수단이라는 것이다. 사랑하는 사람을 잃거나 죽음에 대해 심각하게 생각할 때, 정신적으로 힘들 때 사람들은 이를 해소하기 위해 관련 상품들을 소비한다. 종교 관련 책이나 기념품, 크리스마스와 석탄일 등의 행사와 관련한 상품들이 여기에 해당한다.

네 번째는 감성적 영역으로서 정서적인 만족을 높이는 것이 삶의 질을 향상시키는 수단이라는 것이다. 물질이 행복을 줄 수는 없어도 구매행위 자체뿐만 아니라 관련 상품을 소비하는 것으로 행복감을 느낄 수 있다는 것이다. 이런 감성적인 요인들은 가족 간의 사랑, 스트레스 해소, 휴식과 안정을 주는 상품들을 구매하는 이유를 제공한다. 목욕용품, 향기 나는 양초, 실내 장식품 등이 관련 상품들이다.

다섯 번째는 사회적 영역으로서 가족, 친구, 직장동료 등과의 사회적 유대가 삶의 질을 향상시키는 수단이 된다는 것이다. 사회적 유대는 혼자가 아니라 더불어 살아간다는 사실을 확인시켜주는 장치이다. 친구들이나 가족의 생일이나 결혼기념일 등에 선물주기, 파티하기, 노래방기기와 게임기 같은 홈 엔터테인먼트 상품들이 여기에 해당한다.

▶ 휴식

휴식은 오늘날과 같이 정신없이 바쁘고 스케줄로 꽉 찬 세계를 사는 소비자들에게는 구매를 위한 정당한 이유를 제공한다. 다른 구매동기와 마찬가지로 휴식과 관련한 구매동기는 상품의 내재된 속성에서 관련 상품을 구매하는 과정에서 얻는 경험들로부터 나온다. 휴식의 중요성을 인식한 상점들은 고객을 끌어들여 매장에서 더 오래 머물게 하는데 많은 노력을 기울인다. 『쇼핑의 과학』에서 파코 언더힐은 이와 관련하여 다음과 같은 말을 하였다. "소비자들은 매장에 더 오래 머물수록 더 많은 돈을 지출한다. 그러므로 소비자들이 매장에 더 오래 머물 수 있도록 편안한 분위기를 만들어주는 것이 성공의 핵심이다." 휴식을 주는 상품으로는 향기 나는 양초, 방향제, 아로마테라피 상품, 정원 관련 상품, 예술품, 음악, 욕실용품, 화장품 등 다양한 상품군들에 포함돼 있다. 이런 상품들은 인간의 삶을 변화시키는 가치를 포함하고 있다. 인간의 오감을 일깨워준다고나 할까.

▶ 엔터테인먼트

구매동기로서 엔터테인먼트는 지루함을 해소해 주고, 흥분을 자아내며, 새로운 컨셉과 아이디어를 제공하는가 하면 사람들을 하나로 묶어주는 역할까지 한다. 다른 구매동기와 마찬가지로 엔터테인먼트 역시 구매상품 자체를 통해서보다는 구매하는 과정에서 느끼는 경험에서 즐거움을 얻는다고 본다. 한마디로 구매행위, 즉 쇼핑이 엔터테인먼트라는 얘기다. 소매유통분야에서는 이런 개념을 확대시켜 리얼테인먼트(real-tainment)라는 신조어까지 만들기도 했다. 쇼핑몰 디자인에서 나타나고 있는 최신 흐름은 영화관, 테마 레스토랑, 박물관, 기타 비상업적 비즈니스 시설 등을 전통적인 매장, 대형 백화점과 함께 묶는 형태이다. 올 오브 아메리카는 실제 크기의 페리 바퀴와 롤러코스터를 갖춘 실내 놀이공원으로 완성했다. 이 쇼핑몰의 컨셉은 소리라고 한다. 이런 것들에서 알 수 있듯이 소비자들은 더욱 새롭고 역동적인 방법으로 쇼핑을 경험하고 싶어 한다.『트레이딩 업』의 저자인 파코 언더힐은 2008년 『몰링의 유혹』이라는 책을 냈다. 이 책에서 언급하는 몰링(malling)이 바로 쇼핑을 놀이라는 재미로 소비자들이 인식한다는 개념이다.

▶ **스트레스 해소**

쇼핑으로 스트레스를 해소한다고? 가능하다. 많은 응답자들이 상품을 구매하는 이유로 스트레스 해소를 지적했다. 한마디로 쇼핑행위를 통해 스트레스를 해소한다는 것이다. 현재 많은 사람들이 직장이나 가정에서 이런저런 스트레스를 받으며 살고 있다. 물가인상, 좋지 않은 정치 뉴스와 세계정세는 말할 것도 없고, 남편과 아내의 바가지 긁기, 자녀의 교육문제, 시댁이나 다른 가족들과의 갈등 등등 참으로 많은 스트레스를 받으며 살고 있다. 남자들이야 직장에서 받은 스트레스를 술을 마시거나 헬스클럽에 나가 운동을 해서 어느 정도 해소한다. 주부들이나 직장에 다니는 여성들은 맛있는 음식을 실컷 먹거나 쇼핑을 하는 등 남자들과는 다른 방법으로 스트레스를 풀기도 한다. 이는 구매를 통해 얻는 만족감이나 일시적인 기분 전환이 스트레스 해소에 도움이 된다는 뜻이다. 이렇듯 어떤 사람들은 스트레스 해소를 위해 쇼핑하는 것을 주요한 구매동기라고 털어놓았다. 연구결과를 보면 여성이 남성보다 스트레스 해소의 필요성을 더욱 크게 느끼고 있으며, 스트레스 해소를 위해 쇼핑을 하는 경향이 많다고 한다.

▶ 지위

조사결과에 의하면 지위도 구매동기가 된다고 한다. 응답자들은 지위를 자신이 원하는 어떤 것을 다른 사람이 가졌을 때 일어나는 부러움이라고 묘사했다. 소비자들은 또한 성공했다고 인정할 만한 친구, 가족, 이웃, 동료들을 통해 지위를 표현하기도 한다. 지위는 의류, 시계, 자동차, 코트, 가구 등과 같이 남들에게 보이는 상품들을 구매할 때 더 중요한 동기가 된다. 반면 침대 매트리스나 침구류, 세탁기나 건조기 등과 같이 상대적으로 눈에 덜 띄일 수 있는 상품을 구매할 경우에는 중요성이 떨어진다. 그러므로 타인에게 보일 수 있는 상품일수록 구매 시 지위의 역할이 중요하다. 여기서 또다시 질문 하나 한다. 남자 여자 중 누가 더 지위를 위해 구매를 많이 할까? 연구결과에 의하면 지위는 남자와 여자 모두에게 동일하게 영향을 미치는 중성적 구매동기라고 한다.

PART II

우리가 구매하는 것들

What we buy

Chapter

소비지출

 2023년 통계청이 발표한 '2022년 가계동향조사'를 살펴봤다. 2022년 가구당 월평균 소득은 483만 원이었다. 가구당 소비지출 총액은 총소득의 55%인 264만 원이었다. 지출품목별 비중을 살펴보면, 가장 큰 비중을 차지하는 것은 음식/숙박(15.0%)과 식표품/비주류음료(14.8%)였다. 그다음으로는 교통(12%)과 주거/수도/광열(11.5%) 등의 순으로 비중이 높았다. 이를 통해 소비지출의 대부분을 기본적인 생리적 욕구를 충족하는 데 사용하고 있는 것을 알 수 있다.
 우리나라 소비자들이 주로 소비하는 품목은 다양하지만 일반적으로 다음과 같은 주요 소비 품목들이 포함된다.

- 식품 및 식료품 : 음식과 식료품은 가계 소비의 큰 부분을 차지한다. 식료품 점포에서의 식재료 구매와 외식 등이 이에 해당한다.
- 주거비 : 주택 구매 또는 임대, 전세금 등 주거에 대한 비용이 소비자들의 큰 부분을 차지한다.

표 Ⅱ-1 가계 소비항목별 지출액

구분		2018	2019	2020	2021	2022
소비지출액		2,538	2,457	2,400	2,495	2,640
소비 항목별 구성비	식료품·비주류음료	14.4	13.5	15.9	15.9	14.8
	주류·담배	1.4	1.5	1.6	1.6	1.5
	의류·신발	6.0	5.6	4.9	5.0	5.2
	주거·수도·광열	11.2	11.3	11.9	12.0	11.5
	가정용품·가사서비스	4.6	1.7	5.3	5.2	4.4
	보건	7.5	8.2	9.2	9.1	8.8
	교통	13.7	12.0	12.0	11.5	12.0
	통신	5.3	5.0	5.0	5.0	4.9
	오락·문화	7.6	7.3	5.8	5.7	6.4
	교육	6.8	8.3	6.6	7.3	7.7
	음식·숙박	13.8	14.1	13.3	13.5	15.0
	기타 상품·서비스	7.6	8.4	8.5	8.3	8.0
	합계	100.0	100.0	100.0	100.0	100.0

출처 : 통계청의 '2022년 가계동향조사'

- 교육비 : 학비, 교과서, 학원 등 교육비용은 많은 가정에서 상당한 지출로 나타난다.
- 의료비 : 건강관리와 의료 서비스에 대한 지출로 의료비가 소비 품목 중 하나이다.
- 교통비 : 자동차 구입 및 유지비, 대중 교통 이용에 따른 비용이 이에 해당한다.
- 통신비 : 휴대전화, 인터넷, 유선 전화 등 통신 서비스에 대한 비용이 소비자들의 지출에 포함된다.

- 의류 및 신발 : 의류와 신발에 대한 소비도 일반적인 소비 품목 중 하나이다.
- 여가 및 문화 활동 : 영화, 콘서트, 레저 활동 등 여가와 문화 활동에 대한 소비도 중요한 부분이다.
- 기타 소비품 : 가전제품, 가구, 화장품, 서적 등 다양한 소비품이 소비자들에 의해 구매되고 있다.

인간은 태어나서 죽을 때까지 많은 것을 필요로 한다. 인간답게 그리고 행복하게 살기 위해서는 무엇이 필요할까? 어떤 소비품목에 관심이 많고, 주로 구매할까? 이번 장에서는 우리가 주로 무엇을 사는지에 대해서 살펴볼 것이다.

1. 생리적 욕구 해결을 위한 소비지출

버지니아 울프는 이런 말을 남겼다. "옷에 의해 사람들의 세계관도 변하고, 사회적인 입장도 바뀐다. 우리가 옷을 입고 있는 것이 아니라 옷이 우리를 입고 있다." 시장조사기관 트랜드리서치가 주관하는 '한국패션소비시장 빅데이터 2023' 연감에 따르면, 2022년 한국패션시장 규모는 2021년 대비 8.2% 늘어난 47조 910억 원으로 추정되었다. 이는 역대 최대 규모이고, 20여 년 전인 2000년 21조 원 규모에 비해 2배 이상 늘어난 것이다. 또한 2023년과 2024년 시장규모는 49조 5천억 원, 51조3천억 원으로 각각 5.2%, 3.5% 정도 성장할 것으로 전망했다. 즉, 우리는 매년 50조 원이 넘는 돈을 의생활을 위해 지출하고 있는 셈이다.

주요 상품 카테고리별로 살펴보면, 소비자들은 캐주얼 구매에 약 20조 원, 신발에 8조 원, 스포츠 관련 구매에 7조 원, 남성정장에 5조 원 등의 순으로 소비지출을 하고 있는 것으로 나타났다.

슐로서(2001)는 『패스트푸드의 제국』에서 이런 말을 했다. "음식은 영화처럼 감상되는 것도, 청바지처럼 입어 경험하는 것도, 책처럼 읽히는 것도, 음악처럼 연주되는 것도 아닌, 사람들의 몸속으로 흡수되어 그 일부가 되는 것이다." 식품산업통계정보의 발표에 따르면, 지난 2021년 기준으로 우리나라 식품 시장규모는 2020년 대비 12.7% 성장한 299조4,740억 원에 이른 것으로 나타났다. 이에 따라 2022년 이미 300조 원을 넘은 것으로 추정되며, 유통 시장까지 포함할 경우 2021년 전체 식품산업 시장은 655조9,080억 원에 달할 것으로 전망한 바 있다. 식품 시장 300조 원 가운데 절반은 음식점업 매출(150조 원)이고, 절반은 음식료품 제조업 매출(149조 원)에서 일어났다. 이처럼 우리는 300조 원이 넘는 돈을 먹는 데 쓰고 있다.

김진애(2000)는 『이 집은 누구인가』라는 책에서 "집은 곧 사람이다. 우리 사는 집이 곧 자신을 표현한다는 것을 이해한다면, 우리는 우리가 사는 집을 통해서 자신을 더 잘 알게 될 수도 있으리라."라는 의미심장한 말을 했다.

국토교통부의 '2021년도 주거실태조사' 결과 발표에 따르면, 2021년 주택 점유형태는 '자가'가 57.3%, '임차'가 39.0%, '무상'이 3.7% 순으로 높았다. 2020년과 비교하면 '자가' 가구는 감소하였고 임차 가구는 증가한 것으로 나타났다. 2021년 수도권 아파트 평균 월세 금액은 67만 원이었으나, 2022년 73만 원으로 5만 원 정도 올랐다. 2023년에는 75만 원으로 2만 원 올랐다. 금액별로는 100만 원 이하 비율이 2021년 81.4%에서 2022년 78.2%, 2023년 77.2%로 떨어졌다. 이에 비해 100만 원 초과 500만 원 이하의 고가 월세 비율은 2021년 18.3%에서 2022년 21.5%로 20%를 넘긴 뒤 2023년 22.4%로 증가한 것으로 나타났다. 한국은행이 2023년 발표자료에 따르면, 1·4분기 가계신용 잠정통계에 따르면 주택담보대출 잔액은 1,017조 9,000억 원으로 사상 최대 기록했다고 한다. 여러 통계에서 알 수 있듯이 우리는 많은 돈을 주거에 사용하고 있다. 집안을 채우는 가구(30조 원)와 전자상품을 구입(33조 원)하는 데에도 막대한 비용을 지출하고 있을 뿐만 아니라 인테리어(60조 원)에도 많은 돈을 들이고 있는 것을 감안하면 우리는 소득의 상당 부분을 주거를 위해 사용하고 있는 셈이다.

2. 안전욕구 해결을 위한 소비지출

안전과 건강에 대한 소비지출은 각 가구나 개인의 우선순위 및 환경에 따라 다르지만, 전반적으로 안전과 건강에 관한 소비가 중요한 부분으로 인식되고 있다. 의료비, 보험료, 건강식품 및 보조제품, 스포츠 및 운동 시설 이용, 안전장비 및 보안시스템, 건강검진 및 예방접종, 환경보호를 위한 소비 등과 관련한 지출이 이에 해당한다.

우리나라 국민들은 자신의 생명과 재산을 지키기 위해 많은 돈을 지출하고 있다. 대표적인 것이 의료비와 보험료 등을 들 수 있다. 2021년 전국민이 보건의료에 사용한 비용인 '경상의료비'는 약180조 원으로 국내총생산(GDP) 대비 비율은 8.8%로 잠정 집계됐다. 경상의료비는 한 국가의 국민이 보건의료 재화와 서비스를 구매하는데 지출한 총비용을 말한다. 우리나라의 GDP 대비 경상의료비는 1970년 2.6%에서 1980년 3.5%, 1990년 3.7%, 2000년 3.9%, 2010년 5.8%, 그리고 2022년 9.7%로 빠르게 증가해 왔다. 실로 막대한 돈을 의료서비스를 받는 데 사용하고 있는 셈이다.

2022년 국내 보험 시장은 전년대비 0.4% 증가한 228조 원로 나타났다. 전체 가구의 80% 이상이 현재 생명보험에 가입하고 있다. 자신의 생명과 안전을 위해 막대한 돈을 지출하고 있는 셈이다. 건강에 대한 관심의 증가로 디지털헬스케어산업(16조 원), 건강보조식품 시장(6조 원) 등에도 많은 돈을 지출하고 있다.

보안전문 인터넷신문 〈보안뉴스〉와 보안종합 월간지 〈시큐리티월드〉가 발간한 '2023 국내외 보안시장 전망보고서'에 따르면, 2022년 국내 보안시장은 6조 7,195억 원으로 2021년 대비 9% 성장한 것으로 나타났다. 또한, 2023년에는 4.8% 성장한 7조 437억 원, 2024년에는 3.8% 성장한 7조 3,127억 원대에 이를 것으로 전망되었다. 우리는 막대한 돈을 생명과 재산을 지키는 데 쓰고 있다.

산업통상자원부가 '2021년 국내 디지털헬스케어산업 실태조사' 결과를 발표했다. 디지털헬스케어란 통상 ICT 등 디지털 기술을 활용해 질병을 진단·치료하고 건강의 유지·증진을 목적으로 하는 일련의 활동과 수단을 의미한다. 글로벌 헬스케어 시장의 8.9%(의약품 64.4%, 의료기기 20.2%) 규모이다. 매출은 2021년 기준 1조 8,227억 원으로 전년 대비 34.6% 성장한 것으로 나타났다. 의료용기기 매출이 9,731억 원(53.4%)으로 가장 높았고 그다음은 건강관리 기기 2,546억 원, 디지털 건강관리 플랫폼 2,250억 원 순으로 매출이 높았다.

3. 애정과 소속 욕구 해결을 위한 소비지출

애정과 소속 욕구해결을 위한 소비는 주로 감정적으로 만족스러운 경험을 창출하거나 소속감을 강화하는 행동을 포함할 수 있다. 함께 시간을 보내며 즐길 수 있는 여가 및 레저 활동이 소속감을 높일 수 있다. 예를 들어, 함께 영화를 보거나 레스토랑에서 식사하는 등의 활동이 이에 해당한다. 함께 여행하거나 휴가를 즐기는 것은 가족이나 친구와의 소속감을 강화하는 데 도움이 될 수 있다. 특별한 이벤트나 지역적인 축제에 참여함으로써 공동체에 소속감을 느낄 수 있다. 공통된 관심사를 가진 사람들과 함께 소속감을 형성할 수 있는 동호회나 모임에 참여하는 것이 소비지출의 한 예시이다. 특별한 순간이나 기념일을 기념하기 위해 선물이나 기념품을 구매하는 것은 감정적인 결속을 강화하는 데 도움이 될 수 있다. 가정을 아름답게 꾸미고 편안하게 만들기 위해 가정용품이나 장식품을 구매하는 것도 소속감을 높이는 데 도움을 준다. 가족이나 친구들과의 소통을 강화하기 위해 최신의 통신 기기나 서비스를 이용하는 것이 소비지출에 포함될 수 있다. 이와 같은 소비지출들은 사회적 연결성과 감정적인 만족을 높이는 데 기여할 수 있다.

이동통신서비스는 가족·친구·동료와의 관계 형성의 욕구를 충족시켜 주는데 활용되는 대표적 상품 중 하나이다. 2022년 5월 말 기준 국내 이동전화 가입회선은 약 7,381만 개, 스마트폰 회선은 약 5,389만 개에 달하는 것으로 나타났다. 참고로 같은 달 행정안전부 주민등록 총인구수는 5,158만 명이었다. 그렇다면 전국민이 스마트폰을 한 대 이상 보유하고 있는 셈이다. 한국소비자원이 발표한 자료를 보면, 2023년 우리나라 국민 1인당 이동통신 요금은 월평균 6만5867원에 달했다. 여기에는 단말기 할부금과 콘텐츠·부가서비스 이용료 등이 포함됐다. 4인 가족이라면 월 25만 원 정도를 통신비용으로 쓰고 있다. 환산하면 대략 연간 3조 5천억 원이라는 막대한 돈을 지출하고 있는 셈이다.

마케팅·컨설팅 업체 케피오스(Kepios)가 2023년 발표한 SNS 사용 실태 보고서에 따르면, 세계 SNS 사용자는 인구의 60.6%에 해당하는 48억 8천만 명이며, 하루 평균 2시간 26분 동안 SNS를 사용하는 것으로 나타났다. 하루 평균 이용시간은 하루에 7~8시간 잠을 잔다고 가정할 때, 깨어 있는 시간의 약 15%를 소셜 미디어를 사용하는 것으로 나타났다. 시간을 돈으로 봤을 때 우리는 관계 욕구 충족을 위해 실로 엄청난 돈을 지출하고 있는 셈이다.

온라인상으로 연인을 찾을 수 있도록 중개하는 서비스인 데이트 앱에 대한 인기가 높다. 데이트 앱 또한 사람들의 관계 욕구를 충족시켜주는 신상품이다. 모바일 시장 조사업체 '앱애니'는 최근 "2021

년 한 해 데이팅 앱 이용자들의 지출 규모는 30억 달러(약 3조4000억 원) 이상으로 전년 대비 15% 성장했고, 앱 다운로드 건수는 5억 6000만 건을 기록했다."고 밝혔다. 2021년 국내 이용자들은 데이팅 앱에 약 830억 원을 지출한 것으로 나타났다.

반려동물을 키우면서 사람들은 책임감이 증가하고, 외로움 감소, 삶의 만족도 제고 등 긍정적인 효과를 얻는 것으로 나타났다. 반려동물을 가족처럼 소중한 존재로 여기는 '펫팸(Pet+Family)족'이라는 신조어도 있다. 반려동물이란 말은 1983년 오스트리아 과학아카데미가 '동물은 인간과 더불어 산다'는 의미로 '반려동물'로 부르자고 제안하면서 생겨났다. 고령화가 심화되고 1인 가구가 증가하면서 반려동물을 가족처럼 키우는 사람들이 늘고 있고 한다.

농림축산식품부가 2022년 실시한 '동물보호에 대한 국민의식조사'에 따르면, 개·고양이를 키우는 반려동물 양육 가구는 602만 가구, 양육 인구는 1300만 명으로 추정되었다. 이는 10년 전인 2012년(364만 가구)보다 65% 늘어난 수치다. 이에 따라 반려시장 규모도 커지고 있다. 바야흐로 '펫코노미(Pet+Economy)' 시대라 불러도 손색이 없다. 펫코노미는 반려동물과 관련된 생산 및 산업, 소비활동을 일컫는 신조어다. 농촌경제연구원은 관련 시장의 규모는 2022년 8조 원(62억 달러)에 달했고, 매년 10% 이상 성장할 것으로 예측했다.

4. 인정과 존경 욕구 해결을 위한 소비지출

인정과 존경 욕구를 충족시키기 위한 소비지출은 자아 존중과 타인의 평가에 대한 긍정적인 영향을 기대하는 행동을 포함한다. 이러한 욕구를 충족시키기 위한 소비지출의 몇 가지 예시를 제시하면 다음과 같다.

- 의류 및 패션 상품 : 특별한 의류나 브랜드 상품을 구매함으로써 외적으로 인정받고 스타일을 표현하는 것이 이에 해당한다.
- 명품 브랜드 상품 : 고가의 명품 상품을 소비함으로써 사회적인 계층에서의 인정을 받거나 자아 존중을 표현하는 경우가 있다.
- 자기계발 및 교육 : 새로운 기술, 언어, 기술 등을 학습하고 자기 계발을 위해 돈을 쓰는 것은 자아 존중과 인정 욕구를 충족시키는 데 도움이 된다.
- 여행 및 체험 : 고급 여행이나 독특한 체험을 통해 자신의 삶을 풍요롭게 만들고 타인에게 인정받는 데 기여할 수 있다.
- 문화 예술 활동 참여 : 공연, 전시회, 음악회 등 문화 예술 활동에 참여함으로써 예술적 감각을 향상하고 사회적으로 인정받는 경험을 얻을 수 있다.
- 자선 활동 참여 및 기부 : 사회적 책임감을 표현하고 타인의 인정을 받기 위해 자선 활동에 참여하거나 기부하는 것이 소비지출로 이어질 수 있다.
- 전문적인 서비스 이용 : 전문가나 전문 서비스를 이용하여 자신의 외모, 건강, 라이프스타일에 투자함으로써 자아 존중을 향상시키는 경우가 있다.

이러한 소비는 종종 타인과의 비교나 사회적 승인을 통해 자아 존중과 인정을 얻으려는 욕구에 기인한다. 그러나 이러한 소비에 대한 접근은 각 개인의 가치관, 우선순위, 경제적 상황에 따라 다를 수 있다.

위신, 자존, 지위는 상품보다는 사람이 관련된 욕구이다. 즉, 자존감, 지위에 맞는 욕구의 충족을 원하는 소비자는 명품을 찾는다. 가격이 낮은 상품이 있지만 가격이 높은 상품이 더 잘 팔린다. 명품을 찾는 사람들의 소비이유가 바로 이런 지위와 관련된 것이다. 신종 코로나바이러스 감염증(코로나19) 사태 이후 국내 명품 시장이 급속도로 성장하면서 2021년 세계 10위권의 시장으로 확대된 것으로 나타났다. 삼정KPMG가 2021년 5월 공개한 '럭셔리 시장을 이끄는 뉴 럭셔리 비즈니스 트렌드' 보고서에 따르면, 2020년 우리나라 명품시장 규모는 전년 대비 29.6% 급증한 58억 달러(약 7조3천억 원)에 달했으며, 2023년에는 70억 달러(약 8조8천억 원)에 이를 것으로 전망했다. 미국(641억 달러)과 중국(427억 달러), 일본(260억 달러) 등과 함께 세계 10위권의 시장으로 성장했다. 전세계 명품 시장규모는 2천942억 달러(약 374조 원)였다.

경제협력개발기구(OECD)가 2017년 발표한 '위조·해적상품 무역 보고서,에 따르면, 2013년 기준 전 세계 위조상품 거래금액이 4610억 달러(약 527조6,606억 원)에 이른다고 한다. 이는 같은 기간 총 무역 금액(약 17조9,000억 달러)의 2.5%에 달하는 마어마한 수치다. '2010~2019년 관세청 지식재산권 위반 적발현황' 자료에 따르면, 짝퉁 적발 건수는 지난 2017년 265건에서 2019년 8월 기준 1,145건으로 늘어났다고 한다. 특이한 점은 감소하던 짝퉁 반입 적발 건수가 감소세를 끝내고 2017년을 기점으로 다시 증가세로 전환했다는 것이다. 2011년 1,030건까지 치솟았던 짝퉁 적발 건수는 2013년 558건, 2015년 452건 등으로 줄어들다 2017년을 기점으로 상승했다. 브랜드별로는 루이비통의 적발 건수가 가장 많았다. 2023년 기준 루이비통이 88건으로 1위, 구찌(86), 샤넬(47), 버버리(39), 에르메스(25) 순으로 적발 건수가 많았다.

한국관광공사의 자료에 따르면 코로나19 이전인 2019년 인바운드(한국 방문 여행지)와 아웃바운드(해외 방문 한국인)를 합친 한국의 여행업 규모는 136조 원이었다. 이는 그해 국내 총 생산의 8%에 달하는 수치로 관광 산업 관련 취업자 수는 150만 명에 달했다.

사람들은 문화 예술 활동 참여함으로써 존경과 인정욕구를 해결할 수 있다. 한국콘텐츠진흥원이 발표한 '2019년 대중문화예술산업 실태조사' 결과에 따르면, 우리나라 대중문화예술산업 전체 규모는 기획, 제작업을 통틀어 6조 4,210억 원으로 나타났다. 이는 2016년 대비해 19.5% 성장한 수치였다.

5. 자아실현 욕구 해결을 위한 소비지출

자아실현 욕구를 충족하기 위한 소비는 다양한 형태를 띠고 있다. 교육적인 투자로서 수강료, 온라인 강의, 전문서적 및 교육 자료의 구매는 지속적인 학습과 개인적인 역량 강화를 통해 자아를 실현하는데 도움을 준다. 또한, 창작적인 활동에 투자하는 것 역시 자아를 표현하고 개발하는 방법 중 하나로 여겨진다. 미술용품, 악기, 컴퓨터 프로그램 등을 구매하여 창의적인 활동에 참여하면서 자아를 발전시킬 수 있다.

또한 자아실현을 위한 소비는 건강과 웰빙에도 집중된다. 피트니스 멤버십이나 요가 스튜디오 등을 이용하여 몸과 마음을 돌보는 것은 개인의 웰빙과 안녕에 기여한다. 커리어나 개인적인 목표를 달성하기 위해 커리어 코칭이나 상담 서비스를 이용하는 것도 자아실현에 도움을 주는 지출에 포함된다. 이처럼 다양한 소비 행동을 통해 개인은 자아실현을 추구하며 성취와 만족을 찾고자한다.

여행, 여가문화, 교육 등은 자아실현 욕구를 충족시키기 위한 소비에 해당한다. 물질보다 경험과 무형의 가치, 즉 자기계발과 여가문화에 대한 지출이 늘어나고 있다. 나를 위해 소비하는 '미코노미(ME 나 + Economy 경제의 합성어)'가 새롭게 부상하고 있다. 단순히 나를 위한 소비가 아닌 개인의 가치관과 취향을 '나를 위한 소비'를 통해 표현하는 '미닝 아웃(Meaning 의미 + Coming out 표현의 합성어)'까지 확장하고 있다. 이러한 트렌드는 고물가에 고금리 그리고 장기

불황이 겹치며, 나를 위한 소비가 단순히 보여주는 과소비가 아닌, 개인의 가치관과 취향을 반영하는 내 만족의 관점으로 변하기 시작했음을 알린다.

고령층일수록 자아실현 욕구가 강하다고 한다. 이를 대변하듯, 요즘 중장년층은 액티브 시니어로서 단순히 영화와 공연을 즐기고 소비하는 것에서 나아가 직접 문화 생산의 주체가 되기도 한다. 디지털 출판업계에선 최근 40~50대가 떠오르는 신흥세력이라 부른다. 한국출판문화산업진흥원에 따르면, 2022년 40~50대의 전자책 구매율은 34.7%로 디지털문화에 익숙한 주 세대인 30대(35.6%)와 비슷한 수치를 기록했다. 이들은 전자책을 구매하는 것뿐만 아니라 작가로 활동하며 전자책 1인 출판 시장에서 두각을 나타내기도 한다. 자가출판시스템 '퍼플'을 운영하는 교보문고에 따르면, 2011년 12월 퍼플 서비스가 시작된 이후, 매월 평균 등록 작품 200여 편 중 30% 이상이 중년 신진 작가였다고 한다.

대학생 및 직장인 10명 중 9명이 '평소 자기계발을 해야 할 것만 같은 강박감을 느낀다'고 한다. 잡코리아와 알바몬이 직장인 및 대학생 2,077명을 대상으로 '자기계발'을 주제로 설문조사를 실시한 결과, 자기계발에 힘을 쏟는 직장인들은 월 평균 22만 9천원, 대학생들은 17만 5천원을 자기계발을 위한 비용으로 지출하고 있는 것으로 나타났다. 자기계발을 위해 할애하는 시간을 알아본 결과에서는 직장인은 주 평균 8시간 25분을, 대학생들은 13시간 11분을 자기계발을 위해 할애하고 있었다.

여행이나 독특한 체험은 삶을 풍요롭게 만들어줄 뿐 아니라 타인에게 인정받는 데 기여할 수 있다. 특히 사람들은 여행을 통해 자아실현 욕구를 충족시키기도 한다. 한국관광공사가 자료에 따르면, 코로나19 이전인 2019년 인바운드(한국 방문 여행자)와 아웃바운드(해외 방문 한국인)를 합친 한국의 여행업 규모는 136조 원이었다. 이는 그해 국내 총 생산의 8%에 달하는 수치다. 해외로 나간 한국인은 연인원 1,750만 명이었다. 한국을 방문한 외국인의 수도 출국 인원과 엇비슷한 1,751만 명이었으며, 이들이 한국에서 지출한 금액은 31조 8,900억 원으로 집계됐다. 또 한국은행에서 발표한 외환거래내역통계에 따르면, 2019년 한국인 여행자들이 해외에서 소비한 금액은 약 35조 원이었다. 외국인을 포함한 국내 여행객은 7,550만 명, 이들은 104조 9,600억 원을 여행하는데 지출했다. 문화관광부가 발표한 자료에 따르면 2018년 우리 국민의 1인당 국내 여행 횟수는 약 7회에 달했다. 국민 10명 중 9명은 한 차례 이상 국내 여행을 다녀온 것으로 나타났으며, 1인당 평균 지출액은 연간 96만 원으로 나타났다.

상 품

오늘날 대부분의 산업품은 시장판매를 목표로 하여 생산되고 있다. 이에 따라 사람들은 모든 필요한 물자를 시장에서 화폐나 신용에 의하여 상품을 사서 쓰는 시대, 즉 상품 중심의 경제생활 시대에 살고 있다. 이번 장에서는 현대인들이 무엇을 주로 구입하고 사용하는지를 상품의 관점에서 한번 살펴보고자 한다.

1. 상품의 개념

일반적으로 경제학에서는 인간의 욕망을 충족시키기 위하여 생산, 소비되는 물자를 경제재 또는 재화라고 하며, 인간의 욕망을 충족시키는 성능을 사용가치라고 한다. 그런데 재화가 시장에서 판매하기 위해 생산된 경우, 이 재화를 특히 상품이라고 부른다. 따라서, 상품은 교환가치를 목표로 하여 생산되고 판매되는 것이다. 정리하면, 상품이란 인간의 욕망을 충족시켜주는 것으로, 사용가치와 교환가치를 가진 물건을 일컫는 말이다. 일반적으로 상품은 좁은 의미에서 사용

가치와 교환가치를 함께 가지는 실질재만을 지칭하지만, 넓은 의미로 해석할 때는 교환가치만을 지닌 유가증권·상품권·특허권·저작권 등도 이에 해당한다.

　마케팅에서는 상품을 고객을 만족시킬 수 있는 일련의 유·무형의 속성다발로 구성된 제품, 서비스, 혹은 아이디어로서 화폐나 혹은 다른 가치 있는 것들과 교환할 수 있는 것을 말한다. 제품은 눈으로 볼 수 있고, 만질 수 있으며, 냄새 맡거나, 사용할 수 있는 물리적 특성을 지닌 상품을 말한다. 예컨대, 자동차, 집, 음료수, 스마트폰, TV, 냉장고 등 사람들이 일상생활에서 구매하여 사용하고 있는 대부분의 것이 이에 포함된다. 서비스는 생산자로부터 소비자에게 직접 교환되는 교육, 병원, 은행대출 등과 같은 무형적인 속성을 지닌 것들로 주로 경험을 제공하며, 사람이나 기계, 시설 등을 통해 제공된다. 여기에서는 제품과 서비스를 통칭해서 상품이라고 부를 것이다.

2. 상품의 구성요소

　필립 코틀러(Philip Kotler)는 상품의 수준에 따라 핵심상품, 유형상품, 확장상품으로 분류했다. 각 상품에 대해 자세히 설명하도록 하겠다. 핵심상품(core product)은 소비자가 상품을 통해 얻고자 하는 편익을 뜻한다. 에어컨의 예를 들어보자. 에어컨에서 소바자들이 얻고자 하는 편익은 시원함이다. 따라서 이 시원함이라는 속성이 핵심상품이다. 유형상품(tangible product)은 핵심상품을 물리적으로 상품화하기 위한 포장, 스타일과 디자인, 품질, 브랜드 등을 말한다. 핵심싱품은 유형의 상품을 통해 구체화할 수 있다. 유형상품은 실제상품(actual product)이라고도 한다. 기업은 유형의 상품의 구성요소를 차별화 있게 결합함으로써 경쟁우위를 달성할 수도 있다. 예컨대, 에어컨이라는 물건 자체가 바로 유형의 상품이다. 확장상품(augmented product)은 유형의 상품 이외에 부가적인 서비스 제공물들을 일컫는다. 예컨대, 에어컨을 구매할 때 대금결제방식이나 배달, 설치 또는 보증, A/S 등의 무형의 서비스가 확장상품이 된다. 브랜드 간에 경쟁이 치열해짐에 따라 기업은 유형의 상품 이외에 확장상품을 제공함으로써 경쟁우위를 달성하려고 한다.

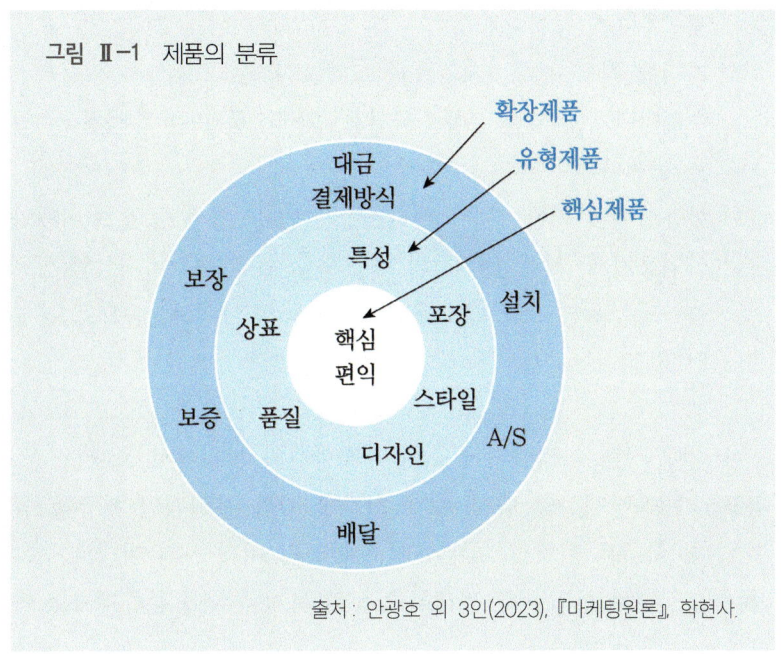

그림 Ⅱ-1 제품의 분류

출처: 안광호 외 3인(2023), 『마케팅원론』, 학현사.

3. 상품종류와 분류

상품의 종류는 대단히 많다. 상품은 각종 통계나 관리상의 편의를 위하여 분류되는 경우가 많다. 일반적으로는 산업계에서는 다음과 같이 분류하고 있다.

① 산업원에 따른 분류 : 1차산업품·2차산업품·3차산업품 또는 농산품·수산품·임산품·광산품·공산품·용역 등으로 분류된다.
② 생산과정에 따른 분류 : 원료품·반상품(중간상품)·완상품(정상품) 등이다.
③ 용도에 따른 분류 : 식료품·의료품·주택용품·연료 등이다.
④ 구매동기에 따른 분류 : 필수품·편의품·일용품·선매품·사치품·특수품 등이다.
⑤ 가격에 따른 분류 : 저가품과 고가품이다.
⑥ 수출입관계에 따른 분류 : 국산품·외국상품 또는 수출품·수입품 등이다.
⑦ 사용상태에 따른 분류 : 생산재상품(원유·광석 등의 소비재와 산업용기계·기계설비 등의 내구재상품)·최종소비재상품(식료품·연료 등의 소모재와 옷감·가구 등의 내구재) 등으로 분류된다.

이 밖에 상품이 생산되어 소비될 때까지의 과정에서 소재·성인·용도·기능·경제성의 다섯 가지 조건에 따라 본질적인 분류를 할 수 있다. 상품은 이처럼 그 분류기준에 따라 여러 가지 형태로 구분되는데, 실제로 산업통계·관세부과 등의 목적에 따라 분류제도를 달리하는 경우가 많다.

마케팅에서는 소비자의 구매목적에 따라 상품을 소비자와 산업재로 구분하고 있다. 소비재는 최종 소비자를 대상으로 판매하는 재화를 뜻하는 상품이다. 소비재는 소비자들이 구매과정에서 보이는 쇼핑행동에 의해 편의품, 선매품, 전문품으로 분류한다. 편의품(convenience goods)은 소비자가 많은 노력을 기울이지 않고 쉽게 구매하는 상품을 뜻한다. 편의품은 상대적으로 가격이 저렴하다. 여기에는 필수품과 충동품, 긴급품 등이 있다. 필수품은 설탕, 소금, 케첩, 치약, 칫솔 등과 같이 정규적으로 구매되는 상품을 의미한다. 충동품은 사전 계획 없이 충동적으로 구매되는 잡지, 껌 등을 일컫는다. 긴급품은 비상시에 즉각적으로 구매되어야 하는 것을 말한다. 비가 올 때 급하게 편의점에서 사는 우산, 상처가 나서 급하게 사는 밴드 등의 상품이 긴급품에 해당한다.

선매품(shopping goods)은 가구, 냉장고, TV 등 편의품 보다 상대적으로 많은 노력을 투입하여 구매하는 상품일 일컫는다. 소비자들은 선매품을 구매할 때는 상품의 질, 디자인, 포장 등과 같은 상품특성을 면밀히 살펴본다. 일반적으로 편의품 보다 고가격이며, 구매빈도는 낮다. 전문품(specialty goods)은 명품시계, 고급향수, 스포츠카 등 고가의 상품으로써 소비자가 해당 상품 구매시 특별한 노력을 기울이는 상품을 일컫는다. 높은 상품차별성, 높은 소비자 관여도, 강한 브랜드 충성도가 특징이다.

산업재는 기업이 구매하는 상품이다. 기업은 추가적인 가공을 하거나 사업활동을 영위하기 위해 산업재를 구매한다. 산업재는 생산과정에 어떻게 이용되느냐에 따라 자재와 부품, 자본재, 소모품으로 분류한다. 자재(materials)와 부품(parts)은 제조업자가 완전한 상품을 생산하기 위해 상품의 한 부분으로 투입하는 부분품을 일컫는다. 여기에는 자재, 원자재, 구성원자재, 부품 등이 포함된다. 자재는 가공정도에 따라 원자재와 구성원자재로 구분한다. 원자재는 밀, 채소, 원유, 철광석 등과 같이 천연재료를 경작, 추출한 것으로 아직 가공처리되지 않은 자재를 일컫는다. 구성원자재는 철광석을 가공한 강철, 누에에서 뽑은 실 등 추가적인 가공이 들어간 자재를 일컫는다. 부품은 자동차의 타이어와 같이 최종상품을 만들기 위해 완성단계에 있는 상품에 추가적으로 투입되는 것을 일컫는다. 완상품의 외형을 바꾸지 않는다는 특징이 있다.

자본재(capital items)는 상품의 일부분을 구성하진 않지만 상품 생산을 원활히 하기 위해 투입되는 것을 일컫는다. 여기에는 설비품, 보조장비가 있다. 설비품은 공장 건물, 사무실 건물, 엘리베이터, 대형 컴퓨터 등과 같은 고정장비를 뜻한다. 일반적으로 단가가 매우 높아 구매 시 상당한 노력이 투입된다. 보조장비는 사무실 책상, 지게차 등 사무실 집기나 공장 내의 이동장비를 뜻한다. 설비품에 비해 내용연수가 짧다는 특징이 있다. 소모품(supplies)은 완상품 생산에 전혀 투입되지 않고 공장이나 회사의 운영을 위해 사용된다. 볼펜, A4용지, 청소도구 등이 대표적인 예이다. 소모품은 다른 산업재에 비해 상대적으로 저렴하고 구매 노력이 적게 들기 때문에 산업재의 편의품으로 불리기도 한다.

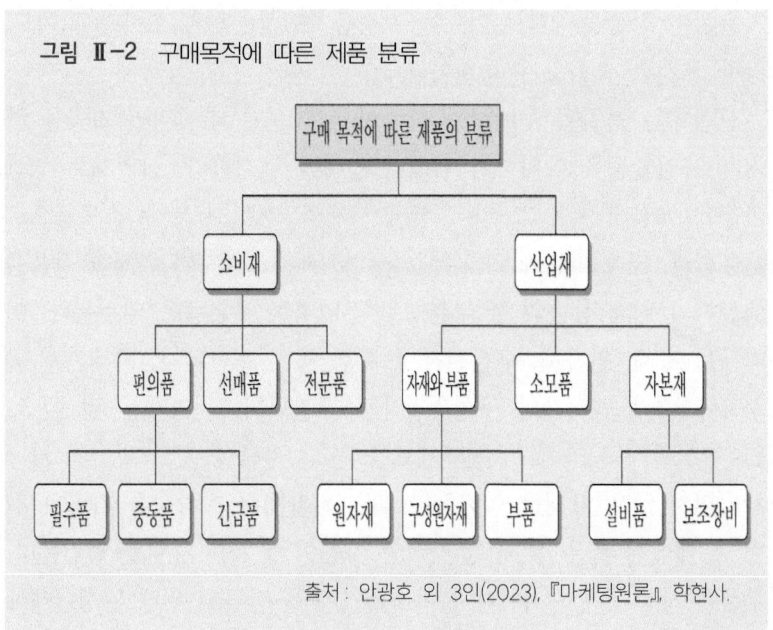

그림 Ⅱ-2 구매목적에 따른 제품 분류

출처: 안광호 외 3인(2023), 『마케팅원론』, 학현사.

4. 실용재와 쾌락재

허치먼과 홀브룩(1982)은 상품의 유형을 쾌락재와 실용재로 구분하였는데, 쾌락재(hedonic goods)란 소비자로 하여금 즐거움을 유발시키는 무형적 특성을 지닌 상품이며, 실용재(utilitarian goods)는 가시적이고 객관적인 특징을 가진 상품이다. 이러한 쾌락재와 실용재가 상호 배타적일 필요도 없고, 그렇다고 일관될 필요도 없다. 예를 들어, 치약은 충분한 불소의 함유를 통해 충치를 예방하면서도 좋은 맛으로 즐거움을 제공할 수 있을 것이고, 치약으로써 기능적으로는 훌륭하지만 쓴 맛 등의 불쾌한 감각을 소비자에게 줄 수도 있다.

실용재와 쾌락재는 소비자의 만족과 관련하여 서로 다른 특성을 가지고 있는 두 가지 유형의 상품이다. 실용재는 주로 기능성이나 실용성을 강조하는 상품으로, 소비자들이 특정 목적을 달성하기 위해 구매한다. 가격, 효용성, 실용성 등이 주된 고려 요인이며, 주로 필수적인 생활용품이나 일상적인 필요물로 사용된다. 가전상품(냉장고, 세탁기), 주방용품(전자렌지, 조리도구), 일상적인 의류, 생활용품 등이 이에 해당한다.

쾌락재는 소비자의 쾌락, 즐거움, 감성적인 만족을 위해 구매되는 상품으로, 주로 감성이나 특별한 경험을 제공한다. 디자인, 브랜드, 스타일, 감성적 요소 등이 중요하며, 소비자의 감정적인 만족을 높이는 데 중점을 둔다. 패션 브랜드의 고급 의류, 골프장 회원권, 예술작품, 고급 쥬얼리, 고급 자동차 등이 이에 해당한다.

실용재와 쾌락재는 소비자의 욕구와 성향에 따라 선택되며, 일상적이고 실용적인 용도에 적합한 상품이든, 감성적인 즐거움을 추구하는 특별한 상품이든, 소비자의 가치 및 우선순위에 따라 다양한 선택이 이루어진다. 쾌락재의 구매는 소비자의 재미와 관능적인 쾌락에 대한 욕구로 인해 동기 부여되고 경험적이고 쾌락적인 목표를 충족시키는 한편, 실용재의 구매는 기능 및 도구적 목표를 충족하는 소비자의 기본적 요구로 동기 부여된다. 쾌락재와 실용재는 상품 수준에 국한되지 않고 속성에도 적용되며, 특정 상품들은 쾌락성과 실용성을 모두 가지고 있다.

상품의 유형, 즉 쾌락재와 실용재는 다양한 측면에서 소비자 행동을 예측한다. 소비자는 쾌락재에 대한 절대적 최선의 선택과 실용재에 대한 상대적 최선의 선택을 선호하며, 쾌락재 구매 시 상대적 최선의 선택보다 절대적 최선의 선택을 위해 훨씬 더 많은 비용을 기꺼이 지불하고, 이 관계에서 사회적 비교는 상품 유형과 선택 선호도 사이의 관계를 매개한다. 소비자는 자기 자신을 위한 소비에서는 실용재를 선호하는 반면, 타인을 위해 상품을 구매할 때에는 쾌락재를 선호하는 경향이 있다. 소비자는 쾌락적 소비 결정에 대해 생각할 때 비교적 많은 죄책감을 느끼게 되고, 이 죄책감은 타인을 위한 구매 행동 시 낮아진다.

5. 필수재와 사치재

필수재(necessity goods)와 사치재(luxury goods)는 경제학에서 소비자의 상품에 대한 인식과 구매를 설명하는데 사용하는 상품 분류 방법이다. 이 둘은 소비자의 수요에 따라 다르게 평가되며, 각각의 특성에 따라 경제 활동에 미치는 영향이 다르다. 소비자의 소득이 1% 증가할 때 상품 A의 수요는 1%보다 작게 증가하고, 상품 B의 수요는 1%보다 크게 증가하는 상황을 생각해보자. 경제학에서는 상품 A를 가리켜 필수재라 하고, 상품 B를 가리켜 사치재라고 한다. 소득 변화율에 대한 상품 수요량 변화율의 비율을 수요의 소득탄력성 (income elasticity of demand)이라고 하는데, 수요의 소득탄력성이 0보다 크고 1보다는 작은 상품을 필수재, 소득탄력성이 1보다 큰 상품을 사치재라고 한다.

필수재는 기본적인 생활 수준을 유지하는 데 필수적인 상품 말한다. 따라서 소비자들은 이들 필수재를 말 그대로 필수적으로 필요로 하며, 일상적인 생활에 불가피하게 사용한다. 필수재는 수요에 대한 가격 탄력성이 낮아 가격 변동에 상대적으로 덜 민감하다는 특징이 있다. 소비자들은 이러한 상품을 구매하기 위해 더 높은 가격을 지불할 수 있다. 식품과 음료품, 주거용 전력, 수도 서비스, 의료 서비스 등이 대표적인 필수재에 속한다.

사치재는 생활의 향상이나 쾌락을 위해 구매되는 고가의 상품을 말한다. 사치재는 일반적으로 고가이며, 높은 가격은 고급 또는 특별한 품질을 나타낸다. 사치재는 수요에 대한 가격 탄력성이 높아 가격 변동에 상대적으로 민감하다는 특징이 있다. 사치재는 주로 고소득층이나 특정 경제적인 계층이 소비한다. 명품 브랜드의 의류와 액세서리, 고급 자동차, 고급 주택, 호화스러운 여행 등이 이에 속한다.

경제학에서 수요의 소득탄력성이 0보다 큰 재화, 즉 소득이 증가할 때 수요가 조금이라도 증가하는 재화를 정상재(normal goods)라고 하며, 필수재와 사치재는 정상재에 속한다. 식료품에 대한 수요의 소득 탄력성은 1보다 작다. 그러므로 식료품은 가계 입장에서는 필수재이다. 사치재는 고가의 원료로 소량으로 생산되며 높은 가격에 판매되는 고급 승용차, 고급 시계와 같은 것이 사치재라 할 수 있다. 반면 소득이 증가해도 소비가 오히려 감소하는 재화가 있는데 이를 '열등재'라 하며, 소득 탄력성이 0보다 작은 음(-)의 값이 된다.

유의할 점은 필수재와 사치재가 재화 고유의 특성이 아닌 소비자의 특성에 따라 구분된다는 점이다. 예를 들어 어떤 소비자에게는 자동차가 사치재일 수 있지만, 다른 소비자에게는 자동차가 필수재일 수도 있다. 즉, 자동차 고유의 특성으로 인해 필수재 또는 사치재가 되는 것이 아니다. 누군가에게 햄버거는 정상재가 되지만, 소득이 늘어나면 햄버거 대신 스테이크나 소고기 등을 먹는다.

다음에서는 필수재 소비와 관련하여 엥겔지수를, 사치재 소비와 관련하여 베블런 효과에 대해서 알아보자.

▶ 엥겔의 법칙(Engel's Law)

위키백과는 엥겔의 법칙을 다음과 같이 소개하고 있다. "독일의 통계학자인 에른스트 엥겔(Ernst Engel)가 '근로자의 가계 조사를 통해 가계 소득이 높아질수록 총 소비지출에서 식료품비 비율이 감소한다는 점을 발견'하였고, 이를 엥겔의 이름을 따서 '엥겔의 법칙'이라 부른다." 이 법칙은 주로 소득 증가와 소비패턴 간의 관계를 이해하는 데 사용하고 있다. 이 법칙 안에서 엥겔지수(혹은 엥겔계수)가 나오게 된다. 엥겔지수는 소비자의 소득이 증가함에 따라 소비자가 소비하는 상품들의 구매 비율이 어떻게 변화하는지를 나타내는 지수이다. 엥겔지수는 소비자의 소득이 증가할 때 특정 소비재 카테고리에 대한 지출이 어떻게 변하는지를 보여준다. 이 지수는 백분율로 표현되며, 소비자의 소득이 증가함에 따라 특정 카테고리에 대한 지출이 증가하면 엥겔지수는 양수가 된다.

일반적으로, 엥겔지수는 필수지출과 중간지출, 고급지출 세 가지로 나뉜다. 낮은 소득수준에서는 대부분의 소득이 필수적인 지출에 사용된다. 이러한 필수지출에는 음식, 주거, 의료 등의 기본적인 필수 생활비가 포함된다. 중간 수준의 소득에서는 필수 지출 외에도 몇몇 중간 수준의 상품과 서비스에 대한 지출이 늘어난다. 이에는 의류, 교육, 여가 활동 등이 포함된다. 고소득 수준에서는 필수 지출과 중간 지출 외에도 고급 상품이나 서비스에 대한 지출이 증가한다. 이는 고급 자동차, 고급 주택, 고급 레스토랑 등을 포함할 수 있다.

이처럼 엥겔지수는 가계의 국내 명목 소비 지출액에서 식료품 지출이 차지하는 비율을 나타내는데 주로 사용하고 있다. 보통 가계소득이 높아질수록 엥겔지수는 낮아지는 방향성을 보인다. 소득이 증가하면 의식주의 충족 문제가 개선되면서, 다른 영역으로 눈을 돌리게 된다. 오락·문화·여가 서비스를 즐기려는 수요가 늘어나면서 이와 관련한 지출 비중이 늘어나고, 매일 지출하는 식료품 지출 비중은 소득이 늘어나는 것에 비례하여 그만큼 늘어나지 않는다. 따라서 소득이 증가할수록 엥겔지수는 낮아지는 방향성을 가진다. 한국의 경우 엥겔지수는 1970년대 30%대를 기록했지만 차츰 낮아져 지금은 10%대를 기록하고 있다.

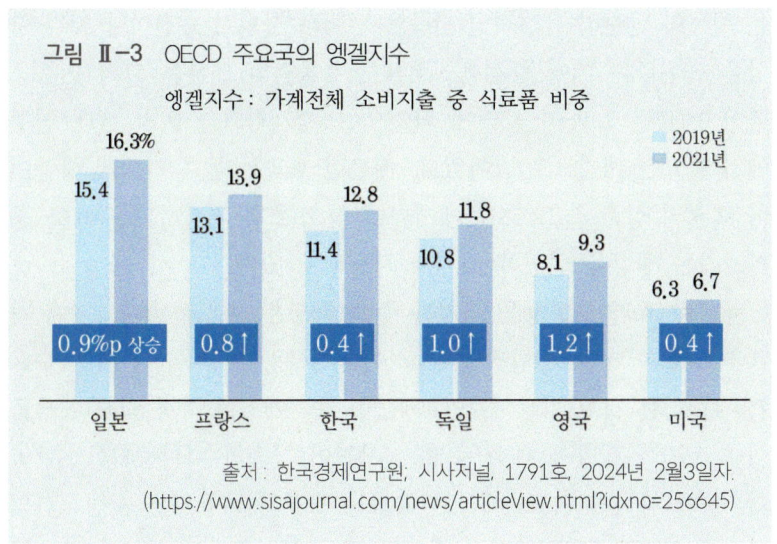

그림 Ⅱ-3 OECD 주요국의 엥겔지수

출처 : 한국경제연구원; 시사저널, 1791호, 2024년 2월3일자.
(https://www.sisajournal.com/news/articleView.html?idxno=256645)

▶ 베블런효과(veblen effect)

한경 경제용어사전에 따르면, 베블런 효과는 미국의 경제학자 소스타인 베블런(1857~1929)에 의해 처음 제시된 개념에서 유래하였다고 한다. 베블런은 1899년 펴낸 『The Theory of the Leisure Class』라는 책에서 이 효과를 상세히 설명하고 사회적인 소비 행태를 분석했다. 베블런은 자신의 연구에서 현대 사회에서의 소비에 대한 이론을 개발하면서, 특히 높은 가격의 상품이나 서비스에 대한 수요의 특별한 특성에 주목했다. 이 특성은 소비자들이 고가의 상품을 통해 사회적인 지위를 나타내고자 하는 욕구에 기인한다는 것을 강조했다.

베블런은 이러한 현상을 '과시적 소비(conspicuous consumption)' 또는 '과시적 여가(conspicuous leisure)'라는 용어로 설명했다. 이는 소비자들이 다른 사람들에게 눈에 띄게 과시하고자 하는 소비와 여가 활동에 주목한 것을 의미한다. 이 개념은 고가의 상품을 소비하는 행동이 단순히 물질적인 만족을 넘어서 사회적 승진이나 지위 향상을 표현하는 데에 중점을 두었다. 베블런의 이론은 그의 이름을 따서 '베블런 효과'라 불리게 되었으며, 경제학과 소비자 행태 연구에서 중요한 개념으로 남아있다. 베블런 효과는 높은 가격의 상품이나 럭셔리 상품이 소비자들에게 사회적 신호를 전달하며 수요를 증가시키는 현상을 설명하는 데에 사용되고 있다.

베블런 효과에 영향을 미치는 주요 특징은 다음과 같다. 첫째 가격과 수요의 역전. 일반적인 수요 이론에서는 가격이 상승하면 수요가 감소하는 것이 기본이지만, 베블런 효과에서는 특정 럭셔리 상품이나 고가의 상품에 대한 수요는 가격이 상승할수록 증가할 수 있다. 둘째 사회적 비교. 베블런 효과는 소비자들이 다른 사람들과의 사회적 비교를 통해 자신의 지위를 확인하고자 하는 성향을 강조한다. 높은 가격의 상품을 구매함으로써 개인의 사회적 지위를 부각시키는 것이 주된 목적이 된다. 셋째, 심볼리즘과 인식. 럭셔리 상품은 종종 사회적으로 고위치와 부유함을 상징하는데, 소비자들은 이러한 상징성을 강조하기 위해 고가의 상품을 선호하게 된다. 넷째, 소비자의 이성적 선택 이상. 베블런 효과는 소비자가 물질적 가치나 실용성만을 고려하지 않고, 상품의 가격이나 브랜드에 주목하여 구매하는 특성을 설명한다. 예를 들어, 명품 브랜드의 가방, 시계, 자동차 등은 가격이 높을수록 높은 수요를 유지할 수 있다. 이는 소비자들이 이러한 럭셔리 상품을 통해 사회적인 성공이나 쾌락을 표현하려는 욕구 때문에 발생하는 현상이다.

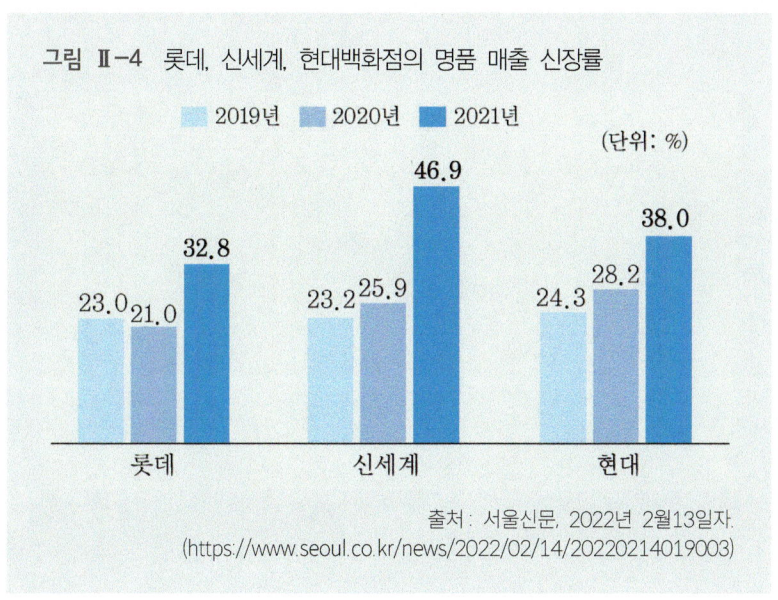

그림 Ⅱ-4 롯데, 신세계, 현대백화점의 명품 매출 신장률

출처: 서울신문, 2022년 2월13일자.
(https://www.seoul.co.kr/news/2022/02/14/20220214019003)

기술혁신과 신상품

소비자들은 늘 새로운 것을 찾는다. 그러므로 기업은 신상품을 개발하고 관리하는 일에 뛰어나야 한다. 즉, 소비자의 필요와 욕구는 빠르게 변화하고 있고 기업 간 경쟁은 날로 치열해졌다. 아무리 잘 나가는 상품도 시장에서 영원히 존재할 수 없고 언젠가는 시장에서 사라지게 마련이다. 기업들은 신상품으로 계속해서 변화하는 소비자들의 욕구를 충족시켜 줄 수 있어야 생존과 지속성장이 가능하다. 여기에서는 먼저 혁신기술의 역사에 대해 살펴볼 것이다. 그리고 기업들의 신상품개발에 관해 자세히 알아보고자 한다.

1. 기술혁신의 역사

기술혁신의 역사는 오랜 세월 동안 이어져 왔다. 산업혁명을 비롯하여 시대마다 새로운 기술이 등장하면서 사회와 경제는 큰 변화를 겪었다. 산업혁명에서는 기계 공학과 증기 동력이 중요한 역할을 하였고, 전자공학의 발전으로 전자기기의 등장과 정보기술의 시대가 열렸다. 최근에는 인공지능, 빅데이터, 생명공학 등의 기술이 부상하면서 새로운 기술혁신의 시대가 도래하고 있다. 현재 우리는 여섯 번째 기술혁신의 시대에 살고 있다. 최근 안유화(2023)가 펴낸 〈더 플로〉에서 이와 관련된 내용을 소개하고 있다. 이 소개 글을 토대로 지금까지 진행된 거대한 기술혁신의 역사를 먼저 살펴보고 지나가자.

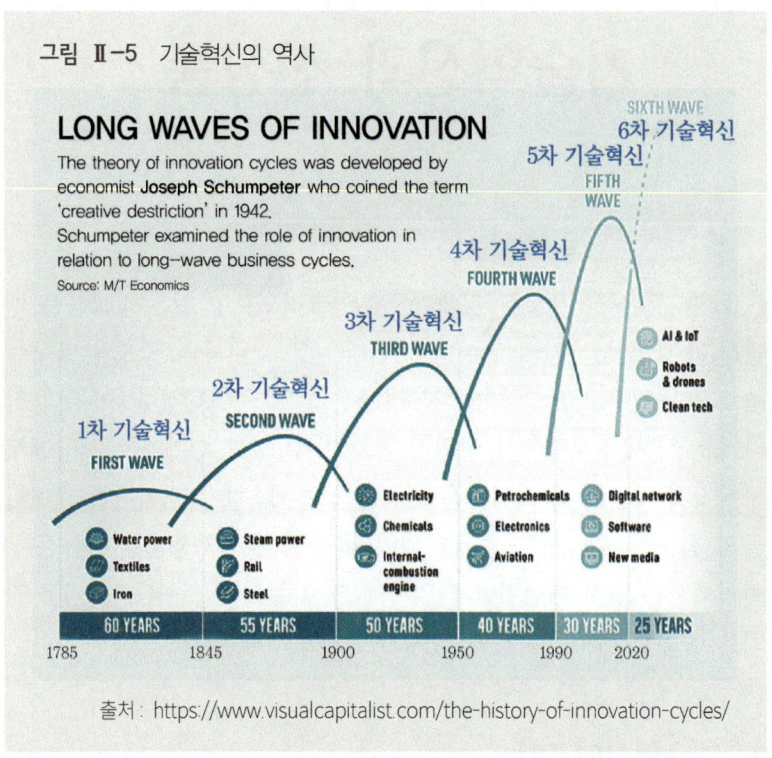

그림 Ⅱ-5 기술혁신의 역사

출처: https://www.visualcapitalist.com/the-history-of-innovation-cycles/

첫 번째(1차) 기술혁신은 1785년부터 1845년까지 60년간 진행되었다. 이때는 수력과 섬유, 철강산업이 혁신을 주도했다. 두 번째(2차) 기술혁신은 1845년에서 1900년까지 55년간 지속되었다. 이 시기에는 철도, 증기, 철강산업이 혁신을 주도했다. 세 번째(3차) 기술혁신은

1900년에서 1950년까지 진행되었으며, 이때는 전략, 전화와 통신, 자동차(내연기관)산업이 기술혁신을 주도했다. 네 번째(4차) 기술혁신은 1950년부터 1990년까지 40년 동안 진행되었다. 이 기간에는 석유와 화학, 전자, 항공산업이 기술혁신을 주도했다. 다섯 번째(5차) 기술혁신은 1990년에서 2020년까지 30년간 지속되었다. 이 시기 디지털네트워크, 소프트웨어, 뉴미디어 등의 산업이 혁신을 주도했다. 여섯 번째(6차) 기술혁신은 2020년부터 진행되고 있는 혁신이며, 2045년까지 향후 25년간 진행될 혁신이다. AI와 Iot, MoT, 로봇과 드론, 친환경기술 관련 산업들이 이 시기 기술혁신을 주도할 것으로 예상된다. 세대가 지속될수록 기술혁신의 기간은 점점 짧아지고 있다. 언제나 그렇듯 기업들은 기술의 변화를 가장 먼저 읽고 산업의 초창기에 진입해야 큰 수익을 얻을 수 있을 뿐만 아니라 지속적인 성장과 생존이 가능하다. 기업들이 혁신의 파도를 타는 확실한 방법은 신상품개발을 하는 것이다.

2. 세계 10대 발명품

특허청은 2018년 제53회 발명의 날을 맞아 페이스북 이용자들이 뽑은 '세계 10대 발명품'을 발표하였다. 페이스북 페친들이 뽑은 세계 10대 발명품 1위는 냉장고였다. 1922년 스웨덴의 왕립기술학교에 다니던 폰 플라덴과 문터스가 음식을 보존할 수 있는 가스흡수식 냉각 캐비닛을 발명했다. 이 냉장고는 1923년 AB 아틱社가 생산하였지만 인기를 얻지 못했다. 상업화에 성공한 것은 1934년 GE사가 제조한 전기압축 가전냉장고였다. 우리나라 가구는 대부분 1대 이상의 냉장고를 보유하고 있다. 국내 냉장고 전체의 연간 시장 규모는 연간 85만~90만 대로 추정된다.

그림 Ⅱ-6 페이스북 페친들이 뽑은 세계 10대 발명품

순위	발명품	순위	발명품
1위	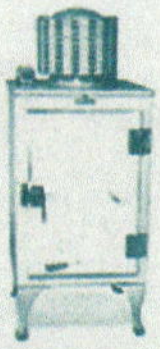 1934년 GE사가 제조한 전기압축 가전냉장고	2위	
3위	 1973년 제록스가 출시한 개인용 컴퓨터 알토	4위	 1920년경 캐나다 비티 브라더스사의 전기구동형 가정용 세탁기
5위	 판스워스가 발명한 텔레비전	6위	 1886년 벤츠의 특허문서
7위	 고려 금속활자	8위	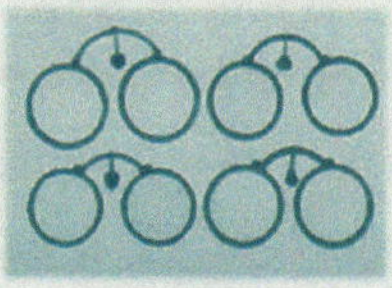 옛날 안경
9위	 백신	10위	 1837년 제작된 가스레인지

출처: 전자신문, 2018년 5월20일자.
(https://www.etnews.com/20180518000083)

PART Ⅱ 우리가 구매하는 것들: What we buy

2위는 인터넷이다. 인터넷은 1969년 미국 국방성이 적의 공격에 의해 통신망에 연결된 몇 대의 통제 컴퓨터가 파괴되더라도 다른 경로를 통해 정보 교환이 가능하도록 구축한 ARPANET(Advanced Research Project Agency NETwork)에서 시작됐다. IT 전문조사기업인 Comscore World Metrix의 발표에 따르면, 전 세계 인터넷 이용자는 45억3,600만 명이며, 전체 인구(77억1,600만 명) 대비 인터넷 보급률은 58.8%라고 한다.

3위는 개인용 컴퓨터이다. 최초의 개인용 컴퓨터로 불릴만한 성능과 디자인은 1973년 제록스의 PARC(Palo Alto Research Center)가 제작한 알토(Alto)다. 알토는 캐비닛, 모니터, 키보드, 마우스로 구성되었으며 GUI 환경과 아이콘 제공한다. ITU에 따르면, 전 세계적으로 가정집에서 컴퓨터를 보유한 비율은 2005년 27.3%에서 2019년 49.7%로 연평균 4.37% 상승했다고 한다.

4위는 세탁기이다. 세탁기는 1858년 해밀턴 스미스가 손으로 크랭크를 돌려서 작동하는 세탁기로 특허를 받은 후, 1900년대 초 알바 피셔가 세탁이 진행되는 중 의류가 서로 뭉치지 않도록 해주는 최초의 전기구동 세탁기를 발명했다. 국내 가구당 세탁기 보급률은 100%에 달한다. 참고로 우리나라 가정은 대부분 세탁기를 보유하고 있으며, 보유 비중은 일반 세탁기가 35%, 드럼세탁기가 65%이다. LG전자는 1969년 국내 최초로 세탁기를 출시 이후 2016년까지 47년 동안 누적 판매량 1억 5천만대를 돌파하는 기록을 세웠다.

5위는 텔레비전이다. 1926년 필로판스워스가 오늘날의 텔레비전처럼 카메라가 전자방식으로 주고받는 세계 최초의 전자 시스템을 발명했다. 1949년경에는 1,000만대의 흑백텔레비전이 미국에서 판매됐다. 우리나라의 가구당 TV 보급률은 1988년까지는 0.96대 수준이었다가 1990년대 들어 1대를 넘어섰다. 이후 TV 보급률은 2006년에 가구당 1.46대로 최대치를 기록했다가 최근에는 그보다 조금 낮은 수준을 유지하고 있다고 한다. 시장조사기관 트렌드포스는 2023년 세계 TV 출하량을 1억9,700만 대로 추정했다. 삼성전자가 지난 17년간 세계 TV 출하량 1위를 기록했다.

6위는 자동차이다. 1886년 커다임러, 마이바흐, 벤츠가 최초로 실용적인 가솔린 엔진 자동차를 발명했다. 벤츠가 발명한 세 바퀴 자동차는 1886년 특허를 취득하였고 시간당 최대 10마일(16km)를 운행했다. 2022년 11월 국내에 등록된 총 자동차 대수는 25,461,361대이며 자가용이 23,460,549대, 영업용이 1,903,539대, 관용차량이 97,273대였다. 2022년 11월 기준, 국내 총인구수(51,450,829명) 대비 인구 1인당 0.49대의 차량을 보유하고 있으며, 1,000명당 494.8대의 차량을 보유한 것으로 나타났다.

7위는 금속활자이다. 현존하는 가장 오래된 금속활자는 고려 우왕 시절에 청주 흥덕사에서 인쇄한 '백운화상초록불조직지심체요절(일명 직지)'로 프랑스 국립박물관에 보존되어 있다. 한국출판문화산업진흥원이 교보문고, 영풍문고, 알라딘, 예스24, 국립중앙도서관 등의 관련 자료를 취합하여 정리한 발행통계에 따르면, 2022년 상반기 신간 도서 발행 종수는 총 41,107종에 이른다고 한다. 국내출판산업 매출액 규모는 2021년 24조 6,977억 원이었다.

8위는 안경이다. 1250년경 베네치아의 유리 부는 장인들이 확대경으로 사용되는 렌즈를 생산했다. 13세기 유럽에서는 대나무 뿔로 렌즈를 지지하는 테를 만들어 각 눈에 하나씩 쌍으로 사용했다. 세계 안경 시장규모는 2018년 915억 6천만 달러로 평가되었으며, 예측 기간 동안 연평균 성장률은 5.7%를 기록했다. 2026년에는 1,415억 4천만 달러에 이를 것으로 관련 업계는 예상하고 있다.

9위는 백신이다. 백신은 1796년 영국의 의사 에드워드 제너가 우두에 전염된 환자의 고름을 천연두에 걸린 적이 없는 소년의 팔에 바르는 실험을 거쳐 발명했다. 1798년 의학계에 발표했으며 1853년

의회에서 우두를 사용한 백신 접종이 의무화됐다. 글로벌 백신 시장은 2021년 610억 4천만 달러에서 2028년 1,254억 9천만 달러로 예측기간(2021~2028년) 연평균 성장률 10.8%로 성장할 것으로 예상된다.

10위는 가스레인지이다. 1825년 영국 노스햄튼 가스회사의 매니저인 제임스 샤프가 자신의 집 부엌에 최초로 가스레인지를 설치했다. 1850년대 가스관이 일반 가정집에 보급되면서 1880년대 이후 가스레인지를 이용한 요리가 대유행했다. 국내 가스레인지 시장은 1991년 국내 보급률이 90%를 넘어선 이후 유사한 디자인과 기능의 가스레인지들로 포화상태에 이르렀다.

3. 신상품의 개념과 분류

신상품은 기업 자체의 연구를 통하여 개발한 독창적인 새로운 상품을 말한다. 신상품은 기업이나 소비자 등이 보는 관점이나 혁신, 개량, 개선의 정도에 따라서 종류가 다양하다. 신상품은 상품 개선, 상품계열 추가 및 확장, 재포지셔닝, 혁신상품 등으로 나뉜다.

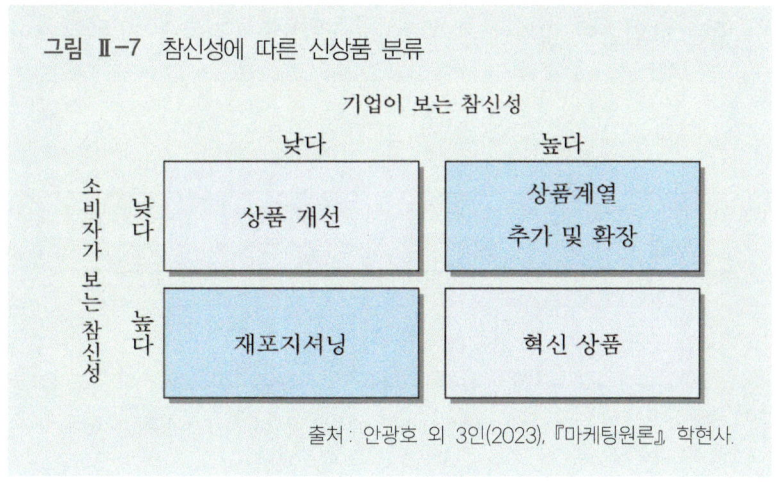

출처: 안광호 외 3인(2023), 『마케팅원론』, 학현사.

상품 개선은 가장 단순한 신상품 유형으로서 소비자와 기업 모두 참신성이 낮다고 생각하는 신상품이다. 이 경우 기업은 지속적으로 기존 상품을 개선하지만 소비자는 느끼지 못하는 경우가 많다. 상품계열 추가 및 확장은 기업의 입장에서는 참신한 신상품으로 취급되나 소비자 입장에서는 기존 상품을 모방한 상품으로 인식되기도 한다. 재포지셔닝은 기업의 입장에서는 참신성이 떨어지는 신상품으로 취급되나 소비자 입장에서는 참신성이 높은 신상품으로 받아들여진다. 혁신상품은 기업과 소비자 모두 참신성이 높다고 생각하는 신상품이다. 자동차, 컴퓨터, TV 발명 등이 혁신상품의 예이다.

4. 신상품개발 과정

신상품개발은 나름대로 정형화된 과정으로 진행된다. 신상품 개발 과정은 기업의 형태나 규모에 상관없이 적용 가능하며, 유형의 상품뿐만 아니라 서비스에도 적용할 수 있다. 신상품개발은 최소의 위험 부담으로 최대의 이윤을 창출할 수 있는 상품을 개발하여 출시하는 것이 가장 이상적이다. 하지만 신상품개발과 관련하여 영향을 미칠 수 있는 요인들이 많기에 체계적이고 공식적인 절차를 거치는 것이

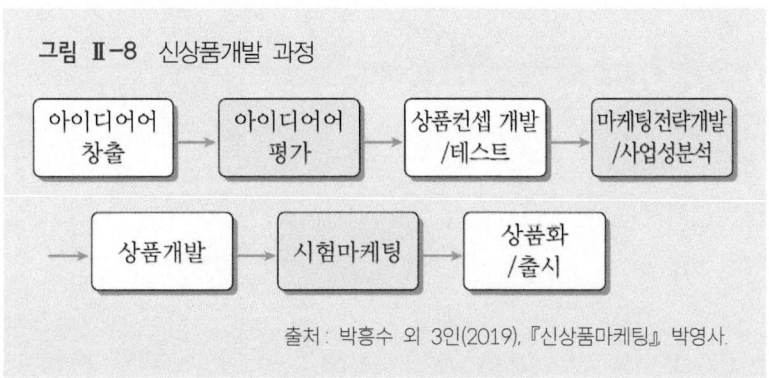

그림 Ⅱ-8 신상품개발 과정

출처: 박흥수 외 3인(2019), 『신상품마케팅』, 박영사.

매우 중요하다. 기업들은 아이디어창출 단계를 시작해서 마지막 상업화 단계까지 총 7개 단계를 거치는 것이 일반적이다.

• 아이디어 창출

아이디어 창출은 신상품 아이디어를 창출하고, 수집하는 활동을 말한다. 대부분의 기업들은 신상품 아이디어 창출하기 위한 활동을 장려하고 있다. 상품기획팀에서는 기업 내부뿐만 아니라 기업 외부(유통, 공급업자, 경쟁사)에서도 신상품 아이디어를 수집한다. 최근에는 신상품 아이디어를 크라우드 소싱을 통해 수집하는 경우도 많다.

• 아이디어 평가

아이디어 평가는 수집된 신상품 아이디어를 선별하는 과정으로 이를 위해 사전에 정해진 평가항목(수익성, 개발용이성, 사업전략 적합성 등)을 활용한다. 아이디어 평가 단계에서는 구체적인 정보가 부족하여 좋은 아이디어가 탈락되기도 하고, 실패할 아이디어가 선택되기도 한다.

• 상품컨셉 개발 및 테스트

상품컨셉은 창출된 아이디어를 고객의 시각에서 정교화 과정을 통해 구체화 시킨 것 이다. 고객이 구매하는 것은 상품의 가치이기 때문에 상품컨셉을 확정할 때는 고객에게 제공하는 가치(편익, 효용)를 구체화하는 것이 중요하다. 상품컨셉 테스트는 개발된 상품이 시장에 출시했을 때 고객이 실제로 구매할 것인지를 사전에 검증하는 활동이다. 상품컨셉은 문자나 이미지로 정의할 수도 있고, 시제품(mock up, prototype)의 형태로 구체화 할 수도 있다.

- **마케팅 전략개발과 사업성 분석**

이 단계는 상품을 출시하고 판매하기 위한 전략을 개발하는 프로세스로 4P 믹스(Product, Price, Promotion, Place)와 STP(Segmentation, Targeting, Positioning)의 내용을 구체화하는 단계이다. 이 단계에서 상품의 상세기능과 마케팅전략을 수립하고, 신상품의 매출, 신상품 개발 및 판매를 위한 예산, 시장점유율, 수익성 등을 분석하는 사업성 분석도 실시한다.

- **상품개발**

이 단계는 상품컨셉에 대한 생산 가능성, 사용 가능성을 보증하기 위해 구체적인 상품을 개발하는 과정이다. 상품의 유형, 특히 유형의 제품이냐 무형의 서비스냐에 따라 상세내용에는 차이가 많다.

- **시험마케팅**

시험마케팅은 상품 출시전에 실제 시장에서 마케팅 전략을 최종 검증하는 활동을 말한다. 특정 지역, 특정 고객을 대상으로 상품을 시범판매 하여 결과를 분석하는 것이 대표적인 시험마케팅의 예이다.

- **출시**

마지막은 상품을 출시하는 상품화 활동이다. 이 단계에서는 상품 출시를 위해 필요한 공장 건설, 마케팅 활동 수행, 출시지역, 출시일정 결정 등의 활동들이 여기에 해당한다. 하드웨어 상품의 경우 가장 많은 출시비용이 발생한다. 소프트웨어의 경우 개발이 완료된 상품에 대한 별도 양산 비용이 없기에 상대적으로 출시비용이 적게 든다.

5. 혁신기술과 신상품의 수용과 확산

로저스(1962)는 기술혁신의 수용자 관점에서 혁신확산이론을 제안하였다. 이 이론은 개인이나 조직 차원에서 정보기술의 수용 현상을 설명하는 데 유용한 관점을 제공하고 있어 많은 연구의 준거 이론이 되고 있다. 혁신을 수용하는 결정과정은 혁신을 최초로 인지하고, 그에 대한 태도를 형성하며 궁극적으로 혁신을 채택 또는 거부할 것이라고 결정하고 이행하는 것이다. 따라서 자신의 결정에 대해 확신하게 되는 전체적인 과정으로 볼 수 있다.

혁신확산이론은 마케팅에서는 신제품의 수요예측을 위해 활용하고 있다. 이와 더불어 구전커뮤니케이션(입소문)을 통한 마케팅 정보의 확산을 설명하는데도 많이 활용하고 있다. 조기수용자인 얼리어답터는 의견선도자로서 역할을 하고, 조기다수와 후기다수자 등의 추종자들에게 영향을 미치는 점에서 중요하고 다루고 있다. 소비자 행동 연구를 다루는 장에서 이와 관련하여 자세히 알아볼 것이다.

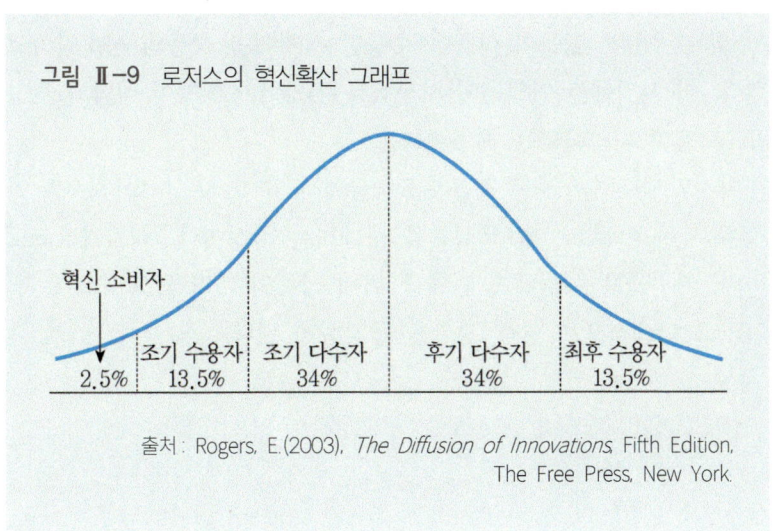

그림 Ⅱ-9　로저스의 혁신확산 그래프

출처: Rogers, E.(2003), *The Diffusion of Innovations*, Fifth Edition, The Free Press, New York.

로저스는 혁신 성향을 기준으로 사회 구성원들을 범주화해 혁신가(innovators), 조기 채택자(early adopters), 조기 대다수(early majority), 후기 다수자(late majority), 최후 수용자(laggards)의 다섯 개 집단으로 구분하였다. 약 2.5%의 비율인 혁신소비자는 신상품 수용에 적극적이며 그에 수반되는 위험을 기꺼이 감수하려고 하며 혁신자라고도 한다. 그리고 13.5%의 조기수용자는 상품의 수용과정중 인지를 증가시키며, 의견선도자의 역할을 수행하는데, 혁신소비자와 조기수용자가 나타나는 시기를 상품수명주기의 도입기라고 한다. 도입기에서는 보통 높은 가격에 기본형태만의 상품이 제공된다.

도입기 이후 신상품을 수용하는 34%를 조기다수자라고 하는데, 이들은 혁신소비자나 조기수용자에 비해 신중한 성향을 가지고 있다. 이들까지 상품수용이 진행되는 시기를 상품수명 주기중 성장기라고 한다. 성장기에는 업체들이 시장점유율 확대를 위한 가격경쟁과 품질경쟁이 서서히 증가하는 시기이다.

성장기 이후 신상품을 수용하는 약 34%는 후기다수자라고 한다. 이들은 조기다수자에 비해 더욱 신중한 성향이 있으며 의심이 많다고 할 수 있다. 이들이 상품을 수용하는 시기를 상품의 성숙기라고 한다. 이 시기에는 기업들이 시장점유율을 위한 경쟁이 심화되고 상표, 모델이 다양화되는 시기이다.

마지막 최후수용자는 정규분포표상에서 약 16%로 나타나는데, 이들은 사실 어쩔 수 없이 상품을 구매하는 양상이다. 쇠퇴기라고도 하며, 기업들은 이들에게 판매를 위해 상품의 가격을 크게 낮춘다. 그리고 단계적으로 상품 생산을 중지하게 된다.

Chapter 8

소비 양극화와 명품구매

　경기 불황 속에서 고물가가 이어지면서 초저가나 초고가만 팔리는 소비 양극화 현상이 심해지고 있다. 대형마트에선 한우보다 저렴한 수입산 축산 선물세트가 더 잘 팔린 가운데 백화점에선 1억 원을 호가하는 최고급 주류가 실제로 팔렸다. 중간 없는 소비에 유통채널별로 '초저가' 혹은 '초고가' 경쟁이 벌어지고 있다.

　현대경제연구원은 2023년 초에 발표한 「국내 5대 소비분화 현상과 시사점」 보고서를 통해 "극도로 비용을 줄이는 소비 형태와 비용 절감을 바탕으로 초고가의 상품과 서비스를 구입하는 소비 양상이 양립하고 있다."는 분석을 제시했다. 최근 경기 불황을 경험한 소비자가 지출을 줄이고자 꼭 필요한 물품만 소량으로 구입하고, 공동구매와 중고상품 구매를 적극적으로 시도하는 현상이 나타나고 있다는 것이다. 2022년 10월 중고나라 앱(애플리케이션) 설치 건수는 같은 해 5월 대비 20% 증가했고, 같은 기간 공구마켓 앱 설치 건수도 15% 늘었다.

　한편 현대경제연구원은 절약한 소비를 바탕으로 확보한 자금을 초고가 상품 구입과 서비스 이용을 위해 아낌없이 지출하는 형태도 동시에 나타나고 있다는 분석을 내놓았다. 통계청에 따르면 작년 하반기 백화점 해외 유명브랜드 소비 증가율이 전체 소비 증가율을 웃도는 등 양호한 증가세를 보였다고 한다. 즉, "소비 패턴 양극화로 중간 가격대의 마케팅이 소비자들에게 외면 받을 가능성이 커졌다."는 것이다.

'소비 양극화'는 자신의 가치를 드러내고자 저가 물건 소비를 통해 아낀 소득으로 고가 물건을 구매하는 과정에서 중간 가격대의 소비가 줄어들고 고가와 저가의 소비만이 이루어지는 극단적인 소비 현상을 일컫는 말이다. 평소에는 유니클로, 스파오 같은 SPA 브랜드의 값싼 의류를 주로 소비하지만, SNS와 같은 소셜미디어에 자신을 뽐내거나 특정 부분에서 자신이 지향하는 가치 있는 소비를 할 때는 고가의 명품 브랜드를 소비하여 중간 가격의 의류는 소비하지 않는 경우 이에 해당한다. 본 장에서는 소비 양극화 현상을 나타내는 트레이딩 업(trading up)과 트레이딩 다운(trading down)에 대해 자세히 살펴보고자 한다.

1. 트레이딩 업(trading up)

실버타인과 피스크(2005)는 보스턴컨설팅그룹 메가트렌드 보고서를 정리하여 『소비의 새물결 트레이딩 업』이라는 책을 출간하여 큰 반향을 일으켰다. 이 책에서는 다음 10년을 지배할 소비코드를 몇 가지 제시하였다. 그들이 제시한 소비코드는 그 당시에도 유효했고, 20년 가까이 지난 지금도 여전히 유효하다. 이 소비코드들을 한번 들여다보고 지나가자.

▶ 비싸도 잘 팔린다

트레이딩 업이란 "중가상품을 주로 구입하던 중산층 이상의 소비자가 품질이나 감성적인 만족을 얻기 위해 비싼 상품에도 기꺼이 보다 높은 가격을 지불하는 소비패턴을 일컫는 표현이다." 소비자들은 뉴 럭셔리라 불리는 고급 상품을 구매하기 위해 기꺼이 고가를 지불할 뿐만 아니라 적극적으로 뉴 럭셔리 상품을 찾아 나서기까지 한다. 뉴 럭셔리 상품은 일반 상품보다 품질과 품격이 높고 소비자가 느끼는 감정적 만족감 또한 높은 상품이다. 가격이 고가로 책정되어 있지만 중가시장 소비자들이 구매 가능한 범위에 있는 상품이다. 이러한 뉴 럭셔리 상품이 등장하고 중가시장 소비자가 트레이딩 업을 추구하고 그에 걸맞는 경제력을 갖추면서 "가격이 올라갈수록 판매량이 떨어진다."는 전통적인 경제학 관념이 흔들리고 있다. 뉴 럭셔리 상품은 일반 상품보다 훨씬 높은 가격에 팔리도 전통적인 럭셔리 상품과 비교했을 때 판매량이 월등히 많다. 즉, 뉴 럭셔리 상품은 가격이 높으면서 판매량도 높은 새로운 소비 현상을 보여주고 있다.

▶ 벤츠 타고 코스트코에 간다

새로운 소비자들은 자신이 중요하다고 생각하는 품목에 대해서는 프리미엄 뉴 럭셔리 상품을 구매하는 트레이딩 업 소비를 하지만, 중요하지 않다고 생각하는 품목이 있다면 철저하게 실용성을 따져 저가 구매하는 트레이딩 다운한다. 자신이 원하는 뉴 럭셔리 상품 구입을 위해서 다른 항목에 지출하는 돈을 줄임으로써 결국 소비지출이 양극화되는 것이다. 즉, 소비자가 트레이딩 업과 트레이딩 다운을 병행하면서 '소비의 부조화(disharmony of consumption)' 현상이 나타난다. 쇼핑은 코스트코에서 하지만 자동차는 벤츠를 몰고, 식기

제척제는 유통업체 자체 브랜드를 사용하지만, 맥주는 고급 생 아담스를 마실 수도 있는 것이다.

▶ 소비는 행복을 주는 마법

뉴 럭셔시 상품은 상품이 항상 소비자의 감정적 가치와 연결되어 있고 상품에 대한 소비자의 애착이 매우 강하다는 특징이 있다. 이는 소비자의 구매동기 중에 가격과 품질 외에 감성적 만족이 매우 중요한 요인으로 등장했다는 것을 말한다. 소비자들의 이런 감정적 애착은 전자상품이나 승용차 등 상대적으로 고가품으로 갈수록 더 강해지고 더 오래 지속되는 특징이 있다. 어떤 소비자들은 스트레스와 좌절감을 달래기 위한 수단으로 트레이딩 업 소비를 하기도 한다.

▶ 품질이 최우선

뉴 럭셔리 상품이 되기 위해서는 소비자에게 다음 세 가지 혜택을 제공해야 한다. 첫 번째는 디자인과 기술의 차별화이다. 가술적인 혜택은 상품에 결함이 없고 소비자에게 약속한 성능이 발휘될 것이라는 품질에 대한 기대를 충족시켜주는 것이다. 두 번째는 성능 우위이다. 상품을 개선하는 것으로 충분하지 않다. 실질적인 개선이나 성능의 업그레이드가 있어야 한다는 것이다. 세 번째는 소비자에게 주는 감정적 만족이다. 상품의 기술적, 기능적 우수성이 브랜드 및 기업가치와 어우러져 소비자에게 감정적 만족감을 주어야 한다.

▶ 뉴 럭셔리 상품의 종류

뉴 럭셔리 상품은 다음 세 가지로 구분할 수 있다. 첫째는 대중성 있는 슈퍼 프리미엄 상품(accesible superpremium)이다. 해당 범주에서 최상급 또는 그 바로 아래 가격대로 책정되어 있고, 기존의 일반 상품 대비 아주 높은 가격으로 판매된다. 그러나 동시에 다른 고급품 대비 상대적으로 저렴한 상품이기 때문에 중가상품 시장 소비자들도 구매할 수 있다. 둘째는 대중성이 강화된 올드 럭셔리 상품(brand extensions)이다. 전통적으로 연소득 20만 달러 이상의 부유층만이 구매할 수 있었던 브랜드의 저가형 버전이다. 셋째는 메스티지(masstige)상품이다. 이 범주의 해당하는 상품은 최고 상품도 아니고 럭셔리 브랜드의 확장품도 아니다. 메스티지 상품은 대중상품과 고가품 사이의 틈새를 공략한다.

▶ 올드 럭셔리 vs. 뉴 럭셔리

올드 럭셔리 상품은 독점적이라는 데 가치가 있다. 즉, 희소성의 원칙을 따르는 상품이다. 또 장인이 직접 만든 핸드 메이드 상품임을 강조한다. 반면에 뉴 럭셔리 상품은 100% 핸드 메이드가 아니더라도 장인정신의 요소를 함께 갖추고 있는 경우가 많다. 뉴 럭셔리 상품에는 장인정신 뿐 아니라 대중적 요소가 함께 가미된다. 올드 럭셔리 상품은 독점적이고 엘리트 의식을 연상시킨다. 그리고 특정 계층의 사람만을 타킷으로 한다. 그러나 뉴럭셔리 상품은 계층 구분과는 거리가 있고 엘리트주의에 호소하지도 않는다. 대신 소득 계층과 직업이 다양한 사람들이 함께 공유할 수 있는 특정한 가치에 호소한다.

▶ 소비자와 기업의 변화

트레이딩 업은 소비자와 기업의 변화로 나타난다. 부의 증가, 가

처분 소득 증가, 교육수준과 세련도 향상, 일하는 여성 증가와 같은 소비자 측면에서 일어난 변화들이 트레이딩 업을 부추겼다. 전문 유통업체의 등장, 신속한 제조와 혁신의 빠른 확산, 고품질 상품의 대량 생산 등의 기업 측면에서 일어난 변화도 트레이딩 업 증가에 한 몫을 담당했다.

그렇다면 소비자들이 트레이딩 업을 하는 배경에는 어떤 것들이 있을까? 여기에서 소비자들이 트레이딩 업을 하는 배경을 간단히 살펴보자. 고물가, 고환율, 고금리로 경제가 나빠지면서 우리날 소비자들의 경제적 상황이 점차 악화되고 있다. 이와 같은 경제 상황에서 소비자들은 더욱 현명한 소비를 하기 위해 값싼 상품을 찾기도 하지만 반대로 소득 수준이 여유로운 사람들은 사치재를 주로 소비하게 됨으로써 소비 양극화 현상이 생겨나고 있다. 이와 함께 최근에는 MZ세대의 소비특성이 소비 양극화를 심화시키고 있다는 주장도 있다. MZ세대는 이전 세대와 달리 물건을 구매할 때 자신이 지향하는 가치를 포기하지 않고, 가격이나 만족도 등을 세밀히 따지는 '가치 소비' 성향이 있다. 이에 따라 가격, 성능, 디자인 등 모든 부분을 고려하며 현명한 소비를 하고 있다. 반면에 인스타그램, 페이스북 등과 같은 SNS를 통해 자신을 뽐내거나, 남들의 유행을 맞춰 나가는 것을 선호하기 때문에 일상적인 지출은 줄이고 자신을 위한 '가치 소비'를 추구하는 성향도 있다고 한다. 이러한 MZ세대의 소비성향이 소비 양극화를 불러왔다는 주장도 최근에 제기되고 있다.

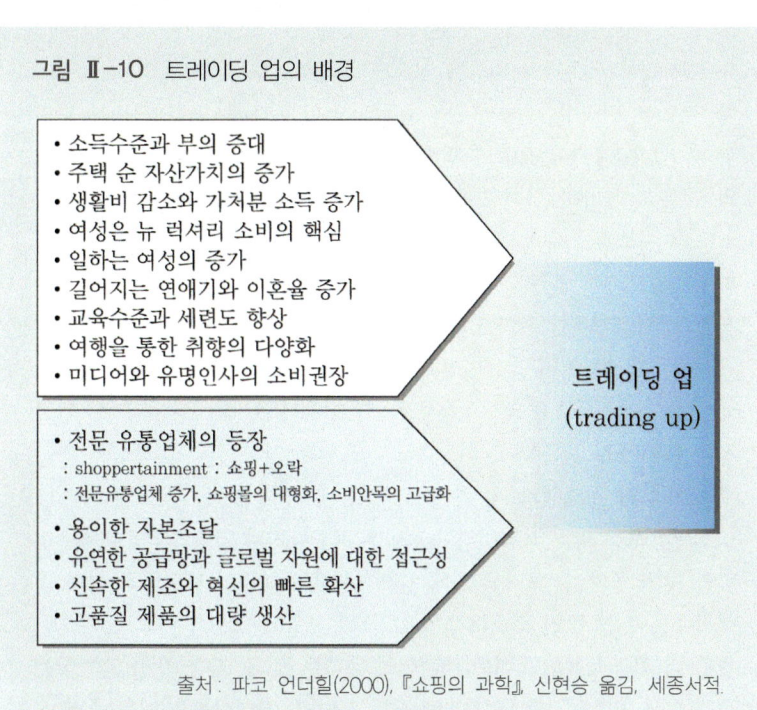

출처: 파코 언더힐(2000), 『쇼핑의 과학』, 신현승 옮김, 세종서적.

소비의 양극화를 다룬 신문기사(전민일보, 2023년 6월 23일자.)가 있어 일부 발췌하여 소개한다. 김종일(2023)이 쓴 '소비자들 지갑 열리는 소비 양극화 심화'라는 제목의 이 기사를 읽어 보면 소비 양극화의 심각성을 어느 정도 이해하게 될 것이다.

"현재 4% 중반대까지 떨어지긴 했으나 여전히 높은 소비자물가지수는 서민들의 경제를 힘들게 하고 있다. 이처럼 최고 수준의 인플레이션으로 가계 생활비 부담이 커지면서 '소비 양극화' 현상이 심화되고 있다. 고소득과 보유 자산 가치 상승으로 인플레이션의 타격을 비켜 간 고소득층은 기존 소비 수준을 유지하거나 늘리는 반면, 중산층 및 저소득층은 더욱 저렴한 상품과 서비스를 찾으면서 소비 격차가 커지고 있는 것이다. 부익부 빈익빈이다. 가구별 소득과 소비 행태에서도 양극화를 확인할 수 있다. 물가가 오르면 필수 생계비 지출 비중이 높은 저소득 가구의 지출은 가만히 있어도 늘어날 수밖에 없는 구조. 실제 소득 하위 20%의 저소득 가구는 올 1분기 소득의 42.2%를 식료품, 외식비로 썼다. 이들 가구의 월평균 소비지출은 전년대비 3.2% 증가 했는데 소득 상위 20%의 소비지출이 1.7% 느는 데 그친 것과 대조적이다.

유통업체 간 희비도 극명하게 엇갈리고 있다. 중산층이 주요 타깃인 대형마트 매출은 1.9% 감소했지만 백화점은 16.8%가 증가하면서 가장 높은 증가율을 기록했다. 너도나도 선호하고 하나쯤은 갖고 싶은 명품 수요가 크게 증가했기 때문이다.

한편으로 소비의 프리미엄화 현상은 코로나19의 영향으로 소비패턴이 바뀐 탓도 있다. 코로나로 인해 강제적으로 이동권이 제한되고 집에 갇혀지내는 동안 쌓인 스트레스 등을 소비를 통해 풀다보니 보통 때보다 훨씬 더 고급스러운 소비를 지향하게 됐다는 것. 1,000만원을 호가하는 초대형 프리미엄 TV가 인기리에 팔리는 반면, 가성비를 내세우는 몇 십만 원 대 자체브랜드(PB) 상품 매출도 함께 높아지는 등 코로나19 이후 상품 구매의 소비 양극화 현상은 더욱 뚜렷해지고 있다.

또한, 개인의 기호에 따라 소득수준보다 높거나 낮은 소비를 동시에 하는 이중적 소비 패턴의 영향도 있다. 평소에는 저가품 위주의 가성비를 따지다가 특별한 날에는 고가품 위주의 가심비를 추구하는 것이다. 통신사할인 쿠폰으로 식사 값은 아끼면서 디저트는 유명 파티셰의 케이크나 스페셜 티 커피를 마신다든지, 명품가방에는 과감히 지갑을 열지만 식재료값은 몇 백 원 이라도 더 아끼려고 마트의 PB 상품을 구매하는 식이다. 자신이 필요로 하는 가치를 추구하는 현상과 경기 둔화로 인한 소비 심리위축이라는 두 가지 심리가 공존하며 소비 형태가 극단화된 것이다."

2. 트레이딩 다운(trading down)

실버타인(2006)은 『소비자의 반란』이라는 책에서 트레이딩 다운을 이렇게 정의했다. "트레이딩 다운은 중가상품을 주로 구입하던 중산층 이상의 소비자가 무난한 품질과 신뢰성, 유행과 디자인 요소까지 갖춘 저가의 상품을 구매하면서 가능한 한 절약을 하려는 구매패턴을 일컫는 표현이다."

고가시장에서 소비자들은 트레이딩 업을 하여 정서적 가치가 있는 고품질, 고마진 상품에 고가를 지불한다. 반면 저가시장에서는 트레이딩 다운하여 무난한 품질과 신뢰성, 유행과 디자인 요소까지 갖춘 저가의 상품을 구매하면서 가능한 절약하려고 한다. 이러한 소비성향으로 인해 소비자들은 몇 가지 품목에서는 트레이딩 업을 하고, 대부분의 품목에서는 트레이딩 다운을 하여 고급상품과 저가상품이 뒤섞인 자신만의 독특한 라이프스타일을 창조해낸다.

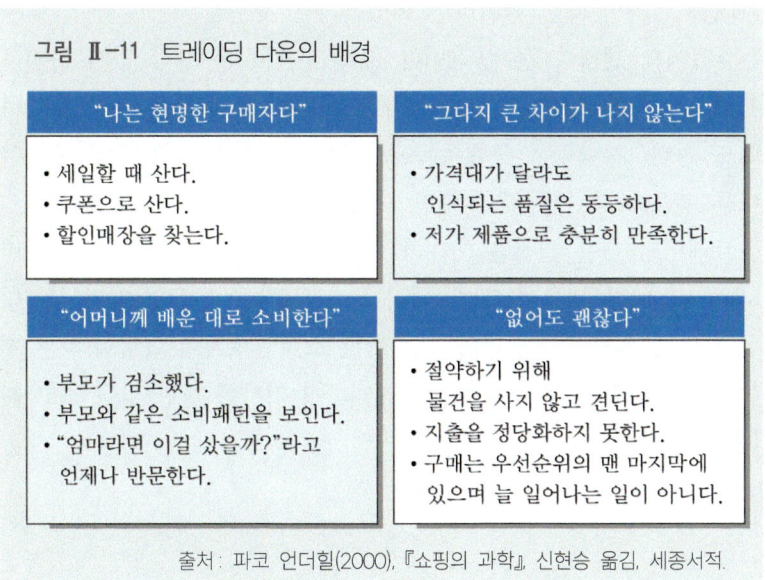

소비자들이 트레이딩 다운을 하는 데는 네 가지 이유가 있다고 한다. 첫째는 "나는 현명한 구매자다."는 생각이다. 구매와 소비는 자동차 운전이나 컴퓨터 사용만큼 기본적인 기술이 되었다고 한다. 즉, 소비자는 세일, 쿠폰, 판촉, 대형 할인점, 할인매장, 인터넷 등 사용할 수 있는 모든 것들을 이용하여 쇼핑을 한다는 것이다. 트레이딩 다운을 하는 사람들은 세일 품목과 최저가 상품을 찾아내는 게 일과가 되었다고 한다. 둘째는 "그다지 큰 차이가 나지 않는다."는 생각이다. 소비자들이 트레이딩 다운을 하는 또 다른 이유는 가격이 다른 두 상품 간의 심리적이거나 실질적인 차이가 크지 않다고 생각한다. 소비자들은 많은 품목의 품질이 좋아졌기 때문에 몇 백 원, 몇 만 원의 가격 차이가 기술적, 기능성, 감성적 차이로 바로 연결되지 않는다는 믿음을 갖고 있다. 셋째는 "어머니께 배운 바대로 소비한다."는 것이다. 트레이딩 다운을 하는 많은 소비자들, 특히 여성들은 검소해야 한다고 배우며 자랐다. 이들은 검약을 도덕적 가치로 믿고, 구매를 결정할 때면 엄마라면 어땠을까를 자문해본다고 한다. 넷째는 "없어도 괜찮다."는 생각이다. 많은 사람들은 생각 없이 물건을 사고 낭비하지 않는다. 돈을 절약하기 위해 물건 사는 것을 포기하기도 한다. 사람들은 구매품목에 우선 순위를 매기고 특정 품목은 다른 것을 모두 구매한 후에만 사기도 한다.

트레이딩 다운 현상을 이해하는데 다음 신문기사(뉴스핌, 2021년 6월 29일자)가 도움이 된다. 남라다·조석근·송현주(2021)가 쓴 "명품 아니면 최저가만 팔린다 …… 보상 소비도 K자형 양극화"라는 제목의 기사를 일부 발췌하여 소개한다. 이 기사를 한번 읽어 보고 지나가자.

"저가 제품도 잘 팔렸다. 이에 코로나19로 부진한 실적을 거둔 대형마트 업계에서는 10년 만에 '10원 마케팅' 경쟁이 재현됐다. 최저가 전략을 내세워 코로나19 확산으로 외출을 꺼리는 소비자들을 오프라인 매장을 찾게 하려는 몸부림이다. 이러한 전략은 매출 증가로 이어졌다. 가성비 높은 제품을 대량으로 판매하는 창고형 할인점인 이마트 트레이더스는 지난해 매출 신장률이 전년 대비 23.9% 증가했다.

대형 할인점에서 생필품 최저가 경쟁을 벌이자 편의점 CU는 최근 380원짜리 라면과 990원짜리 즉석밥을 내놨다. 저가 매장으로 유명한 다이소 역시 지난해 처음으로 매출 2조원을 돌파했다. 만성화된 경기침체에 '가성비' 소비 트렌드가 떠오르면서 다이소의 성장을 이끈 것으로 분석된다.

무엇보다 저가형 패션 브랜드들도 소비 양극화의 혜택을 받았다. 국내 토종 스파(SPA) 브랜드들은 해외 브랜드들 보다 10~20% 값싼 가격으로 애슬레져와 같은 트렌드를 반영한 상품들을 선보이며 소비자들의 발길을 돌렸다. 대표적인 SPA 브랜드 탑텐의 지난해 매출은 전년보다 28.7% 증가한 4300억 원을 기록했고 패션 플랫폼 기업으로 시작해 최근 서울 홍대에 오프라인 매장을 내며 차세대 SPA브랜드로 떠오른 '무신사'의 PB브랜드 '무신사 스탠다드' 매출도 지난해 1000억 원을 돌파해 전년보다 60%가량 늘었다.

화장품 시장에서 양극화 소비 패턴은 더욱 명확하게 나타났다. LG생활건강, 아모레퍼시픽 등 대기업 화장품 회사는 럭셔리 화장품 등 고급화 전략에 힘입어 승승장구를 하고있는 반면 중저가 단일 브랜드를 판매하는 미샤, 이니스프리 등 로드숍 브랜드들은 존폐 위기에 놓였다. 이들의 경우 초반엔 저가 돌풍이 있었지만 갈수록 경쟁력이 모호해졌고 가격이 아주 저렴하지 않다면 조금 더 주고 명품 화장품을 사는 게 낫다는 소비자 인식 때문이다."

3. 브랜드, 브랜드 자산

애런 아후비아(Aaron Ahuvia, 2024)는 『사고 싶어지는 것들의 비밀』에서 브랜드에 대해 이렇게 말한다. "소비의 세계에서 브랜드란 전통 종교의 원리를 투영한 신흥 종교로 바뀌었다. 소비는 하나의 제의처럼 인식되고 유명 브랜드를 소유했다는 사실은 만족감과 안정감을 준다. 이때 고급 브랜드는 진짜 종교처럼 '사랑'의 신경조직을 작동시킨다." 사람들이 브랜드를 통해 애착의 감정을 상품에 섞으면 상품의 구매가 일어난다는 말이다. 이처럼 브랜드는 소비자들에게 상품의 특징뿐만 아니라 감성적인 경험과 가치를 전달하는 역할을 한다. 나아가 브랜드는 상품과 기업 또는 개인과 관련된 이미지와 신뢰를 대표하는 요소이기도 하다. 여기에서 브랜드와 브랜드 자산, 명품 브랜드에 대해 알아보고 지나가자.

▶ 브랜드(brand)

브랜드란 무엇인가? 사전적으로 브랜드란, 경쟁 업체의 것과 구분하기 위해 사용하는 기호, 문자, 도형 등을 의미한다. 이는 소비자들에게 특정 제품이나 서비스를 다른 것과 구별되게 인식되도록 하는 데 사용된다. 브랜드는 시장에서의 경쟁에서 차별화되고 기억되도록 도와 소비자들에게 긍정적인 경험을 제공하는 중요한 역할을 한다. '브랜드(brand)'라는 용어의 어원은 중세 노르웨이어인 'brandr'에서 비롯되었다. 이 단어는 불을 뜻하며, 중세 시대에는 농촌 지역에서 소나 가축에 불을 지지는 행위를 말했다. 이런 행위는 소유자가 자신의 소나 가축을 식별하기 위해 특정한 표식을 사용하는 것과 관련이 있다. 시간이 흐름에 따라 이러한 개념은 상품에 적용되어 소비자들이 특정 제품이나 서비스를 다른 것과 구별할 수 있게 되었다.

브랜드의 역사는 고대로 거슬러 올라가며, 다양한 문화와 산업에서 발전해왔다. 다음은 브랜드의 주요 발전 단계에 대한 간략한 역사이다. 브랜드의 초기 형태는 고대 문명에서부터 시작되었다. 예를 들어, 로마 제국에서는 토가(toga)나 군복 등 특정한 의상이나 표식을 통해 군대를 나타내었다. 중세 시대에는 상인들이 상품을 구별하기 위해 일종의 표식이나 마크를 사용하기 시작했다. 이는 상품의 출처와 품질을 나타내는 데 도움이 되었다. 18세기에 산업혁명이 일어나면서 제조업이 발전하면서 상품의 생산과 유통이 늘어났다. 이 시기의 브랜드의 개념은 상품을 구별하고 소비자들에게 인상을 남기기 위해 더욱 중요해졌다. 브랜드의 역사에서 20세기 초반은 마케팅과 광고의 발전과 관련이 깊다. 대형 기업들은 소비자들에게 브랜드를 강조하고 신뢰성을 부여하기 위해 광고 캠페인을 시작했다. 그 이후에는 브랜드가 상품뿐만 아니라 기업 전반에 걸쳐 미디어, 디자인, 고객 경험 등 다양한 측면에서 구축되고 유지되는 중요한 비즈니스 전략으로 자리 잡았다. 오늘날에는 브랜드가 소비자들과의 관계를 강화하고 상품을 둘러싼 경험을 형성하는 데 있어서 핵심적인 역할을 하고 있다. 브랜드의 역사는 소비자 문화, 기술의 발전, 경제적 변화와 함께 계속해서 진화하고 있다.

브랜드의 주요 개념과 특성에 대한 알아보자. 로고와 비주얼 아이덴티티는 브랜드의 시각적인 부분으로서 로고, 색상, 디자인, 그래픽 요소 등을 포함한다. 이러한 비주얼 아이덴티티는 브랜드를 시각적으로 식별할 수 있게 도와주며, 소비자들에게 기억에 남는 이미지를 제공한다. 많은 브랜드는 자체를 나타내는 상징이나 슬로건을 갖고 있다. 이러한 상징과 슬로건은 브랜드의 가치, 정신, 목표를 강조하고 소비자들과의 강한 연결을 형성한다. 브랜드는 자체의 가치 체계를 가지고 있으며, 이는 상품이나 서비스의 특정 속성이나 혜택과 관련되어 있다. 소비자들은 브랜드의 가치에 공감하고 인정할 때 더 긍정적으로 인식하게 된다. 브랜드는 제품이나 서비스를 통해 소비자들에게 제공되는 경험에 영향을 미친다. 고품질의 상품이나 친절한 서비스는 브랜드의 긍정적인 이미지를 강화할 수 있다. 브랜드 로열티는 소비자들이 특정 브랜드에 대한 충성을 나타낸다. 이는 브랜드가 신뢰성 있고 일관된 품질을 제공하며 소비자들과 강한 연결을 형성했을 때 발생한다. 성공적인 브랜드는 새로운 상품이나 시장으로 확장할 수 있는 강력한 기반이 될 수 있다. 이는 브랜드의 이미지와 신뢰를 기반으로 한 다양한 상품 라인이나 서비스를 도입함으로써 이루어질 수 있다.

이처럼 브랜드는 비즈니스 전략의 중요한 부분이다. 기업들은 소비자들의 인식과 긍정적 태도를 형성하고 유지하기 위해, 즉 브랜드 가치를 높이기 위해 지속적인 노력을 하고 있다. 그러나 일부 기업은 브랜드의 이름이나 로고가 없는, 브랜드 자체에 중점을 두지 않는 또는 브랜드를 숨기고 상품 자체의 가치와 품질에 주목하는 전략인 노브랜드(no brand)전략을 실시하기도 한다. 이는 소비자들에게 브랜드에 의한 영향을 최소화하고, 상품의 본질적 가치와 특징에 집중하도록 하는 마케팅 전략을 의미한다.

▶ 브랜드 자산(brand equity)

브랜드 자산은 기업이나 상품 브랜드에 속하는 여러 가치 있는 자산들을 나타내는 용어이다. 이는 브랜드가 소비자들에게 어떻게 인식되고 평가되는지, 브랜드가 시장에서 차별화되고 얼마나 강력한지에 영향을 미치는 중요한 개념이다. 브랜드 자산이 중요하게 등장한 배경은 기업이 경쟁이 치열한 시장에서 구별되고 차별화되기 위해 브랜드를 효과적으로 관리해야 한다는 인식에서 비롯된다. 이에 따라 브랜드가 소비자들에게 긍정적으로 인식되고 그 가치가 높게 평가되면 브랜드는 경쟁 우위를 확보하게 되며, 이는 기업의 성공과 지속성에 기여하게 된다.

브랜드 자산에 대해 중요하게 부각되기 시작한 것은 1990년대 이후부터다. 이 시기에 이르러 소비자의 브랜드에 대한 요구가 다양화되면서 브랜드 관리가 더욱 복잡해졌다. 이 시기에는 디지털 시대의 도래와 함께 온라인 환경에서의 브랜드 구축과 온라인 마케팅이 중요한 주제로 부상하였다.

브랜드 자산과 관련한 선구적 마케팅학자는 데이비드 에이커(David Aaker)이다. 그는 1996년 『Building Strong Brands』라는 책을 통해 브랜드 자산에 대한 포괄적인 이해를 제시였다. 케빈 레인 켈러(Kevin Lane Keller)도 브랜드 관리와 브랜드 자산에 대한 많은 연구를 수행해 왔다. 2003년 그가 펴낸 『Strategic Brand Management』는 브랜드 관리에 대한 이론과 실무에 대한 많은 기여를 했다.

브랜드 자산은 다양한 형태로 구성되며, 이들을 결합하여 하나의 지수로 만들어 브랜드 관리를 위한 도구로 활용하고 있다. 중요한 구성요소로 먼저 브랜드 인지도(Brand Awareness)를 들 수 있다. 브랜드 인지도는 소비자들이 특정 브랜드를 얼마나 알고 있는지를 나타낸다. 높은 브랜드 인지도는 소비자들이 해당 브랜드를 구별하고 기억할 가능성을 높이며, 마케팅 활동의 일환으로 브랜드 인지도를 증가시키는 것이 일반적이다. 두 번째 구성요소는 브랜드 이미지(Brand Image)이다. 브랜드 이미지는 소비자들이 특정 브랜드에 대해 가지고 있는 주관적인 인식과 인상을 나타낸다. 이는 브랜드가 전달하려는 메시지, 브랜드의 가치, 스타일, 품질 등에 영향을 받는다. 세 번째 구성요소는 브랜드 충성도(Brand Loyalty)이다. 브랜드 충성도는 소비자들이 특정 브랜드에 대한 신뢰감을 가지고 해당 브랜드를 지속적으로 선호하는 정도를 나타낸다. 충성도가 높을수록 브랜드 자산은 강화될 수 있다. 네 번째 구성요소는 브랜드의 시장점유율이다. 이는 특정 시장에서 브랜드가 차지하는 비중을 말하며, 브랜드 자산의 중요한 지표 중 하나이다. 높은 시장점유율은 브랜드의 강점을 나타내며, 시장에서의 영향력을 상징한다. 다섯 번째는 상표권(Trademark)이다. 브랜드의 상표권은 특정 로고, 이름, 디자인 등을 보호받는 권리를 나타낸다. 상표권을 보유하면 경쟁 업체들이 해당 브랜드의 식별 가능한 특징을 사용하기 어려워져 브랜드를 보호하고 강화하는 데 기여한다.

브랜드 자산은 기업의 경쟁우위를 구축하고 유지하는 데 중요한 역할을 한다. 효과적인 브랜드 관리는 소비자들에게 긍정적인 경험을 제공하고, 브랜드가 가치 있는 자산으로서의 역할을 수행할 수 있도록 하는 것과 관련이 있다. 따라서 기업들은 브랜드 자산 구축과 관리를 위해 노력을 많이 기울이고 있다. 인터브랜드(Interbrand)는 매년 세계적으로 가장 권위 있는 브랜드 랭킹 중 하나를 발표한다. 인터브랜드는 이를 위해 브랜드의 재무적 가치, 브랜드의 역할, 브랜드의 강도 등을 고려하여 브랜드 가치를 측정하고 있다.

다음은 세계 100대 브랜드의 가치를 다룬 최근 신문기사(매드타임즈, 2024년 2월6일자)이다. 채성숙(2004) 기자가 쓴 '세계에서 가장 가치 있는 100대 브랜드'라는 제목의 이 기사를 한번 읽어 보고 지나가자.

> "세계에서 가장 가치 있는 100대 브랜드의 가치를 모두 합치면 5조 달러가 넘는다. 그런데 브랜드는 주주 가치를 높이는 데 중요한 역할을 하지만, 브랜드의 가치를 정확히 파악하는 것은 쉽지 않다. 그렇다면 브랜드의 가치는 어떻게 평가할까? 브랜드 파이낸스는 브랜드의 가치를 기업에 이익을 창출한 정도에 따라 계산했다. 또한 인스타그램과 왓츠앱을 소유한 메타의 경우처럼 개별 기업과 자회사를 함께 분석했다. 이 방

법에 따라, 브랜드 파이낸스는 브랜드 가치 기준 상위 100개 브랜드를 선정했다. 비주얼 캐피털리스트는 브랜드 파이낸스의 브랜드 가치 기준 상위 100개 브랜드의 순위를 그래픽으로 표현했다. 다음은 그 내용이다.

전체 1위를 차지한 애플의 브랜드 가치는 작년 순위보다 2,170억 달러 이상 상승했다. 아이폰 판매량은 정체된 반면, 웨어러블 기기에서 애플 TV로 상품군을 확장하고 있다. 브랜드 파이낸스의 설문조사에서 50% 이상의 사람들이 애플 상품이 비싸긴 하지만 그만한 가치가 있다고 답했다.

테슬라의 브랜드 가치는 583억 달러로 하락하여 10위권 밖으로 밀려났다. 이는 새롭고 저렴한 전기 자동차 제조업체, 특히 BYD의 판매량이 증가하면서 나타난 결과이다. 중국 시장의 강력한 수요에 힘입어 BYD는 2023년에 세계에서 가장 많이 팔린 전기차 회사가 되었다. 실제로 중국에서 판매된 신차의 3분의 1 이상이 전기차였다.

주목할 브랜드는 엔비디아다. 투자자들이 AI 주식에 몰리고 메모리 칩에 대한 수요가 가속화되면서 엔디비아의 브랜드 가치는 치솟으며, 가장 빠르게 성장했다. AI 모델이 연산 작업을 동시에 계산하려면 수만 개의 칩이 필요하다. 엔비디아는 2024년 1월 말, 사상 다섯 번째로 시가총액 1조 달러 클럽에 가입했다."

4. 명품 브랜드

나무위키에 따르면, 명품(名品)의 사전적 정의는 '오랜 기간 동안 사람들 사이에서 사용되며 상품적 가치와 브랜드 밸류를 인정받은 고급품을 일컫는 말'이다. 영어로는 Luxuries, Luxury Goods이다. 명품이라는 용어는 주로 고급이며 품질이 뛰어난 상품을 가리키는 데 사용된다. 명품은 주로 고가의 재료, 정교한 장인정신, 디자인, 브랜드 명성 등이 결합된 상품을 지칭한다. 이는 주로 의류, 가방, 시계,

보석 등의 패션 아이템에 적용되지만 가구, 자동차, 가전상품 등 다양한 분야에서도 적용될 수 있다.

기존연구들을 종합해보면, 명품이 갖추는 주요 특징들은 다음과 같다.

① 고급한 소재 및 품질 : 명품은 일반적으로 고가의 원료 및 소재를 사용하며, 상품의 품질에 많은 주의를 기울인다. 고급 가죽, 천연 섬유, 귀금속 등이 자주 사용된다.

② 정교한 장인정신 : 명품 제조사들은 상품을 만들 때 정교한 손길과 높은 수준의 솜씨를 요구한다. 이는 상품의 내구성과 완성도를 높여준다.

③ 독특하고 세련된 디자인 : 명품은 종종 독특하면서도 세련된 디자인을 갖추고 있다. 디자인은 브랜드의 정체성을 반영하며 소비자들에게 특별함을 제공한다.

④ 한정판 및 한정 생산 : 명품 브랜드는 종종 한정판 상품이나 한정 생산 상품을 출시하여 상품의 특별성을 강조한다. 이는 수요를 높이고 상품의 가치를 높이는 요소로 작용한다.

⑤ 브랜드 명성 : 명품은 자주 유명한 브랜드에 연결되어 있다. 브랜드의 명성은 소비자들에게 높은 품질과 스타일을 보장하는 요소로 작용한다.

⑥ 높은 가격 : 명품 상품은 일반적으로 높은 가격대에 속한다. 이는 주로 사용된 소재, 장인정신, 디자인, 브랜드 명성 등에 기인한다. 이처럼 명품은 소비자들에게 특별한 경험과 스타일을 제공하며, 브랜드와 소비자 간의 강한 연결을 형성하는 역할을 한다.

명품 브랜드는 주로 고급 상품을 제조하고, 특별한 품질과 디자인으로 소비자에게 고유하고 특별한 경험을 제공하는 브랜드를 가리킨다. 이러한 브랜드들은 주로 의류, 액세서리, 시계, 보석, 가방, 신발 등의 패션 관련 상품을 중심으로 활동하며, 가끔은 가구, 자동차, 가전상품 등의 다양한 부문에서도 활동한다. 대표적인 명품 브랜드는 다양하며, 세계적으로 유명하고 높은 명성을 지닌 브랜드들이 많다. 다음은 몇 가지 대표적인 명품 브랜드들이다.

그림 Ⅱ-12 한국인이 좋아하는 명품 브랜드 순위

순위	브랜드	한글명	비율	비고
1	CHANEL	샤넬	17%	여성 선호도 1위
2	GUCCI	구찌	16%	남성 선호도 1위
3	LOUIS VUITON	루이비통	13%	
4	PRADA	프라다	7%	
5	DARKS	닥스	4%	
5	BUBBERRY	버러비	4%	

출처: 조선일보, 2018년 1월 28일자.
(https://digitalchosun.dizzo.com/site/data/html_dir/2015/03/24/2015032412069.html)

- 루이 비통(Louis Vuitton) : 프랑스 출신의 브랜드로, 가방, 의류, 액세서리 등에서 높은 품질과 고급스러운 디자인으로 유명하다.
- 샤넬(Chanel) : 샤넬은 프랑스의 럭셔리 브랜드로 특히 샤넬 슈트와 2.55 핸드백으로 유명하다.
- 구찌(Gucci) : 이탈리아의 브랜드로 패션 및 가죽 상품에서 뛰어난 디자인과 품질로 알려져 있다.
- 프라다(Prada) : 이탈리아 출신의 명품 브랜드로 의류, 가방, 신발 등 다양한 상품 라인에서 독특하고 세련된 디자인으로 유명하다.

- 에르메스(Hermès) : 프랑스의 럭셔리 브랜드로 켈리 백과 버킨 백 등의 고전적인 핸드백으로 유명하며, 고급 가죽 상품과 시계, 의류도 생산한다.
- 디올(Dior) : 프랑스의 패션 하우스로 여성복과 남성복, 액세서리 등에서 유니크한 디자인으로 인정받고 있다.
- 오프화이트(Off-White) : 백 스테이지 지미 청과 협업 등을 통해 유명한 이탈리아의 브랜드로 현대적이고 독특한 스타일로 주목받고 있다.
- 발렌시아가(Balenciaga) : 스페인 출신의 브랜드로 현대적이고 트렌디한 디자인으로 알려져 있다.
- 버버리(Burberry) : 영국 출신의 브랜드로 특히 체크 패턴이 유명하며 의류, 액세서리, 향수 등을 제공한다.
- 사인트 로랑(Saint Laurent) : 프랑스의 브랜드로 고급 가죽 상품과 세련된 의류로 유명하다.

이 외에도 많은 명품 브랜드들이 있으며, 각 브랜드는 독특한 스타일과 특성을 가지고 있어 다양한 소비자층에게 인기를 끌고 있다.

그렇다면 소비자들이 명품을 선호하고 구입하는 이유는 무엇일까? 명품을 구매하는 이유는 다양하며, 이는 소비자의 성향, 가치관, 사회적 환경 등에 따라 다를 수 있다. 사람들이 명품을 선호하고 구매하는 이유 몇 가지를 살펴보자.

첫째는 품질과 내구성에 대한 긍정적 인식이다. 명품은 보통 높은 품질의 소재와 제작 기술을 사용하여 제작되어 있어 내구성이 뛰어나다고 인식된다. 소비자들은 투자한 가격에 비해 품질이 우수하다고 느낄 수 있어 명품을 선호하는 경우가 많다.

둘째는 명품이 지닌 사회적 지위와 상징성 때문이다. 명품은 종종 사회적인 지위나 성취를 상징하는 요소로 인식된다. 이에 따라 사람들은 명품을 통해 자신의 성공을 나타내거나 다른 사람들에게 자신의 사회적 지위를 알리는 수단으로 활용할 수 있다.

셋째는 명품이 지닌 독특한 디자인과 스타일 때문이다. 명품 브랜드들은 독특하고 세련된 디자인으로 유명하며, 이는 소비자들이 제품의 시각적 매력에 끌리는 이유 중 하나이다.

다섯째는 명품이 지닌 브랜드 로열티 때문이다. 일부 소비자들은 특정 브랜드에 대한 로열티를 형성하고, 그 브랜드의 제품을 구매함으로써 자신의 정체성을 강조하고자 한다. 이는 브랜드 이미지, 가치관, 역사 등과 관련이 있을 수 있다.

여섯째는 명품을 사용함으로써 자아를 표현할 수 있고 자신감이 향상되기 때문이다. 명품을 소유함으로써 소비자들은 자신의 스타일과 개성을 표현하며, 자신감을 향상시킬 수 있다. 이는 자아실현의 수단으로 간주될 수 있다.

일곱째는 명품 브랜드가 제공하는 한정판 및 특별한 경험을 사람들이 선호하기 때문이다. 몇몇 명품 브랜드들은 한정판 제품이나 독특한 경험을 제공함으로써 고객들을 유인한다. 이는 소비자들이 독특하고 특별한 제품을 소유하거나 특별한 경험을 즐기고자 하는 욕구를 충족시킬 수 있다.

5. 명품과 사치 소비

일부 현대인들은 마치 종교를 대하는 듯한 자세로 명품이나 사치품을 대한다. 쇼핑을 하면서 몰아지경에 빠지는 사람들도 있다. 자본주의와 산업혁명, 근대 마케팅이 어우러져 하나의 현상을 나았다. 이것은 바로 사람이 그가 살아온 인생 역정에 의해 평가받는 것이 아니라 무엇을 소유 혹은 소비하느냐에 의해 평가를 받는 현상이다. 별 소용없는 것들일수록 그 수준이 높아지기만 하면 명품과 사치품의 범주에 들어가고 있다. 거의 모든 소비재마다 정상에는 고품격 명품이 자리 잡고 있다.

유로모니터가 2023년 발표한 자료에 따르면, 글로벌 명품 시장규모는 2022년 3,900억 달러에서 2023년 4,000억 달러로 성장한 것으로 나타났다. 이중 글로벌 온라인 명품시장 규모도 같은 기간 710억 달러에서 790억 달러로 신장했다. 우리나라의 경우, 2023년 명품시장 전체 규모는 21조9,000억 원이며, 2022년 19조6,000억 원 대비 약 11.7% 성장했을 것으로 추정되었다. 이중 온라인 명품시장 규모는 전체시장의 약 12%를 차지할 것으로 전망했다.

표 Ⅱ-2 명품시장 규모와 신장률

시장 구분	2022년	2023년	신장률
글로벌 명품시장 규모	3,900억 달러	4,000억 달러(추정)	2.56%
글로벌 온라인 명품시장 규모	710억 달러	790억 달러(추정)	11.2%
우리나라 명품시장 규모	19조6,000억 원	21조9,000억 원	11.7%

출처: 전자신문, 2023년 12월 20일자.
(https://www.etnews.com/20231220000105)

명품시장이 성장하는 만큼, 중고 명품시장 규모도 커지고 있는 것으로 나타났다. 월스트리트저널(WSJ)이 2024년 1월에 발표한 자료에 따르면, 지난 4년 동안 명품 핸드백, 의류, 시계, 보석류 시장 총매출은 1조3,000억달러(약 1,709조 원)로 성장했고, 명품 중고 시장이 등장하면서 수백만 명의 사람들이 자신이 구매한 명품을 판매해 현금화하고 있다고 발표했다. 베인앤드컴퍼니에 따르면, 2023년에만 전 세계에서 450억 유로(약 64조8,100억 원) 상당의 중고 명품이 판매되면서 4년 동안 약 두 배 규모로 성장했다고 한다. 이는 전체 명품시장의 약 12%에 해당하는 것이다.

관세청 발표에 따르면 해외에서 수입된 '짝퉁' 명품 규모가 최근 5년간 2조 원을 넘어선 것으로 나타났다. 지난 2018년부터 2022년까지 해외에서 국내로 들어오다가 세관 당국에 적발된 지식재산권 위반 물품 규모는 2조2405억 원으로 시가 기준 7,250건에 달한다. 특히 지난해에만 5,639억 원 규모의 지식재산권 위반 물품이 적발됐는데 이는 2021년 대비 141.1% 급증한 수치라고 한다. 브랜드별로 보면 롤렉스가 5년간 3,065억 원어치가 적발돼 가장 많았고, 그다음은 루이뷔통 2,197억 원, 샤넬 974억 원, 버버리 835억 원 순으로 많았다. 품목별로는 시계가 9천201억 원으로 가장 많았고, 가방, 의류, 신발 등이 그다음 순으로 많았다.

명품을 구입하는 이유는 다양하며 각 개인의 가치관, 욕망, 경험, 환경 등에 따라 달라진다. 일반적으로 사회적 지위와 성공 표현, 자아표현과 스타일, 품질과 내구성에 대한 욕망, 사치와 보상, 브랜드 로열티와 소속감, 마케팅과 브랜드 이미지에 공감 등의 이유로 소비자들은 명품과 사치품을 구입하고 소비한다. 이러한 다양한 이유와 동기들로 인해 명품시장은 다양하고 다채로운 모습을 보인다.

거리에 넘쳐나는 수입 고급차들, 백화점이나 면세품점의 가파른 명품 매출 신장률, 심심치 않게 터져 나오는 가짜 명품 일명 짝퉁사건 등은 우리나라의 사치 열풍이 얼마나 뜨거운지를 보여준다. 특히 사치의 대명사인 명품 열풍을 타고 20~30대의 젊은이들 사이에 자신의 분수를 넘어 명품으로 치장하는 허영심 가득한 소비족들이 늘어나고 있다.

과거에는 특별한 부유층들의 전유물이었던 사치가 현대 사회에서는 소비의 평등화라는 허울을 쓰고 '누구나 누릴 수 있는' 것으로 만연하고 있다. 지갑에 넣을 돈이 없는, 경제적으로 그다지 넉넉하지 못한 소비자들이 명품 지갑을 덜컥 사는 이유는 무엇일까. 사람들이 이처럼 사치에 열광하는 이유를 파악하기 위해서는 소비자들의 개인적 감정과 그러한 욕망을 부추기는 사회적 조건들을 함께 살펴보아야 한다.

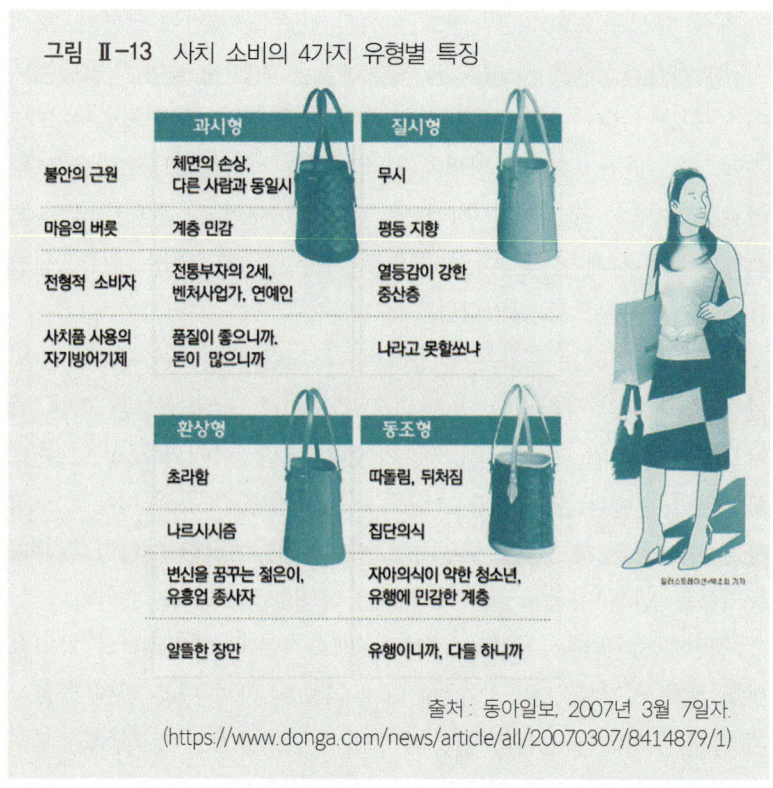

그림 Ⅱ-13 사치 소비의 4가지 유형별 특징

출처: 동아일보, 2007년 3월 7일자.
(https://www.donga.com/news/article/all/20070307/8414879/1)

김난도 교수는 2007년 펴낸 『사치의 나라, 럭셔리 코리아』에서 사치하는 사람들의 감정적 근원과 공동의 가치관을 기준으로 만든 사치의 유형을 소개했다. 사치의 감정적 근원으로는 과시, 질시, 환상, 동조의 감정이 있었고, 외적 여건으로서 우리나라 사람들이 공통적으로 갖는 가치관에는 계층 민감, 평등지향, 나르시시즘, 집단의식이 있었다. 김난도 교수는 이러한 네 가지 감정적 근원과 네 가지 가치관을 순서대로 결합시켜 사치를 과시형 사치와 질시형 사치, 환상형 사치, 동조형 사치로 구분 지었다.

첫째, 과시형 사치는 주로 부유층이 자신의 신분을 과시하고 다른 계층과 자신을 구별하기 위해 사치품을 구매하는 유형이다. 둘째, 질시형 사치는 부유층을 시기하고 부유층과 똑같이 사치품을 구매하는 유형이다. 셋째, 환상형 사치는 명품을 소비하면 자신이 다른 자아로 변할 수 있다는 환상에서 사치품을 구매하는 유형이다. 넷째, 동조형 사치는 주위 사람들이나 스타가 사용한다는 이유로 덩달아 고가의 사치품을 구매하는 유형이다.

김난도 교수는 사치의 욕망이 이처럼 개인적인 감정에서 비롯된 것이기는 하지만 한편으로 우리 사회 전체가 구조적으로 사치를 권하고 조장하고 있다고 말한다. "사회와 국가는 소비만능의 가치관에 충실하고, 기업들은 치열한 마케팅 활동을 통해 사치 욕망을 부추긴다. 또한 대중매체는 이러한 욕망이 극대화되도록 소비자를 자극하며, 신용카드를 통해 능력이 되지 않는 사람도 일단 사치품을 구매할 수 있는 제도도 마련되어 있다. 이처럼 모든 분야가 '소비를 위해 최적화'가 되어 있는 상황에서 우리 사회는 소비지향적으로 변했고, 감각과 욕망에 기초한 소비만이 유일한 쾌락의 원천이 되어버린 물신만능의 사회가 되어버렸다."

PART III

우리가 구매하는 방법

How we buy

소비자행동 연구

 소비(消費)는 '인간이 욕망을 충족시키기 위해 재화를 소모하는 일'을 의미한다. 소비자(消費者)는 '물건을 사거나 쓰는 사람'을 지칭한다. 사전에 따르면 행동(行動)은 '몸을 움직여 어떤 동작을 행하거나 일을 함', '내적, 외적 자극에 대하여 생물체가 보이는 반응을 통틀어 이르는 말', '일정한 목적이나 동기를 가지고 의식적으로 행하는 인간의 의지적인 언행' 등으로 정의하고 있다. 이러한 정의를 종합하면, 소비자행동은 '내적, 외적 자극에 대하여 소비자가 보이는 반응'으로 정의할 수 있다. 마케팅에서는 '소비자를 상품을 구매하였거나 구매할 가능성이 있는 사람'으로 정의한다. 상품을 구매한 사람은 고객이고, 상품을 구매할 가능성이 있는 사람은 잠재고객이다. 따라서 소비자는 고객과 잠재고객을 합한 것이다. 마케팅에서는 이 소비자들을 집합적으로 시장으로 부른다.
 이번 장에서는 소비자행동을 이해하기 위해 필요한 소비자행동 모델과 소비자행동에 미치는 영향요인들에 대해 간략하게 알아보고자 한다.

1. 소비자행동 연구 모델

▶ 자극반응 모델(stimulus response model : S-R 모델)

자극반응 모델은 소비자행동과 관련된 변수들을 자극인 원인변수와 반응인 결과변수, 그리고 과정인 매개변수의 관계로 구분하여 설명한다. 여기에서 자극인 원인변수는 기업이 실행하고 있는 마케팅활동이다. 반응인 결과변수는 소비자의 구매를 말한다. 과정인 매개변수는 소비자의 마음속 또는 뇌 속에서 일어나는 현상과 관련이 있다. 소비자는 기업의 마케팅활동이라는 자극을 받아 정보처리와 의사결정이라는 과정을 거쳐 상품을 구매하게 된다.

자극은 감각기관을 통해 입력되는데, 소비자는 이 자극을 자신의 내적인 특성들인 욕구, 감정, 동기, 개성, 가치, 라이프스타일 등을 바탕으로 이해하고 해석한다. 이처럼 소비자들은 기업이 제공하는 마케팅 자극을 지각하는 과정을 거쳐 특정 브랜드의 상품을 구매한다. 그러나 이 모델은 자극-반응의 매개요인인 소비자의 마음을 관찰할 수 없어 이를 설명하기 어렵다는 문제점을 가지고 있다.

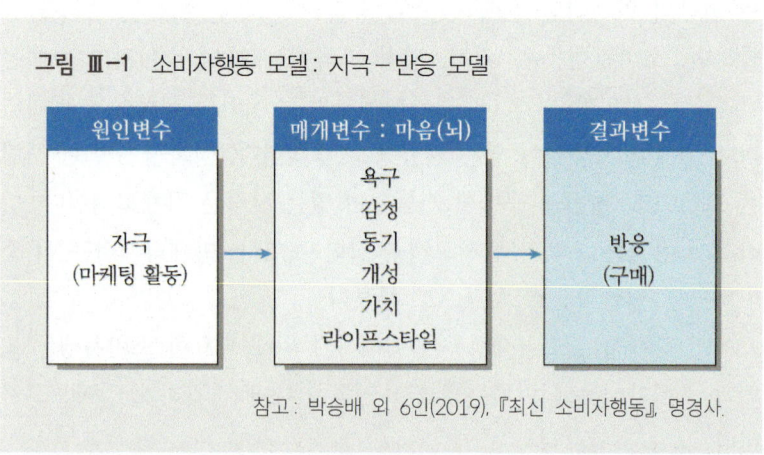

그림 Ⅲ-1 소비자행동 모델: 자극-반응 모델

참고: 박승배 외 6인(2019), 『최신 소비자행동』, 명경사.

소비자들의 행동은 소비자의 욕구와 감정, 동기, 가치, 라이프스타일 등의 내적인 특성요인들과 함께 소비자가 마주하는 상황과 자신이 속한 사회와 문화에 의해서도 영향을 받는다. 이 때문에 자극반응 모델은 동일한 마케팅 자극에 대해 서로 다르게 반응하는 소비자행동을 이해, 설명, 예측하는 데 한계점이 있다.

▶ EBK(Engel-Blackwell-Kollat) 모델

EBK 모델은 소비자행동을 설명하기 위해 엥겔과 블랙웰, 콜라트(Engel, Blackwell, & Kollat)가 제안한 통합적인 모델이다. 이 모델은 소비자가 기업의 마케팅활동에 노출되어 상품을 선택하고 구매하기까지의 과정을 설명하는 데 중점을 두고 있다. 이 모델을 이용하면 마케터들은 소비자의 마음속에서 일어나는 일들을 파악할 수 있어 마케팅활동을 효율적이고 효과적으로 실행하는 데 도움을 받을 수 있다. 이 모델은 저자들의 이니셜을 따서 EBK(Engel-Blackwell-Kollat) 모델이라고 부른다. 이 모델의 주요 구성요소인 정보처리과정과 의사결정과정 모델은 이미 심리학과 마케팅 분야에서 널리 활용되고 있다.

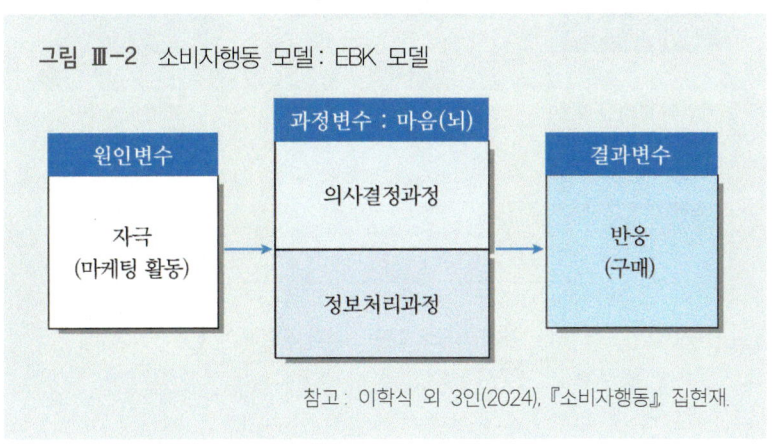

그림 Ⅲ-2 소비자행동 모델: EBK 모델

참고: 이학식 외 3인(2024), 『소비자행동』, 집현재.

정보처리과정 모델은 외적 자극인 정보를 처리하는 소비자의 내적 과정을 설명하기 위한 것이다. 즉, 사람들은 자극에 노출되면 주의를 집중하고, 지각하여 해석하고 이를 기억하는 과정을 거치는데 이를 설명하는 모델이다. 의사결정과정 모델은 소비자들이 욕구를 인식하고 이를 충족시키기 위해 정보를 탐색하고 대안을 평가하고 구매와 구매후 행동을 하는 과정을 설명하는 모델이다. EBK 모델에서는 정보처리 과정과 구매의사결정 과정에 개인적 요인들과 환경적 요인들이 영향을 미친다고 제시하고 있다.

2. 소비자행동에 미치는 영향요인

소비자행동에 영향을 미치는 요인들은 매우 다양하다. 영향요인은

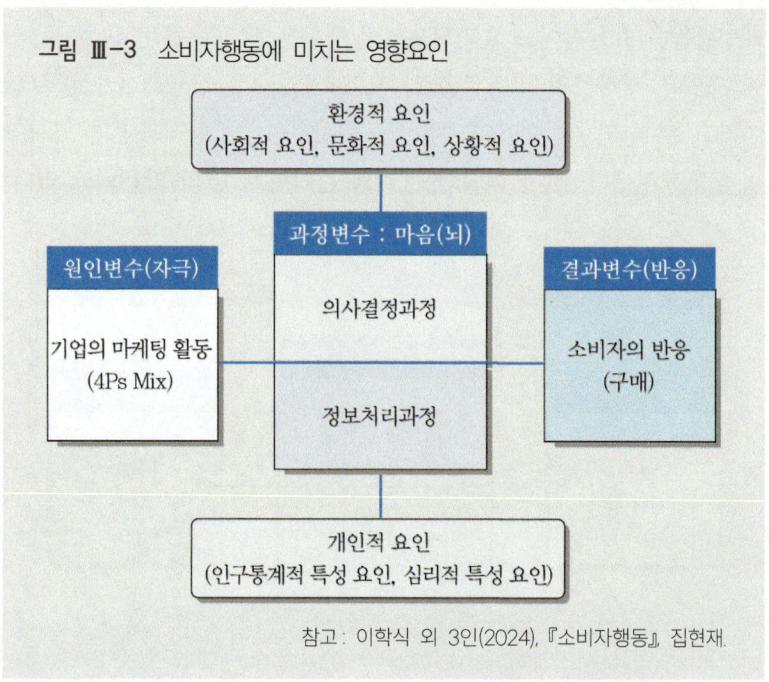

그림 Ⅲ-3 소비자행동에 미치는 영향요인

참고: 이학식 외 3인(2024), 『소비자행동』 집현재.

크게 개인적 요인과 환경적 요인으로 나눌 수 있다. 환경적 요인은 다시 사회적 요인과 문화적 요인, 상황적 요인으로 나눌 수 있다. 이들 각각의 요인들에 대해 먼저 간단히 살펴보자.

▶ 개인적 요인

소비자행동을 설명하는 이론들은 몸과 마음의 특성과 이들의 관계에 관한 전제에서 출발한다. 이 전제가 사물과 인간 사이의 관계와 사람과 환경의 관계를 설명하는 이론들의 개념들에 영향을 미친다. 동양 문화권에서는 몸과 마음을 하나로 보는 일원론의 관점이, 서양 문화권에서는 몸과 마음을 구분하는 이원론의 관점이 지배적이다. 최근 뉴로마케팅(neuro marketing)에서는 소비자의 생각과 감정, 행동이 뇌에서 일어나는 신경 활동의 산물이라고 보고 이를 마케팅에 활용하고 있다. 소비자의 마음속에서 일어나는 정보처리 과정과 의사결정 과정은 소비자의 개인적 요인에 많은 영향을 받는다.

소비자행동에 영향을 미치는 개인적 요인은 다양하며, 이는 소비자의 성격, 심리, 인지, 인구통계학적 특성 등 다양한 측면에서 기인한다. 먼저 인구통계학적 특성에 대해 살펴보자. 대표적인 인구통계적 특성에는 나이, 성별, 소득수준 등이 있다. 예컨대, 젊은 세대는 트렌디하고 혁신적인 상품에 더 관심을 가지며, 고령층은 안정성과 신뢰성을 중시하는 경향이 있다. 남성과 여성은 종종 상품 선호도와 구매동기에서 차이를 보이곤 한다. 소득 수준은 소비자가 구매할 수 있는 상품의 범위를 결정한다. 고소득층과 저소득층은 서로 다른 소비 행동을 보인다.

태도와 지각 같은 인지적 특성도 개인적 요인에 속한다. 소비자의 선호, 취향, 믿음, 가치관은 상품이나 브랜드에 대한 태도를 형성에 영향을 미친다. 소비자들은 이를 바탕으로 구매 결정을 하는 경향이 있다. 소비자의 상품이나 광고에 대한 인식도 구매 결정에 영향을 미칠 수 있다. 예컨대, 상품의 외관, 포장, 브랜드 이미지 등이 인식에 영향을 미치는 요인들이다.

심리적 특성도 개인적 요인에 속한다. 동기와 개성, 라이프스타일 등이 이에 속한다. 소비자의 구매동기는 다양하며, 기본적인 니즈 충족뿐만 아니라 욕구나 가치에 따른 동기도 중요하다. 소비자의 개성은 상품이나 브랜드 선택에 영향을 미칠 수 있다. 예를 들어, 모험을 좋아하는 성격은 새로운 상품을 시도하는 데 더 개방적일 수 있다. 개인의 일상적인 활동, 관심사, 가치관에 따라 라이프스타일이 형성되며, 이는 상품구매에 영향을 미친다.

▶ 사회적 요인

소비자는 특정 사회시스템에서 살아간다. 사회시스템의 특성은 사회적, 문화적, 상징적 의미에서 그 특성을 찾을 수 있다. 각 사회의 가치, 신념, 규범, 관행이 달라짐에 따라 소비자의 행동도 달라지기도 한다. 특정 사회에서 소비자는 합리성, 격식, 사회적 지위에 기반을 두고 환경과 관계를 맺는 특성이 있다. 예컨대, 명품소비는 경제적 성공을 상징하는 기호로서 역할을 한다.

사회적 요인은 소비자행동에 큰 영향을 미치며, 이는 준거집단, 가족, 그리고 사회적 계층 등 다양한 측면에서 나타난다. 소비자는 주변 사람들, 동료, 가족과 같은 준거집단의 영향을 받을 수 있다. 이들의 의견과 행동은 소비자의 구매 결정에 영향을 미칠 수 있다. 만일 어떤 소비자가 속한 SNS 그룹에서 특정 상품에 대한 긍정적인 리뷰를 발견했다면 이러한 리뷰는 이 소비자의 구매 결정에 영향을 미칠 수 있다. 이는 가족, 친구, 동료, 온라인 커뮤니티 등이 속한 준거집단에 의해 형성된 의견이 소비자에게 영향을 미치는 사례이다.

가족 구성원 간의 관계와 의사결정 구조도 상품 선택과 구매에 영향을 미친다. 예를 들어, 어머니가 주로 가족 구매 결정을 하는 경우라면 해당 가족은 어머니의 선호도와 구매동기에 영향을 받을 것이다. 또한, 자녀가 성인이 되면서 독립적으로 구매 결정을 내리는 경우라면 가족의 구매 동태에 변화가 생길 수 있다.

　사회적 계층은 소비자의 상품 선택과 소비 행동에 영향을 미치는 중요한 사회적 요인이다. 특정 상품이나 브랜드가 특정 계층과 관련이 있다면, 이는 소비자의 선택에 영향을 미칠 수 있다. 예컨대, 특정 상품이나 브랜드가 고급 소비자 계층을 대상으로 한다면, 해당 상품의 마케팅전략은 고급 라이프스타일과 관련된 이미지를 강조할 것이다. 이는 소비자들이 특정 사회적 계층에 속한다고 인식되길 원하는 욕구에 기인한 것일 수 있다.

▶ **문화적 요인**

　문화적 요인은 소비자 행동에 깊은 영향을 미치며, 이는 문화적 배경, 하위문화 등 다양한 측면에서 나타난다. 소비자의 문화적 배경은 가치, 신념, 관습, 언어 등을 형성하며, 이는 상품이나 광고에 대한 반응을 결정하는 데 영향을 미친다. 우리나라에서는 명절에 지인들과 선물을 주고받는 것이 일반적이다. 따라서 명절 선물과 관련 있는 상품들은 이 기간에 수요가 증가할 것이라 예상할 수 있다. 이는 문화적 배경이 특정 시기에 소비 행동에 영향을 미치는 예이다.

　요즘처럼 변화가 빠른 시대에는 같은 사회를 구성하는 사람들 간에도 서로 다른 문화적 가치를 갖게 되는 경우가 있다. 이것을 하위문화(subculture)라고 부른다. 하위문화의 예로는 청년문화, 힙합문화, 펑크문화, 히피문화 등을 들 수 있다. 소비자가 속한 특정 그룹이나 지역의 하위문화는 특별한 문화적 특성을 갖고 있어, 이를 고려하지 않고는 소비자 행동을 정확히 예측하기 어렵다. 하위문화는 특정 지역, 종교, 인종, 직업 등의 소그룹을 의미하기도 한다. 예를 들어, 어떤 지역에서는 특정한 축제가 중요한 문화적 이벤트일 수 있다. 이 경우 축제 기간에는 소비자들이 축제에 어울리는 상품을 선호할 것으로 예상된다.

▶ 상황적 요인

소비자행동에 영향을 미치는 상황적 요인들은 다양하며, 특정한 구매 상황이나 환경에서 발생하는 것들이 포함된다. 이러한 상황적 요인들은 소비자의 결정에 일시적으로 영향을 미치며, 다양한 상황에 따라 변할 수 있다. 대표적인 요인으로는 시간적 제약, 물리적 환경, 긴급성, 사회적 상황 등이 있다.

시간이 부족한 경우 소비자는 빠르게 결정을 내리게 되며, 급한 욕구나 필요에 따라 특정 브랜드나 상품을 선택할 수 있다. 출근하면서 갑자기 커피가 마시고 싶어 가까운 편의점에 들러 커피를 구매하는 상황을 떠올려 보자. 이때 소비자는 시간이 제한되어 있기에 빠르게 결정하게 되며, 이는 급한 욕구나 필요에 따라 특정 브랜드를 선택하게 될 수 있다. 가게 내의 진열 상품, 가격 표시, 디스플레이 등이 소비자의 선택에 영향을 미칠 수 있다. 물리적 환경은 시각적 및 감각적인 인상을 주어 특정 상품에 더 많은 주목을 받게 할 수 있다. 예컨대, 가게 내의 진열 상품이나 디스플레이에 따라 소비자의 선택이 변하는 경우를 들 수 있다. 상품의 배치나 진열 방식은 소비지의 시선을 끌어 특정 상품을 선호하게 만들 수 있다.

긴급한 필요성이 있는 경우 소비자는 빠른 결정을 내리게 되며, 이는 가격보다는 빠른 구매가 가능한 곳을 찾게 될 수 있다. 자동차 긴급 수리를 위해 급하게 부품을 구매해야 하는 상황을 생각해보자

이때 소비자는 긴급한 필요성으로 인해 가격보다는 빠른 구매가 가능한 곳을 찾게 될 것이다. 소비자가 가족이나 친구와 함께 쇼핑을 하는 경우, 사회적 상황은 소비자의 선택에 영향을 미칠 수 있다. 다른 사람들의 의견이나 선호도가 소비자의 결정에 영향을 줄 수 있다. 경제적인 측면도 상황적 요인으로 작용할 수 있다. 할인 행사, 특가 이벤트, 프로모션 등은 소비자의 구매 결정에 영향을 미칠 수 있다.

3. 개인적 요인 관련 주요연구들

▶ 관여도

위키백과에서는 관여도(involvement)를 "특정 상황에 있어 자극에 의해 유발되어 지각된 개인적인 중요성이나 관심도의 수준을 뜻한다."고 설명한다. 관여도는 사람, 대상, 상황이 변수이며, 수식으로는 (F(x)=관여의 수치, x=사람, 대상, 상황)으로 나타낼 수 있다고 한다. 소비자행동 분야에서는 관여도를 '특정 대상에 대한 개인의 중요성 지각의 정도나 관심의 정도이거나 주어진 상황에서 특정 대상에 대한 개인의 관련성의 지각의 정도'로 정의한다. 소비자행동 분야의 연구결과들에 따르면, 관여도 수준은 상품의 구매와 사용을 위한 의사결정에서 소비자가 위험을 보는 정도이며, 인지된 위험(신체적, 성능, 심리적, 사회적, 재정적, 시간손실 위험)은 관여의 정도에 영향을 미친다. 관여도가 중요한 이유는 소비자의 정보탐색, 정보처리, 구매의사결정 과정, 태도형성 과정, 촉진자극의 수용 등 소비자행동 전반에 걸쳐 큰 영향을 미치기 때문이다.

소비자는 관여도에 따라 고관여 소비자와 저관여 소비자로 나뉜다. 고관여 소비자는 어떤 제품군에서 선택할 상표를 결정하기 위하여 제품정보를 충분히 탐색하고 평가하는데 많은 시간과 노력을 들이는 사람이다. 고관여 소비자는 상표 간의 차이에 많은 관심을 기울이고, 광고에 상당한 주의를 기울이는 등 능동적인 정보처리를 통해 태도를 형성한다. 반면에 저관여 소비자는 상표에 대한 태도를 형성하기 위한 정보처리에 수동적이다. 관심도가 낮고 주위 수준이 낮아서 반복노출과 수동적 학습을 통해서 상표 친숙도가 형성된다.

소비자들의 관여 대상은 상품, 상표, 점포, 광고 등이 될 수 있으며, 구매상황이나 구매행위 자체도 그 대상이 될 수 있다. 상품, 속성, 상황이 소비자와 얼마나 관련이 되었는지, 관련되었다면 그 수준이 얼마인지도 중요하다. 관여되는 대상 자체가 중요한 것이 아니라 개인이 부여하는 의미가 중요하다. 상품 관여도는 일반적으로 소비자는 자신의 니즈와 원츠, 가치를 충족시켜주는 상품에 관여되고, 상품이 주는 객관적 혜택과는 무관하게 소비자마다 주관적인 관여의 정도를 갖고 있다. 이에 따라 고관여 상품을 구매할 때는 복잡한 의사결정과정을 거치고, 저관여 상품을 구매할 때는 관성적으로 구매하거나 단순한 의사결정과정을 거친다. 모든 사람에게 고관여 상품인 상품은 없다. 상품에 대한 관여수준은 지극히 주관적, 상대적, 상황적이기 때문이다.

김학윤(2021)은 관여도를 마케팅 커뮤니케이션에 활용한 예로 FCB Grid를 들고 있다. FCB Grid모델은 Foote, Cone & Belding 광고대행사가 만든 모델로서 소비자의 인지구조 분석을 토대로 구매의사결정을 분석한다는 특징이 있다. 이 모델은 이성인 사고(thinking), 감성인 감정(feeling), 고관여(high involvement), 저관여(low involvement) 등 4가지 구성요소로 되어 있다. 이 4가지 구성요소를 토대로 해당 기업은 자신이 만든 상품을 선호하는 소비자가 어떤 사분면에 위치하는지 파악하고, 이를 토대로 마케팅전략을 실행하는데 시사점을 얻을 수 있다.

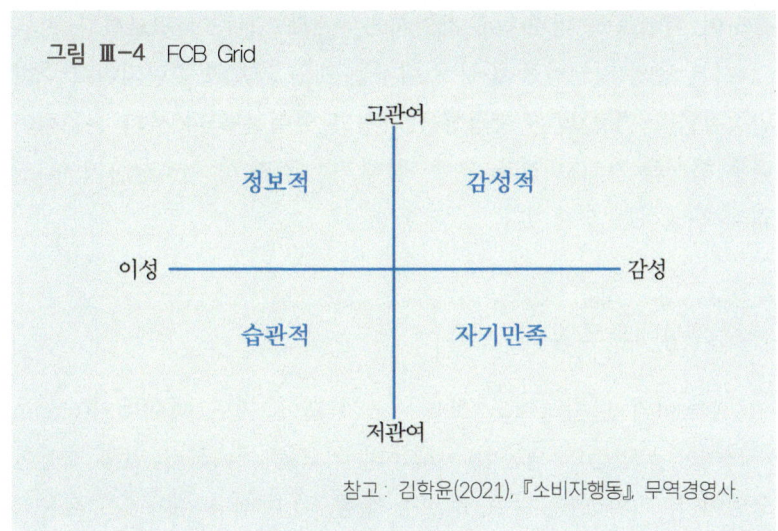

그림 Ⅲ-4 FCB Grid

참고: 김학윤(2021), 『소비자행동』, 무역경영사.

1사분 면에 해당하는 정보 중시 소비자는 이성적인 고관여로 비용이나 효율성 등을 가장 중요하게 여겨 많은 구체적인 정보를 필요로 하며 브랜드의 특성과 합리적인 논리가 소비자들의 의사결정을 좌지우지한다. 흔히 냉장고, 자동차, 스마트폰 등의 상품이 이 공간에 위치한다.

2사분 면의 감성 중시 소비자는 무의식적이고 감정적으로 충동적 구매를 하기에 자세한 정보는 불필요하다. 자아존중감 관련되어 있기에 이 소비자들에게는 감성을 자극하는 광고 전략이 효과적이다. 자신을 표현하는 향수, 명품 패션 의류, 보석 등의 상품이 이 공간에 위치한다.

3사분 면의 습관 중시 소비자는 무의식적으로 구매하며 이를 통해 학습하는 특징을 가지고 있다. 기업은 이런 소비자를 위해 적은 인지적 노력이 필요하고 습관적 행동을 유발할 수 있는 광고를 집행해야 한다. 특정한 하나의 메시지를 선정하여 반복적으로 매체들에 노출하여 사람들의 머릿속에 각인시키는 광고 전략이 필요하다.

4사분 면의 자기만족 중시 소비자는 개인 기호와 관련되어 소소한 만족감을 느끼고 낮은 상징성을 가지고 있어 문화나 사회 순응적이라는 특징을 가지고 있다. 맥주, 담배, 술, 과자 등 기호상품이 이 영역에 해당하는 상품이다.

▶ 다속성태도모델

Fishbein의 다속성태도 모델은 1967년에 마틴 피쉬베인(Martin Fishbein)이 인간의 행동이나 행동의 의도를 예측하기 위해 개발한 모델이다. 이 모델은 주로 소비자 행동 및 마케팅 분야에서 사용되며, 상품에 대한 개인의 태도를 이해하고 예측하는 데 활용된다. 이 모델은 다음과 같은 세 가지 주요 요소를 포함하고 있다. 첫 번째 요소는 태도이다. 태도는 개인이 특정 개체 또는 행동에 대해 가지고 있는 긍정적 또는 부정적인 평가 또는 감정이다. 그러므로 태도는 개인이 어떤 것에 대해 어떻게 생각하고 느끼는지를 나타낸다. 둘째는 주관적 규범이다. 이는 개인이 속한 사회나 그룹에서 나타나는 태도와 행동에 대한 기대치이다. 이것은 다른 사람들의 의견, 기대, 또는 사회적 압박이 개인의 행동에 어떤 영향을 미칠 수 있는지를 나타낸다. 셋째는 행동의 의도이다. 이는 개인이 어떤 행동을 할 것인지에 대한 의도. 이것은 특정 행동을 하려는 의지를 나타낸다.

Fishbein은 이러한 세 가지 요소를 기반으로 개인의 특정 행동 또는 행동의 의도를 예측하는 데 사용할 수 있는 수학적인 모델을 제시했다. 이 모델의 기본적인 수식은 아래와 같다. Fishbein의 다속성태도 모델의 수식을 자세히 분석해보자. 간단한 모델이므로 어렵지 않다. Fishbein의 다속성태도 모델은 신념의 강도와 상품 속성에 대한 평가로 표현된다. 신념의 강도는 특정 속성을 얼마나 가지고 있는가를 나타낸다. 상품속성에 대한 평가는 상대적 중요도를 나타내는 것으로 특정 속성에 대해 소비자들이 얼마나 중요하게 생각하는가를 나타낸다. 예를 들어 어떤 자동차의 연비가 20km/h라고 했을 때 고객이 이 정보를 얼마나 신뢰하는지 나타내는 것이 신념의 강도이다. 고객이 경제성을 얼마나 중요하게 생각하는지 나타내는 것이 상대적 중요도이다.

그림 Ⅲ-5 다속성태도모델의 수식

$$A_o = \sum_{i=1}^{n} b_i e_i$$

A_o : 대상에 대한 태도(attitude)
b_i : 그 대상이 속성 i에서 어떨 것인가에 대한 소비자 신념(belief)
e_i : 속성 i에 대한 소비자의 평가(evaluation)
n : 소비자가 고려하는 부각 속성의 수

참고: 이학식 외 3인(2024), 『소비자행동』, 집현재.

여기서 중요한 것은 소비자의 태도가 상품 속성에 대한 여러 신념 중에서 가장 현저한 신념들만으로 형성된다는 점이다. 상품 속성에 대한 신념은 다양하다. 소비자들이 어떤 브랜드의 자동차에 대해 '가격', '안전성', '디자인', '연비', '실내 크기' 등 여러 속성에 대해 신념을 가지고 있는 경우를 생각해보자. Fishbein의 다속성태도 모델에 따르면 소비자가 여러 속성 신념 중에서 '가격', '안전성', '디자인'을 특히 중요한 속성으로 생각한다면 이런 속성들만이 상품에 대한 소비자의 태도형성에 영향을 미친다는 것이다. 이학식 외 3인(2024)은 이 모델을 통해 마케터는 다음과 같은 중요한 시사점을 얻을 수 있다고 하였다. 첫째는 속성 신념(bi)을 변화시키면 소비자의 태도가 바뀔 수 있다는 점이다. 둘째는 속성과 관련된 평가(ei)를 변화시키면 소비자의 태도가 바뀔 수 있다는 점이다. 셋째는 소비자가 부각 속성으로 생각하지 않는 속성에서 자사 제품이 우수한 경우라면 그 속성을 부각 속성으로 인식하도록 하면 소비자의 태도가 바뀔 수 있다는 점이다.

이 모델이 중요한 점은 상품이 여러 가지 속성의 결합이라는 점이다. 이 모델이 등장하기 전까지는 사람들이 어떤 상품을 선택하는지는 알았지만, 왜 그 상품을 구매했는지는 알지 못했다. 피쉬베인이 다속성태도 모델을 제안한 데는 이러한 배경이 있다. 이 모델 덕분에 이후 마케팅에서 혁신적인 변화가 일어났다고 저자는 생각한다. 마케팅을 설명하는 모든 모델은 이 모델에 빚을 지고 있다고 해도 과언이 아니다. 소비자조사를 통해 고객만족도를 측정하는 모델들은 대부분 이 모델에 근거하고 있다.

▶ 해석수준이론

소비자행동에 미치는 개인적 요인에 관한 연구로 해석수준이론(Construal Level Theory-CLT)이 있다. 여기서는 리버먼과 트루프(Nira Liberman & Yaacov Trope, 1998)가 제안한 해석수준이론에 대해 간단히 살펴보고자 한다. 이 이론의 핵심은 심리적 거리감(psychological distance)이다. 이 포괄적 시간적 거리감에는 시간적 거리감(temporal distance), 공간적 거리감(spatial distance), 사회적 거리감(social distance), 확률적 거리감(hypotheticality distance)이 있다. 이 이론의 기본 가정은 소비자가 어떠한 대상이나 사건에 대해 심리적 거리감을 크게 느낄수록 그 대상이나 사건의 본질과 궁극적 혜택에 더 흥미를 느끼고, 심리적 거리감이 적어질수록 구체적이고 부차적인 요소에 더 큰 관심을 둔다는 것이다. 리버먼과 트루프는 이를 상위수준 해석과 하위 수준 해석으로 불렀다. 상위수준 해석은 추상적 사고방식과 연결이 되고, 하위 수준 해석은 구체적 사고방식과 연결이 된다.

예컨대, 공원에서 공놀이 하는 아이들을 떠올려 보자. 상위 해석 수준의 사고는 이 상황에 대해 "아이들이 즐겁게 놀고 있네."라고 생각하는 것이다. 반대로 하위 해석 수준의 사고는 이 상황에 대해 "저 아이들이 축구를 하고 있네?", "저 공은 축구공일까 농구공일까?"라고 생각하는 것이다. 상위 해석 수준의 사고는 대상이 되는 상황과 다른 상황 간의 유사성(Why)을 찾는 데 중점을 두고 있다. 이와는 달리 하위 해석 수준의 사고는 대상이 되는 상황과 다른 상황이 어떻게 다른 지(How)에 초점을 둔다는 특징이 있다. 이에 따라 가까운 미래 사건은 사람들이 하위수준으로 해석하기 때문에 구체적인 수단에 초점을 두고 선택과 결정을 하며, 먼 미래 사건은 상위수준으로 해석하기 때문에 추상적인 목표에 초점을 두고 선택과 결정을 한다.

사람들은 지금 당장 구매하는 경우와 같이 가까운 시점일 경우에는 '상품을 구입하기 위해 비용을 어떻게 지불 할지'와 같은 실행가능성에 초점을 두는 반면, 한 달 후 구매 등 비교적 먼 시점일 경우에는 '상품이 나에게 얼마의 만족감을 가져다줄지'와 같은 바람직성에 초점을 두고 의사결정을 한다. 즉, 동일한 대상이라 하더라도 시간적 거리가 가까운지 먼지에 따라 사람들이 하는 의사결정의 내용이 다르다.

이와 같은 해석수준이론은 광고 분야에서 많이 활용되고 있다. 광고메시지의 수준을 결정할 때 해석수준이론의 연구결과는 도움이 된다. "시간적 거리가 가까운 경우에는 '어떻게 해야 할지를 강조하는 메시지'를, 시간적 거리가 먼 경우에는 '왜 해야 하는지를 강조하는 메시지'를 제공해야 설득력이 높아진다."

▶ 시간관

 소비자가 가지고 있는 시간관도 소비자행동에 영향을 미치는 중요한 개인적 요인 중 하나이다. 당신은 사과 한 상자를 선물로 받았다. 상자를 열어보니 싱싱한 사과들 틈에 썩어가는 사과가 몇 개 섞여 있었다. 당신은 싱싱한 사과를 먼저 먹겠는가 아니면 썩어가는 사과를 먼저 먹겠는가? 이 질문은 당신이 '지금 당장'(현재)을 중요하게 여기는지 아니면 '나중'(미래)을 중요하게 여기는지를 파악하는 물음이다. 당신이 만약 '지금 당장'을 중요하게 생각하는 사람이라면 싱싱한 사과를 먼저 먹을 것이다. 그러면 사과 한 상자를 모두 먹을 수는 없을 것이다. 반면 당신이 '나중'을 중요하게 생각하는 사람이라면 썩어가는 사과를 먼저 먹을 것이다. 대신 사과 한 상자를 모두 먹는 동안 싱싱한 사과는 절대 먹을 수 없을 것이다.

 당신이 어떤 선택을 하는지는 당신이 가지고 있는 가치관과 시간을 대하는 태도(시간관)에 달려있다. 당신이 현재보다 미래에 가중치를 두는 사람이라면 썩은 사과를, 미래보다 현재에 가중치를 두고 있는 사람이라면 싱싱한 사과를 먼저 먹을 것이다. 이처럼 시간관(time perspective)은 시간에 대하여 사람들이 가지고 있는 태도와 믿음 및 가치를 나타낸다. 즉, 시간관은 사람들의 생각과 감정뿐만 아니라 행동 등 삶의 모든 면을 설명해줄 수 있다. 짐바르도와 보이드(Zimbardo & Boyd, 1999)는 연구를 통해 시간관이 사람에 따라 다르며, 개인의 태도와 행동에도 다른 영향을 미칠 수 있다는 사실을 처음 밝혔다.

 짐바르도와 보이드는 시간에 대한 사람들의 가치관과 태도를 과거부정/과거긍정/현재숙명/현재쾌락/미래지향 등 다섯 가지 유형으로 분류하고 각각의 특성들을 제시하였다. 먼저 과거부정형(past-negative)에 속하는 사람들은 평범한 사건들도 좋지 않게 재구성 혹은 재해석하는 경향이 있으며, 취미생활이나 생산적인 일에 그다지 열정을 보이지 않는다. 과거긍정형(past-positive)에 속하는 사람들은 과거를 따뜻한 시선으로 바라보고자 하며, 아프거나 슬펐던 경험들도 좋은 추억으로 재구성/해석하는 경향이 있다. 현재숙명형(present-fatalistic)에 속하는 사람들은 자기의 삶을 스스로 통제하기 어렵다는 믿음을 갖고 있으며, 자신에게 일어나는 일들이 노력보다는 타고난 환경이나 운과 같은 상황에 의해 결정된다는 생각을 많이 하는 경향이 있다. 반면 현재쾌락형(present-hedonistic)에 속하는 사람들은 현재의 즐거움과 만족을 지향하는 경향이 있으며, 모험심이 강하고 다소 충동적인 성향이 있다. 미래지향형(future-oriented)에 속하는 사람들은 미래에 좋은 일들이 일어날 것이라는 강한 믿음을 가지고 있으며, 당장 보상이 없더라도 미래의 보상을 믿고 현재의 어려움을 참고 견디는 성향이 강하다.

짐바르도와 보이드는 2016년 펴낸 『나는 왜 시간에 쫓기는가』라는 저서에서 시간을 둘러싼 두 가지 패러독스를 제시했다. 첫 번째 패러독스는 시간관이 사람들의 의사결정에 강력한 영향을 미치는 요인 중 하나이지만 사람들이 이 사실을 잘 알아채지 못하고 있다는 것이다. 두 번째 패러독스는 앞서 제시한 다섯 가지 유형의 시간관 중에서 한 가지 유형에 지나치게 치우친 경우, 긍정적인 효과보다는 부정적인 효과가 더 크게 나타날 수 있다는 것이다. 과거부정형과 현재숙명형 시간관은 대체로 좋지 못한 시간관이다. 하지만 과거긍정형과 현재쾌락형, 미래지향형도 지나치면 긍정적인 효과가 상쇄될 가능성이 높다고 한다. 이러한 이유로 짐바르도와 보이드는 균형잡힌 시간관을 갖는 사람들이 다른 사람들에 비해 더 행복할 확률이 높다고 한다.

이처럼 시간관이 사람들이 목표를 선택하고 추구하는 데 중요한 역할을 함에 따라 심리학뿐만 아니라 교육학과 의학, 경영학 등 다양한 분야에서 이와 관련된 연구가 진행되고 있다. 시간관은 소비자 행동을 다루는 마케팅분야에서도 관심을 받는 개인적 특성요인이다.

4. 사회적 요인 관련 주요연구들

▶ **구전 커뮤니케이션**

구전(word of mouth)은 소비자행동 연구에서 중요하게 다루는 대표적인 사회적 요인이다. 구전 커뮤니케이션이란 수신자와 발신자 간 구두로 이뤄지는 대인(person to person) 커뮤니케이션을 말한다. 간단히 말해 구전 커뮤니케이션은 특정 주제에 관한 개인들 간의 의사소통이다. 마케팅에서는 브랜드나 상품에 대해 비상업적으로 인식하고 있는 경우를 말하며, 둘 또는 그 이상의 개인들 간에 생각이나 아이디어를 교환하는 집단적인 현상을 일컫는다. 구전은 입소문으로서 소비자의 브랜드에 대한 인식, 기대, 지각, 태도, 구매행동 등 소비자를 둘러싼 다양한 상황에 영향을 미친다.

집단 구성원들 간의 상품에 관한 정보를 교환하는 과정을 다루는 구전 커뮤니케이션 모델에는 다단계 흐름 커뮤니케이션 모델(multi flow of communication model)이 대표적이다. 이 모델에서는 정보전달과 영향력이 의견선도자와 추종자 간에 쌍방향으로 이루어지는 것을 가정하고 있다.

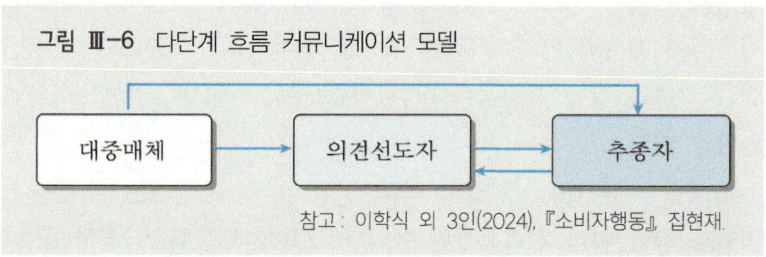

그림 Ⅲ-6　다단계 흐름 커뮤니케이션 모델

참고: 이학식 외 3인(2024), 『소비자행동』, 집현재.

이 모델에 따르면 집단구성원들 간의 구전 커뮤니케이션 활동에서 중요한 역할을 하는 사람은 의견선도자(opinion leader)이다. 이 사람들이 집단 내의 다른 사람들의 태도나 구매행동에 많은 영향을 미친다.

구전 커뮤니케이션이 중요시되고 있는 이유는 다음과 같다. 첫째, 매체 간의 치열한 경쟁은 소비자들의 불신을 키워 기업으로 하여금 의도한 효과를 거두지 못하게 방해한다. 이때 소비자는 정보에 대한 신뢰도가 높은 가족, 친구, 이웃 등 중립적인 인적 정보원을 활용하려는 경향을 보인다. 둘째, 인적 정보원의 영향력은 일반 소비자의 행동에 대해 사회적 지지를 보내고 인정해 주는 역할을 한다. 셋째, 인적 정보원의 영향력은 다른 사람의 건의를 따르게끔 하는 사회집단의 압력이 되곤 한다. 즉, 준거집단이 가진 규범적 영향력, 가치표현적 영향력은 대중매체보다는 큰 영향력을 발휘하기도 한다.

구전 커뮤니케이션이 소비자들의 구매의사결정에 영향을 미침에 따라 기업들은 이를 활용하려는 다양한 노력을 하고 있다. 구전 커뮤니케이션 활동이 주는 긍정적 효과는 첫째, 기업의 마케팅 비용 절감시켜준다는 것이다. 둘째, 구전 커뮤니케이션 활동은 소비자들의 태도를 긍정적으로 변화시키고 궁극적으로 고객 충성도를 강화시킨다. 셋째, 구전은 소비자의 구매와 관련된 위험을 감소시킬 수 있기 때문에 신상품의 경우 구전활동을 통해 소비자의 구매의욕을 불러일으켜 판매로 연결시키는 데 활용될 수 있다.

여기서 구전 커뮤니케이션을 활용하는 사례인 바이럴마케팅(viral marketing)과 입소문 마케팅에 대해 알아보자. 바이럴마케팅은 소비자들이 소셜미디어등 확산 가능한 수단을 통해 자발적으로 어떤 기업이나 기업의 제품을 홍보해 널리 퍼지는 마케팅 기법이다. 입소문이 바이러스처럼 빠르고 널리 퍼진다는 뜻으로 바이러스(virus)와 입소문(oral), 그리고 마케팅의 섞어서 만든 이름이다. 미국마케팅학회

(AMA)는 바이럴마케팅을 '소비자들이 스스로 마케팅 메시지를 퍼트리는 것을 촉진하는 마케팅 현상'으로 정의하고 있다. 세계 7대 자연경관을 선정하거나, 새로운 세계 7대 불가사의를 선정하는 과정에서 네티즌 투표를 활용한 것은 대표적인 바이럴 마케팅 사례이다. 바이럴마케팅은 뉴미디어가 본격적으로 등장하기 시작한 2000년 말부터 새로운 인터넷 광고 기법으로 주목받았다. 기업이 직접 홍보를 하지 않고, 소비자의 소셜미디어나 이메일을 통해 입에서 입으로 전해지는 광고라는 점에서 기존의 광고와 다르게 비용은 적게 들고 효과는 좋다는 평가를 받는다. 입소문 마케팅과 비슷하지만 전파하는 방식이 다르다는 특징이 있다.

입소문 마케팅은 정보 제공자를 중심으로 메시지가 퍼져나가지만 바이럴 마케팅은 정보 수용자를 중심으로 퍼져나간다는 점에서 두 방법 간에는 차이가 있다. 일부 바이럴 마케팅 광고는 효과를 높이기 위해 상품 정보를 알려준 사람에게 보상을 해기도 한다. 바이럴과 유사한 용어로 버즈(buzz) 또는 버즈 마케팅(buzz marketing)이 있다. 버즈라는 용어는 실무에서 주로 사용한다. 벌의 앵앵거리는 소리에서 유래한 의성어이다. 입소문의 밀도 있는 형태를 지칭하는 용어로 실무에서는 사용하고 있다.

▶ 가족수명주기

가족수명주기(family life cycle)도 소비자행동 연구에서 중요하게 다루는 사회적 요인 중의 하나이다. 가족수명주기는 시간의 흐름에 따른 가족구조와 가족구성원의 역할 변화를 설명하는 개념이다. 즉, 가정이 형성, 성장, 성숙, 소멸되기까지의 과정을 가족구성원의 역할 구조에 따라 분류한 개념이 '가족수명주기'이다. 독신으로 지내다 결혼해서 자녀를 낳아 기르고, 자녀들이 집을 떠나고, 최종적으로 배우자 중 한 명이 사망함으로써 가족이 해체되는 8단계를 중심으로 가족의 변화를 기술한 가족수명주기를 말한다.

전통적 가족수명주기 단계와 구매와 행동패턴을 살펴보자.

① 미혼 단계 : 독립해서 혼자 산다. 재정적 부담 거의 없다. 패션 의견선도자이자 오락을 지향한다. 기본적인 부엌장비, 가구, 자동차, 휴가용품을 구입한다.

② 신혼부부 단계 : 젊고, 아이가 없다. 재정상태가 좋다. 내구재 구매율이 가장 높다. 자동차, 냉장고, 난로 등을 구입하고 휴가를 즐긴다.

③ 보금자리 Ⅰ: 막내가 6세 미만이다. 가족구매를 가장 많이 하는 시기다. 유동자산과 저축금액이 적다. 신상품에 관심이 많다. 세탁기, 건조기, 아기용 음식, 비타민, 인형, SUB 등을 구입한다.

④ 보금자리 Ⅱ: 막내가 6세 이상이다. 재무상태가 좋아진다. 취업주부 증가한다. 광고의 영향을 적게 받는다. 큰 포장단위 를 구입한다. 자전거, 피아노 등을 구입하고 과외비 등에 많이 지출한다.

⑤ 보금자리 Ⅲ: 부양자녀 있는 장년 부부이다. 재무상태는 더욱 좋아진다. 직업을 가지는 자녀도 생긴다. 광고의 영향을 적게 받는다. 내구재 구매를 많이 한다. 새로운 고가의 가구를 구입하기도 한다. 자동차 여행을 즐긴다. 잡지를 구독하고 치과진료 받는다.

⑥ 노부부 Ⅰ: 부양자녀 없이 부부만 생활한다. 자기집 소유비율이 최고로 높다. 재무 상태와 저축수준에 만족한다. 여행, 오락, 자기교육에 관심이 많다. 기부와 사회봉사하며, 신상품에 관심이 없다. 휴가를 즐기고 호화품을 구입하기도 한다.

⑦ 노부부 Ⅱ: 부양자녀 없이 부부만 생활한다. 가장이 퇴직한다. 소득이 현격하게 준다. 집 소유하고 있다. 건강, 수면, 소화를

증진시키는 의약품을 구입한다.
⑧ 고독한 생존기 : 배우자와 사별한다. 소득이 격감한다. 특별한 애정, 보호가 필요하다.

마케팅에서는 이러한 가족 수명 주기를 고려하여 제품과 서비스를 홍보하고 타겟팅함으로써 소비자들에게 더 효과적으로 다가갈 수 있다. 예를 들어, 신혼기에는 결혼 관련 상품을, 보금자리기에는 유아용품을 중점으로 마케팅 전략을 수립할 수 있다. 또한, 특정 가족 단계에서 발생하는 고유한 니즈(필수적인 요구사항)를 파악하고 그에 맞는 상품을 제공함으로써 고객 충성도를 높일 수 있다.

그러나 전통적인 가족 수명 주기는 가족구조의 변화로 점차 바뀌고 있다. 통계청이 발표한 '2021년 인구주택 총조사' 결과에서 보듯이 1인 가구는 716만6천 가구로 전체 가구의 33.4%를 차지했다. 2000년에 4인 가구(44.5%) →3인 가구(20.9%) →2인 가구(19.1%) →1인 가구(15.5%)였으나, 지금은 거꾸로 1인 가구(33.4%) →2인 가구(28.3%) →3인 가구(19.4%) →4인 가구(18.8%)로 순위가 바뀌었다. 갈수록 가구원 수가 줄고 소규모화 되는 현상이 급격히 진행되고 있다.

이처럼 1인 가구가 크게 늘면서 혼밥, 혼술, 나홀로족 등의 단어들이 등장하였다. 1인 가구는 새로운 트렌드를 만들며 소비 시장을 움직이는 중심축으로 떠오르고 있다. 기업들은 이들을 대상으로 '싱글 마케팅'을 실시하고 있다. 즉, 싱글족은 소득 대비 높은 소비 성향을 보여 기업들은 이들의 소비 트렌드와 실생활에 맞춘 싱글 마케팅을 다양한 분야에서 실시하고 있다. 예컨대, 가전업체는 1인 가구가 증가함에 따라 소형 에어컨, 소형 주방기기, 소형 냉장고 등 싱글족이나 1~2인 가구를 위한 소형 가전제품을 출시하여 시장에서 인기를 끌고 있다.

5. 상황적 요인 관련 주요연구들

▶ 시간압박

소비자의 구매행동에 영향을 미치는 중요한 상황적 요인 중 하나는 시간압박이다. 이와 관련한 연구들을 간단히 알아보고 지나가면 소비자행동을 이해하는 데 조금이나마 도움이 된다. 린(Lynn, 1989)은 '희소성 메시지 전략을 소비자에게 상품의 구매 기회가 제한된 사실을 강조하여 상품의 가치를 높이는 메시지 전략'이라고 말했다. 기업들은 수량 한정 프로모션을 진행하거나 다양한 한정판 상품을 출시하며 소비자들의 구매 기회를 제한하기도 한다. 특정 상품의 수량을 한정하거나 할인된 가격으로 구매할 수 있는 시간을 제한하는 시간 한정 프로모션은 일종의 희소성 메시지 전략이다. 시간 한정 프로모션은 소셜커머스 사이트에서 흔하게 사용하는 방식이며, 실시간 동영상 스트리밍을 통해 상품을 판매하는 '라이브 커머스' 채널에서도 자주 활용하는 프로모션 방식이다. 이들 시간 한정 프로모션의 가장 큰 특징은 소비자들이 느끼는 시간압박(time pressure)을 프로모션에 사용하는 점이다.

시간압박은 구매 의사결정을 하는데 필요한 시간이 부족한 상태로, 소비자의 주관적인 심리 상태'이다. 기업에서 광고와 촉진활동을 통해 소비자에게 구매하는 데에 시간 제약이 있다고 알리는 것은 소비자에게 시간압박을 가하는 것이다. 소비자에게 시간압박감을 주는 '시간 한정 메시지'는 긍정적인 영향만 주는 것이 아니라 부정적인 영향도 준다. 심리적 저항이론(Brehm, 1966)에 따르면, 사람들은 자신의 자유가 위협받거나 상실된 상황을 마주하면 자유를 되찾기 위한 심리적 저항을 보인다. 심리적 위협에 직면했을 때 소비자가 보이는 반응은 위협의 강도나 개인의 특성에 따라 다르다고 한다. 소비자가 '시간 한정 메시지'에 노출되었을 때를 가정해보자. 만일 위협의 강도가 높다고 지각하면 소비자는 한정된 상품의 가치를 높이 평가하여 그 상품에 호의적 태도를 형성하고 구매하고자 할 것이다. 반면에 위협의 강도가 낮다고 지각하면 소비자는 해당 기업이 제시한 메시지를 무시하거나 메시지에 대해 반발심을 느낄 것이다.

시간압박 상황에서 소비자는 불안감과 같은 부정적인 감정을 경험하기도 한다. 소비자가 구매를 결정하는 데 충분한 시간을 갖지 못하여 시간 제약을 느낀다면 자유와 자발성이 낮다고 지각하고 이 때문에 소비자가 지각하는 쾌락적 가치가 낮아진다. 의사결정 단계에서 시간압박감을 강하게 느낄수록 소비자는 자신의 의사결정을 나중에 후회할 가능성도 높다.

마지막으로 시간압박에 대한 인지적 측면의 연구결과에서도 부정적인 영향이 확인되었다. 시간압박을 강하게 느끼면 소비자들은 정보탐색을 위한 시간 부족으로 정보과부하가 일어나 부정확하거나 비합리적인 의사결정을 내리기도 하였다. 소비자들은 시간압박의 강도가 높아지면 긍정적인 정보보다 부정적인 정보에 더 가중치를 두어 평가하는 경향이 있다. 시간압박에 대한 소비자의 반응을 이해하는 마케터는 기업의 광고와 판촉활동을 효율적이고 효과적으로 실행할 수 있다.

▶ **구매시점 광고**

POP 광고는 'Point of Purchase'의 약자로 구매시점 광고 또는 판매시점 광고라고도 한다. 소비자가 상품을 구입하는 최종 지점에서 상품에 대한 정보를 전달하여 구매에 영향을 미치기 위해 기획된 설득적 커뮤니케이션 수단이다. 이 광고는 일반적으로 소비자가 상품 구매 결정을 내리는 최종 단계에서 나타나며, 해당 상품의 장점이나 특징을 강조하여 소비자의 주목을 끌고 구매를 유도하는 것이 목적이다.

구매시점 광고는 주로 온라인 상점이나 소매점에서 제공되며, 할인 프로모션, 추가 혜택, 한정된 기간 동안의 특별한 혜택 등을 강조하는 내용이 포함되어 있다. 이러한 광고는 소비자가 제품을 선택하고 결제하는 단계에서 노출되므로, 소비자의 구매 결정에 직접적인 영향을 미치는 중요한 광고 형태 중 하나이다.

구매시점 광고의 목표는 소비자를 신속하게 행동으로 이끌고, 결제를 완료하도록 유도하여 매출을 증가시키는 것이다. 이는 소비자의 관심을 끌고 결정을 도와주는 효과적인 마케팅 전략 중 하나로 간주되고 있다.

구매시점 광고는 다음과 같은 몇 가지 특징이 있다. 첫째, 구매시점 광고는 상품을 선택하는 즉시 구매를 하도록 하는 감성적인 설득수단이다. 둘째, 구매시점 광고는 국가별 혹은 지역별 특색에 맞는 광고 메시지를 탄력적으로 적용하기 쉬워 국가 혹은 지역을 세분화하여 광고를 실행하는데 적합한 매체이다. 셋째, 매장 내 이동량을 증가시키고 직원을 대신하여 소비자에게 관련 정보를 제공함으로써 판매원의 능률을 향상시키는 역할을 한다. 넷째, 형태, 소리, 색상, 움직임 등을 자유롭게 사용하여 다양한 광고물을 만들 수 있다. 다섯째, 구매시점에서 브랜드명이나 광고 메시지를 상기시키는 기능을 한다.

무빙워크 광고, LCD광고, 바닥광고, 포스터광고 등이 대표적인 구매시점 광고들이다. 구매시점 광고는 구매계획을 미리 세우는 고가상품보다는 즉석에서 구매결정하는 저가상품에서 주로 사용한다. 이에 따라 구매시점 광고는 대형할인점과 같은 유통업체에서 주로 사용하고 있다. 쇼핑하러 간다면 주변을 한번 둘러보라. 얼마나 많은 구매시점 광고들이 우리를 유혹하고 있는지 보일 것이다.

Chapter 10

정보처리 과정

    소비자들은 다양한 메시지에서 필요한 정보를 얻는다. 소비자가 감각기관을 통해 정보를 받아들이고 저장하기 위해서는 반드시 의식이 필요하다. 그리고 외부와 나를 구분하는 자기의식(자아)이 없다면 정보를 처리하고 활용할 수 없다. 소비자들이 정보를 받아들이는 과정은 노출, 주의, 지각, 기억으로 이루어져 있다. 노출은 소비자의 감각기관에 와닿은 외부자극을 감각기관이 감지하여 대뇌에 전달하는 과정이다. 주의는 감각기관에 와 닿은 수많은 자극 중에서 처리할 자극을 선별하는 과정이다. 지각은 주의를 기울여 처리된 자극에 의미를 부여하고 해석하는 과정이다. 기억은 해석된 정보를 추후 사용을 위해 저장하는 과정이다. 본 장에서는 이와 같은 인간의 정보처리 과정에 대해 간략히 알아보고자 한다.

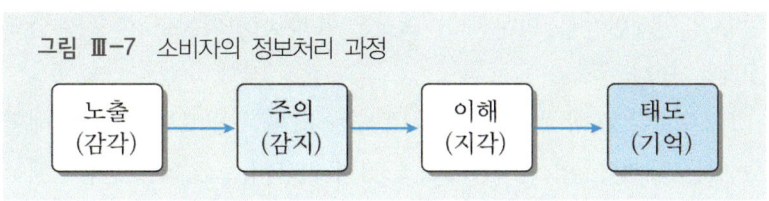

그림 Ⅲ-7 소비자의 정보처리 과정

1. 의식

우리는 마음, 정신, 의식을 제대로 구분하지 않고 사용하는 경향이 있다. 이 용어들이 서로 비슷한 의미를 지니고 있기는 하지만 어떤 맥락에서 사용하는가에 따라 그 의미는 다르게 다가온다. 마음(心)은 '감정이나 생각, 기억 따위가 깃들이거나 생겨나는 곳'이라는 장소의 개념으로 정의하고 있다. 즉, 심적 활동이 이루어지는 장소이자 육체적 활동이 이루어지는 장소로서 몸(육체)과 대비되는 범주의 개념으로 사용되고 있다. 정신은 '사물을 느끼고 생각하며 판단하는 능력 또는 그러한 작용'이라는 기능적 측면을 강조한다. 즉, 정신은 심적 활동의 근간인 기능으로서 활동의 내용을 강조한다. 이에 따라 정신은 육체나 물질에 대립하는 개념으로 사용하고 있다. 의식(意識)은 '깨어 있는 상태에서 자기 자신이나 사물에 대하여 인식하는 작용'을 말한다. 즉, 심적 활동의 주체와 그 주체의 경험을 나타내는 의미로 사용된다.

비유하자면 마음은 그릇 자체이고, 정신은 그릇에 담긴 내용물이며, 의식은 그릇에 담긴 내용물이 무엇인지 아는 것을 말한다. 이때 그릇은 마음과 뇌라는 범주이며, 그릇 속에서 일어나는 일, 즉 내용물은 정신이자 뇌 활동과 그 결과물이라는 범주화이며, 그릇과 그릇 속에서 일어나는 일과 내용을 아는 것, 즉 뇌 상태들을 개념화한 것이 의식이다. 불은 연소가 일어나는 과정에서 생기는 뜨거운 열과 빛이 방출되는 현상이다. 정확하게는 산화 반응의 연쇄반응이다. 이 불과 마찬가지로 의식도 자기의식을 수반하는 경험이 일어나는 뇌 활동의 연쇄반응을 의미한다. 의식은 불과 마찬가지로 현상은 있되 실체는 없다.

의식은 각성 상태이다. 말이 통하는 상태로 말로써 듣고 이해할 수 있는 상태다. 의식 작용에는 느낌이 있으며, 느낌의 좀 더 구체적인 형태가 감정이다. 생각은 의식의 극히 일부이며, 언어가 매개된 구체적인 추론, 판단, 예측 영역에 작용하는 것이다.

의식은 정신 활동의 다양한 측면에 따라 의식과 비의식, 무의식으로 구분할 수 있다. 의식은 현재 인간이 경험하거나 인지하고 있는 정보, 생각, 감정 등을 포함하는 인지적 상태를 나타낸다. 의식에는 주의와 집중력이 필요로 하며, 개인이 현재 경험하고 있는 것을 자각하고 이해할 수 있는 상태이다. 예컨대, 현재 읽고 있는 글을 이해하거나, 주위의 환경을 인지하는 것은 의식적인 활동에 속한다. 비의식(nonconscious)은 의식 밖에 있지만 쉽게 의식화되지 않은 정신적인 활동을 나타낸다. 즉, 의식에 직접적으로 접근되지 않는 정신적인 영역을 포함한다. 비의식적인 프로세스들은 자동적이며, 의식적으로 관리하기 어렵다는 특징이 있다. 감정, 습관, 자동적인 반응 등이 비의식적인 영역에 속한다. 예컨대, 자동차를 운전하면서 음악을 듣는 동안, 운전의 기술적인 부분은 비의식적으로 이루어질 수 있다. 무의식(unconscious)은 의식과는 완전히 구분되는 영역으로, 개인이 의식적으로 인식하거나 접근하기 어려운 심리적인 측면을 나타낸다. 특히 정신 분석학에서는 자아 방어기제나 심리적 충돌이 무의식에서 발생한다고 이론화한다. 무의식은 쉽게 의식화되지 않으며, 종종 개인의 행동과 결정에 영향을 미친다. 꿈, 약물 영향, 트라우마 등이 무의식적 영역에 속한다. 예컨대, 특정한 상황에서 갑자기 발생하는 감정의 변화나, 일부 기억의 왜곡은 무의식의 영향을 받을 수 있다. 이러한 세 가지 영역은 상호작용하며 인간의 행동과 경험에 영향을 미치는데, 심리학적인 연구와 이해를 통해 이들 간의 관계를 더 깊게 이해할 수 있다.

▶ 자기의식(자아)

앞선 1부의 2장과 3장에서 정서와 느낌에 대해 알아보았다. emotion (정서)는 자극에 대한 몸의 반응을 의미한다. 즉, 뇌 안의 뉴런들을 활성화하는 모든 외부 자극과 내부 자극에 대한 무의식적 반응을 일컫는다. 진화과정을 통해 정서는 생명조절을 위한 유기체의 항상성 명령의 도구로 사용되었다. 정서는 유기체가 위험을 피하고 기회를 활용할 수 있는 자연스러운 도구를 제공함으로써 유기체의 생존과 개체와 집단의 안녕에 기여한다. feeling(느낌)은 정서에 대한 느낌 반응, 즉 무의식적인 상태에서 일어나는 심리적 반응이다. 우리는 이 정서와 느낌을 통칭하여 감정(affect)이라고 불렀다. 정서와 느낌은 신체 상태 정보를 신경 시스템이 처리하는 과정에서 생기며 항상성 정보의 핵심이다. 의식은 이 느낌에 대한 느낌, 즉 '느낌을 안다는 느낌'을 의식이라고 부른다. 자기의식(자아)는 느끼고 있는 주체가 '나'임을 의식하는 것을 말한다.

박문호(2008)는 『뇌, 생각의 출현』에서 생명은 생존(항상성 유지)를 위해 진화를 해왔다고 설명한다. 그의 설명을 더 들어보자. 생명의 진화단계는 크게 자극 반응 단계로 보면 생명은 감지에서 곧바로 반응으로 이어지는 박테리아, 감각에서 운동으로 이어지는 동물(충동), 감각에서 지각을 거쳐 행동이 일어나는 인간(동기)으로 진화했다. 인지 단계로 보면 생명은 비의식적 인식에서 주지적 인식과 자기 주지적 인식으로 진화했다. 비의식적 인식은 자극에 대한 반응만을 하는 인식이다. 박테리아의 인식이 여기에 해당한다. 주지적 인식은 대상과 사건의 의미를 의식적으로 인식이다. 이는 이전 기억이 있어야 가능한 의미 인식을 말한다. 동물의 인식이 여기에 속한다. 자기 주지적 인식은 인간처럼 대상과 사건뿐만 아니라 자신을 대상으로 인식하는 메타 인식을 의미하며, 인간만이 가능하다. 자기

주지적 인식을 우리는 자기의식이라고 부른다. 자기의식은 자기 자신에 대한 의식과 이해를 나타내는 개념이다. 이는 개인이 자신의 행동, 모습, 감정, 생각 등을 인식하고 이해하는 능력을 의미한다. 자기의식은 주로 개인이 자기 자신에 대한 주관적인 경험과 인식에 중점을 둔다.

▶ 자기(self)와 자아(ego)

자기와 자아는 심리학적인 용어로, 개인의 정체성과 관련되어 있으나 서로 다른 개념이다. 이 둘은 서로 유사하지만, 다른 측면을 강조하고 있다. 자기는 개인의 전체적인 정체성, 본질, 그리고 개인이 가지고 있는 유일한 특성을 나타낸다. 자기는 개인이 어떤 면에서든 고유하게 가지고 있는 본질적인 핵심으로서, 정신적이고 감정적인 측면을 포함한다. 자기는 내적인 경험, 감정, 신념, 가치관 등을 포함하며, 주로 내적인 세계와 관련이 있다. 자기는 상대적으로 더 넓은 개념으로서, 자아 또한 그 일부이다. 자기는 "나는 누구인가?"에 대한 깊은 개념으로, 개인이 가진 모든 측면을 아우르는 개념이다.

자아는 정신 분석학에서 나오는 개념으로, 현실 세계에서, 즉 실제 상황에서 개인이 적응하고 조절하기 위한 중심적인 인지적인 기능을 나타낸다. 자아는 현실적인 요구와 욕구를 조절하며, 사회적 규칙과의 조화를 이루는 역할을 한다. 자아는 현실적인 상황에서의 판단, 행동, 결정 등을 통제하는 역할을 하며, 상황에 따라 변화할 수 있다. 자아는 외부 세계와의 상호작용에서 중요한 역할을 한다. 자아는 현실적인 요구에 대응하여, 자기를 보호하고 다른 사람들과 조화를 이루는 데에 관여한다. 정리하면, 자기는 개인의 전반적인 정체성과 내적인 측면을 나타내는 개념이며, 자아는 외부 세계와 상호작용하며 현실에 대응하는 인지적인 기능을 의미한다.

▶ 자아존중감(self-esteem)

자아존중감은 개인이 자기 자신에 대한 감정적이고 태도적인 평가를 나타내는 개념이다. 이는 개인이 자기를 어떻게 인식하고 자기가 가진 가치, 능력, 성공, 실패 등에 대한 평가를 나타낸다. 높은 자아존중감은 일반적으로 긍정적인 자기 인식과 자신감을 가져오며, 사회적·심리적 측면에서의 장점을 가져다줄 수 있다.

마케팅 분야에서는 자아존중감이 소비자의 행동과 선호도에 미치는 영향을 이해하고 활용하기 위한 다양한 연구가 이루어지고 있다. 몇 가지 주요한 동향을 살펴보자. 첫째는 브랜드 선택과 자아존중감의 관계에 대한 연구이다. 일부 연구에서는 소비자가 특정 브랜드를 선택하는데 자아존중감이 어떻게 영향을 미치는지를 연구하고 있다. 이들의 연구결과에 따르면, 높은 자아존중감을 가진 소비자는 브랜드 선택 시 자신의 이미지와 일치하는 상품을 선호할 가능성이 높다고 한다. 둘째는 마케팅 커뮤니케이션과 자아존중감의 관계에 대한 연구이다. 광고와 마케팅 커뮤니케이션에서 자아존중감을 고려한 전략이 사용되고 있다. 긍정적인 이미지, 자아실현을 강조하는 광고 캠페인은 자아존중감을 높일 수 있으며, 이는 상품에 대한 긍정적인 태도로 이어질 수 있다. 셋째는 소비 행동과 가격 인식의 관계에 대한 연구이다. 자아존중감이 소비자의 가격 인식과 소비 행동에 미치는 영향을 연구하는 분야도 증가하고 있다. 자아존중감이 낮은 소비자들은 저렴한 상품이나 할인 상품에 민감할 수 있으며, 이를 고려한 마케팅 전략이 필요하다. 넷째는 사회적 비교와 소비의 관계에 대한 연구이다. 자아존중감은 종종 다른 소비자들과의 비교를 통해 형성되기도 한다. 다른 사람들과의 비교에서 나오는 자아존중감의 역할과 이에 따른 소비 행동 연구가 진행 중이다.

지금까지 살펴본 연구들은 자아존중감이 소비자의 행동에 미치는 영향을 깊이 이해하고, 마케팅 전략을 효과적으로 수립하는데 필요한 중요한 정보를 제공하고 있다.

2. 노출과 주의

▶ 노출

노출(exposure)은 개인이 자극에 물리적으로 접근하여 오감 중 하나 이상이 활성화될 준비상태를 말한다. 마케팅 자극이 감각기관에 와닿으면, 감각등록기가 작동하여 그 자극을 감지할 수 있게 되는데, 이 단계를 노출이라고 한다. 소비자 정보처리 과정의 첫 단계이다. 노출에는 의도적 노출과 우연적 노출, 선택적 노출이 있다. 의도적 노출은 소비자가 문제를 해결하기 위하여 자신을 의도적으로 정보에 노출하는 것을 말한다. 이 단계에서 소비자는 문제를 인식하면 그 문제와 관련된 정보를 장기기억에서 인출 한다. 인출된 정보가 문제해결을 할 수 있을 만큼 충분하지 못하면 외적 탐색을 통해 자신을 마케팅 정보에 의도적으로 노출한다. 소비자가 의사결정에 높게 관여될수록 보다 적극적으로 정보를 탐색하는 경향이 있다.

우연적 노출은 소비자가 의도하지 않은 상태에서 정보에 노출되는 것을 일컫는다. 소비자는 자신이 원하든 원하지 않든 매일 수많은 마케팅 정보에 노출되고 있다. 버스나 지하철을 타거나, 유튜브를 보거나, TV와 라이오를 보고 듣거나, 인터넷을 이용하는 중에 수많은 광고에 노출된다.

선택적 노출은 소비자가 필요하거나 관심이 가는 정보에만 자신을 노출하는 지각적 메커니즘을 일컫는다. 신문이나 잡지의 광고 부분을 의도적으로 보지 않거나, 이메일 광고를 제목도 보지 않고 삭제해 버리거나, 광고물 봉투도 뜯지 않고 버리거나, 텔레마케팅 전화는 받자마자 끊어버리거나, TV를 시청하던 중 광고가 나오면 바로 채널을 전환(zapping)하거나, 녹화한 프로그램을 보던 중 광고나 흥미 없는 부분이 나오면 빨리 돌려버리거나(zipping) 하는 등의 행동이 대표적인 선택적 노출에 해당한다.

▶ 감지

감지(sensation)는 자극의 강도가 어느 정도 강해져 감각기억이 그 자극을 알아차리는 것을 말한다. 감지를 보다 잘 이해하기 위해서는 절대식역, 차이식역, 식역하 지각에 대해 살펴볼 필요가 있다. 절대식역(absolute threshold)은 감각기관이 자극을 감지할 수 있는 자극에너지의 최소한의 강도를 말한다. 즉, 인간이 없는 것(nothing)과 있는 것(something)의 차이를 알아차리는 데 필요한 강도의 양이다. 자극의 강도가 절대적 식역에 도달해야만 인간은 감지할 수 있으므로, 이때 비로소 그 자극에 노출되었다고 말할 수 있다. 절대적 식역은 사람마다 다르다. 차이식역은 두 개의 자극이 지각적으로 구분될 수 있는 최소한의 차이를 말한다. 차이가 있음을 지각하기에 필요한 두 자극 간의 강도 차이이다. J.N.D.(just noticeable difference)라고 불린다. 식역 하 지각(subliminal stimuli)은 자극의 강도가 미약하여 절대적 식역 수준에 미치지 못하는 경우에도 소비자가 그 자극을 무의식중에 감지하는 것을 일컫는다.

▶ 주의

주의(attention)는 소비자들이 자극에 쏟은 정신적 활동으로 특정 정보에 정보처리능력을 집중하는 것을 일컫는다. 소비자들은 인지적 자원이 한정되어 있기 때문에 특정 시점에서 자신에 접하는 모든 정보를 처리하기는 불가능하다. 그러므로 사람들은 정보처리 과정에서 유입된 정보를 끊임없이 감시하고 계속 처리하기 위해 이 정보 중 일부를 선택하여 처리할 수밖에 없다. 이러한 인간의 정보처리 메커니즘을 주의라고 부른다. 이는 인간이 자신이 가진 정보처리자원을 특정 자극에 집중하는 인지적 작용이다. 소비자는 자신의 환경에서 제시되는 정보 중 관심을 끌 만한 일부의 정보에만 주의를 기울이게 되는데 이를 선택적 주의(selective attention)라고 부른다. 개인의 동기와 목표, 관여도, 적응 등이 선택적 주의에 영향을 미친다.

3. 지각

박문호는 2020년 펴낸 『뇌과학 공부』에서 동물은 감각에서 운동이 출력되는데 반해 인간은 기억에서 행동이 나온다고 설명했다. 그의 설명에 따르면, 감각 자극으로 촉발된 지각 과정은 행동을 유발한다. 생존에 중요한 지각 결과는 기억으로 저장된다. 저장된 기억은 이후 비슷한 상황을 맞이했을 때 행동 선택의 근거가 된다. 이것이 지각의 과정이다. 이 지각 과정을 신경과학의 관점으로 다시 보자. 환경 자극의 일부가 감각기관을 통해 신체로 입력되면, 신체 표면, 근육, 관절, 내부 장기에서 감각 입력에 대한 운동 반응이 일어난다. 이와 함께 감각 입력은 중추신경계에서 기억으로 전환되어 꿈과 생각에 지속적으로 반영된다.

지각(perception)은 개인이 자극의 요소들을 통합하여 조직화하고 나름대로 해석하는 과정을 일컫는다. 지각은 지각적 조직화와 지각적 해석으로 구성되어 있다. 지각은 정보처리 과정에서 주의 다음 단계에서 일어나며, 유입된 정보의 내용을 조직화하고, 그 의미를 해석하는 것으로 소비자행동에서는 이를 이해(comprehension)라고 부른다.

► **지각적 조직화**

조직화(organizing)는 제시된 자료를 속성에 따라 의미 있는 단위로 묶어서 기억하는 방법을 말한다. 여기에는 범주화와 군집화가 있다. 범주화(categorization)는 사물이나 개념들이 지닌 속성, 용도, 관계 등을 공통적인 특징에 따라 사물이나 개념들을 분류해서 체계화하는 것으로 관련 내용을 의미 있게 묶는 것이다. 범주화는 사람들이 개념이나 대상을 쉽게 변별하고, 이해하고, 기억하는 데 도움을 준다. 도표, 개념도, 개요도, 그래프, 순서도 등이 범주화의 대표적인 도구들이다. 군집화(clustering)는 서로 연관이 있는 것끼리 묶는 것을 말한다. '돈, 라면, 등산, 지갑, 김치, 지갑'으로 구성된 단어목록을 범주화해보자. 이 목록을 기억해야 하는 경우, 단어를 하나하나 기억하는 것보다 '돈-지갑, 라면-김치, 등산-지도'로 묶어서, 즉 군집화해서 기억하면 더 쉽다는 것을 알 수 있다. 이처럼 정보처리 과정에서 주의 단계에서 지각대상이 선정되면 대상을 구성하는 요소를 보다 큰 단위로 묶는 과정이 전개되는데, 이 과정을 일컬어 지각적 조직화(perceptual organization)라고 부른다.

지각체계는 조직화를 통해 감각기관을 자극하는 단위요소를 집단으로 묶어 의미 있는 형태를 만들어 낸다. 지각의 조직화 과정은 베르트하이머(Max Wertheimer)와 쾰러(Wolfgang Kohler) 등 형태주의 심리학자들에 의해 연구되었으며, Gestalt 심리학이라고도 부른다. 이들의 주장에 따르면, 사람들은 여러 개의 작은 요소를 묶어 하나의 통합된 형태로 지각하려는 강한 경향성을 갖고 있다.

► **지각적 해석**

지각적 해석(perceptual interpretation)은 시각적 자극을 받아들이고 그것을 이해하는 과정을 말한다. 지각적 해석의 과정은 마케팅 및 광고 전략에서 핵심적인 부분에 해당한다. 소비자가 시각적 정보를 어떻게 해석하고 의미를 부여하는지를 이해하는 것은 상품이나 브랜드의 시각적 마케팅 전략을 효과적으로 계획하는 데 도움이 된다. 지각적 해석을 위해서는 두 가지 주요 요소인 지각적 범주화와 지각적 추론이 중요하다.

먼저 지각적 범주화(perceptual categorization)는 외부 세계의 다양한 시각적 자극을 인식하고 구별하여 범주화하는 과정이다. 즉, 소비자는 자극에 노출되면 그 자극을 자신의 기억 속에 가지고 있던 스키마(schema)와 관련지어 자신의 방식으로 그것을 이해한다. 예를 들어, 어떤 사람이 "고급승용차는 성능이 좋고 값이 비싸다."라는 스키마를 갖고 있다고 가정해보자. 만약 이 사람이 포르쉐 광고를 본다면, 자연스럽게 "포르쉐는 성능이 좋고 값이 비싸다."라고 지각할 것이다. 이처럼 지각적 범주화의 과정은 경험과 학습을 통해 개인이 가진 지각적 기억과 기존의 지식을 활용하여 이루어진다. 소비자들은 상품이나 브랜드에 대한 지각적 정보를 받아들일 때, 자신의 경험과 기대에 근거하여 그것을 특정 범주로 분류한다. 예를 들어, 어떤 상품이 특정한 디자인, 색상, 로고를 가지고 있으면 소비자는 이를 특정 브랜드나 상품 범주로 인식할 수 있다. 이 지각적 범주화는 소비자들이 구매 결정을 할 때 브랜드 인지도와 연결되어 브랜드 로열티를 형성하고 영향을 미친다.

지각적 추론 (perceptual inference)은 지각적 범주화를 기반으로 외부 세계에 대한 의미 있는 정보를 유추하거나 이해하는 과정이다. 지각적 추론은 지각적 범주화를 바탕으로 개인이 자동적으로 혹은 의도적으로 외부 세계를 해석하고 이해하는 것을 의미한다. 소비자들은 시각적 정보를 기반으로 상품이나 브랜드에 대한 추가적인 정보를 추론하려고 한다. 예를 들어, 광고에서는 상품 사용 시의 특별한 경험을 시각화하여 소비자에게 전달하고, 이를 통해 소비자들은 상품이나 브랜드에 대한 긍정적인 이미지를 형성하게 된다. 지각적 추론은 상품의 특징, 가치, 혜택 등에 대한 소비자의 이해를 높이고 구매동기를 형성하는 데 중요한 역할을 한다. 가격이 비쌀수록 품질이 좋을 것으로 생각하는 '가격-품질 연상'은 지각적 추론의 좋은 예이다.

4. 기억

인간 뇌는 지구상에 있는 모든 컴퓨터보다 그 용량이 크다고 한다. 왜냐하면 인간 두뇌엔 컴퓨터 한 대당 하나밖에 없는 마이크로프로세서(CPU)가 수백 조(兆)개나 들어있기 때문이다. 흔히 사람들은 자신이나 다른 사람들의 머릿속을 컴퓨터에 비유해 하나의 CPU만 있는 것으로 비유하곤 한다. 그리고 그것이 고기능 칩인지 아니면 저기능 칩인지만을 말한다. 그러나 사실 인간의 뇌는 약 2천억 개의 신경세포와 연계된 수백조 개의 시냅스(신경전달물질) 하나하나가 모두 컴퓨터 마이크로프로세서와 같다. 각 시냅스는 마이크로프로세서처럼 기능하는데 이들 가운데 수만 개는 하나의 뉴런(신경단위)을 다른 신경세포와 연결한다. 대뇌피질에서만 약 125조 개의 시냅스가 있는데 이는 수없이 많은 별이 1,500개의 은하수를 채우는데 필요한 수와 같다고 한다. 이 막대한 인간의 뇌 용량과 처리 능력이 바로 기억이다.

박문호(2005)는 기억을 '사물이나 사상(事象)에 대한 정보를 마음속에 받아들이고 저장하고 인출하는 정신 기능'으로 정의하고 있다. 기억이란 놀랍고 미묘한 현상이다. 다양한 종류의 기억이 복합적이고 동시에 작동하기 때문에 기억의 실체를 파악하기는 어렵다. 기억은 '수동적 자동기억'과 '능동적 숙성 기억'으로 구분할 수 있다. 기억을 반복적인 노력이 필요한 정신적 과정으로 생각하는 경향이 있다. 그러나 노력하거나 집중하지 않아도 기억이 즉각 형성되는 수동적 자동기억이 있다. 이를 일컬어 일화기억이라 부른다. 전화번호, 영어 단어, 수학 공식 등은 집중해서 반복해야만 겨우 기억되는 능동적 숙성 기억이다. 기억에 성공해도 며칠만 지나도 대부분 잊어버린다. 이를 일컬어 의미기억이라 부른다. 자동기억인 일화기억은 하루 동안 내가 한 일과 만난 사람을 모두 기억할 수 있다. 낮 동안의 행동은 노력하지 않아도 기억되지만 반복해야만 기억되는 능동기억은 대뇌신경피질에서 형성된다. 이는 이미 저장된 이전의 기억과 새로운 기억을 연결하는 과정이다. 대뇌신피질의 기억은 범주화된 형태로 저장되며 주로 언어로 표상된다. 이상은 뇌과학에서 말하는 기억에 대한 설명이다.

소비자는 정보처리 과정을 통하여 형성되고 변화된 신념과 태도를 기억 속에 저장하였다가, 후에 상품 정보에 노출되었을 때 이에 대한 의미를 부여하기 위해 기억 속에 저장된 정보를 이용한다. 이번에는 인지과학에 기초를 둔 소비자의 정보처리 과정 측면에서 기억에 대해 살펴보자. 이를 위해서는 기억구조를 설명하는 대표적 모델인 다중기억구조모델(multiple store model of memory)을 먼저 알아야 한다. 이 모델은 감각기억과 단기기억, 장기기억의 세 가지 단계로 구성되며, 이 세 가지 단계가 각각 다른 기능을 수행한다고 설명한다. 소비자행동 연구에서 가장 폭넓게 수용되는 모델이다. 각각에 대해 자세히 알아보자.

① 감각기억

감각기관을 거쳐 도달한 기억을 말한다. 감각기관을 통해 들어온 정보가 어느 정도 강하여 감각기관이 이를 감지한다. 즉, 유입된 정보가 어느 정도 강하여 절대적 식역수준을 초과하면 소비자는 이를 감지하게 되는데 이를 감각기억(sensory memory)이라고 부른다. 감각기억은 감각저장소(sensory store) 혹은 감각등록기(sentory register)로도 불린다. 유입된 정보들 중에서 보다 관심을 끄는 정보만을 단기기억에서 처리하도록 통제한다. 감각기억은 감각기관에 유입된 정보를 아주 짧은 시간 동안(몇 분의 1초 동안) 저장한다. 이때 정보처리를 계속하기 위해 단기기억으로 이전하지 않으면 그 정보는 곧바로 감각기억(두뇌)에서 사라진다. 감각기억 속에 유입된 정보는 대부분 아주 짧은 시간 머무른 후 사라지기 때문에, 소비자는 특정 시점에 노출되는 수많은 마케팅 자극에 효율적으로 대처할 수 있다. 즉, 감각기억(감지)은 유입된 정보를 아주 짧은 시간 동안 저장하여 정보처리를 계속하기 위해 단기기억으로 이전하지 않으면 이 정보는 기억에서 사라진다.

소비자행동에서 감각기억은 중요한 역할을 하므로 이에 대해 자세히 알아보자. 여러 광고 및 마케팅 전략은 소비자의 감각기억을 자극하여 브랜드 또는 상품과 관련된 정보를 전달하려고 한다. 명확하고 인상적인 시각적 또는 청각적 자극은 소비자의 감각기억에 머무르게 하고, 이를 통해 상품이나 브랜드에 대한 기억을 유도하려고 한다. 예를 들어, 텔레비전 광고에서는 화려한 시각적 요소, 강렬한 음악, 또는 특정한 브랜드의 사운드 로고를 사용하여 소비자의 감각기억을 자극한다. 이러한 자극은 소비자의 무의식적인 기억에 남아 브랜드 인식을 증가시킬 수 있다. 또한, 상품 패키징이나 디자인 역시 소비자의 시각적 감각기억에 영향을 미치며, 소비자가 상품을 기억하고 선택하는 데에 영향을 미친다. 이러한 전략을 통해 기업은 소비자의 감각기억을 자극하여 브랜드 인식을 증가시키고 상품에 대한 긍정적인 기억을 형성하려고 한다.

② 단기기억

단기기억(Short-Term Memory, STM)은 정보를 임시로 저장하고 처리하는 기능을 수행하는 기억의 한 형태이다. 단기기억은 주로 짧은 시간 동안 정보를 유지하며, 이 정보를 작업 기억이나 장기기억으로 옮기거나 즉각적으로 사용할 수 있도록 한다. 대개는 15~30초 정도의 시간 동안 정보를 보유하며, 이는 적절한 관심이나 반복 없이는 정보가 소실될 수 있다. 단기기억은 주로 작업 기억(Working Memory)이라고도 불리며, 정보를 처리하고 임시로 유지하는 데 관련이 있는 개념이다. 작업 기억은 주의력, 집중력, 추론력 등의 뇌 기능과 관련이 있으며, 새로운 정보를 받아들이고 기존 정보와 연결하여 사용하는 데 중요한 역할을 한다.

이처럼 단기기억은 정보처리가 이루어지는 동안 유입된 정보가 일시적으로 저장되는 장소이다. 처리용량의 한계로 일정 시점에서 처리될 수 있는 정보의 양이 제한적이고 처리된 정보를 장기기억으로 이전시키는 역할을 한다. 특히 장기기억으로 이전하기 위해서는 리허설(rehearsal)이라는 과정이 필요하다. 리허설이란 처리된 정보를 마음속으로 반복하거나 깊게 생각하는 것을 말한다. 리허설에는 처리된 정보를 마음속으로 반복하는 것인 유지 리허설과 단기기억에 유입된 정보의 의미를 해석하는 것인 정교화 리허설로 나뉜다. 상품 정보를 많이 리허설을 할수록 단기기억 속에 오래 머물며 장기기억 속에 저장될 가능성이 높다. 정보처리능력을 초과할 정도의 많은 정보가 주어지면 오히려 기억효과가 떨어진다는 정보 과부하 가설이 있다. 그렇지만 소비자의 관여도가 높고 정보처리 시간이 길 땐 과부하 현상이 나타나지 않기도 한다. 단기기억을 장기기억으로 이전시키기 위해서는 시각화 유도, 기억 증대 기법 이용, 음악 사용, 반복 광고의 전략 등이 필요하다.

단기기억의 리허설을 도와주는 방법들에 대해 자세하게 살펴보자. 첫 번째, 시각화 유도기법이다. 이는 소비자의 상상을 끌어내는 방법이다. 그림을 사용하여 언어적 정보보다 시각적 정보를 이용하고 추상적 정보보다 구체적 명사로 된 메시지 제공을 통해 구체적 정보를 사용할 수 있다. 이외에 심상 지시 방법을 통해 소비자들이 상상을 통해 마음속에 시각화하게 하는 방법이 있다. 두 번째 방법은 기억 증대 기법을 이용하는 것이다. 이는 단어의 리듬을 이용하는 단순한 기법을 사용하여 상표명과 관련된 어구를 상표명과 반복적으로 연결하여 사용하는 기법이다. 세 번째 방법은 음악을 사용하는 기법이다. 음악을 이용한 광고 메시지 전달은 회상력이 향상되기 때문이다. 네 번째는 반복광고를 활용한 방법이다. 광고를 반복할수록 학습 효과가 증가한다. 하지만 반복 횟수 지나치면 효과가 감소하기도 한다.

③ 장기기억

장기기억(long-term memory)는 단기기억에서 처리된 정보가 영구히 저장되는 곳을 말한다. 장기기억에 저장된 정보는 후에 단기기억에 인출되어 의사결정에 사용되거나 혹은 단기기억에 유입된 새로운 정보를 처리하는 데 사용된다. 인간의 장기기억의 용량에는 제한이 없다고도 한다. 그러나 장기기억에 저장된 정보 중에서 일부만 인출 가능하기에 '얼마나 많은 정보가 저장되어 있는가' 보다는 '필요한 시점에 필요한 정보를 얼마나 인출할 수 있는가'가 중요하다.

장기기억에 있는 정보는 두 가지 유형으로 구분할 수 있다. 첫째는 시술적 지식이다. 이는 사실과 사건에 대한 기억을 말한다. 사건적 지식은 일상생활에서 경험하는 구체적 표상(사건)들에 대한 기억이다. 예컨대, 말보로 담배의 빨간색 담배갑에 대한 기억이다. 의미적 지식은 소비자가 경험하게 되는 사건이나 대상이 갖는 의미에 대한 기억을 말한다. 말보로 담배의 남성적인 상표 이미지에 대한 기억이 여기에 해당한다. 둘째는 절차적 지식이다. 일의 수행절차, 몸의 균형, 악기연주, 자전거 타기 등 절차와 관련된 지식이 이에 해당한다.

장기기억 속의 지식구조는 장기기억에 저장된 정보가 네트워크 형태의 조직을 취하는 것을 말한다. 콜린스와 로터스(Collins and Loftus)의 네트워크 모델이 대표적인 예이다. 이 모델은 지식구조를 연상관계 마디(node: 개념)와 마디 간의 연결고리(link)에 의해 설명한다. 장기기억에는 관련 정보들이 서로 그물처럼 연결되어 있어 하나의 정보가 먼저 활성화되면 그와 연결된 다른 관련 정보들이 연속적으로 활성화된다. 이를 활성화의 확산(spread of activation)이라고 부른다. 장기기억에 네트워크 형태로 저장된 대표적인 상품 정보의 예는 상표지식이다. 네트워크 형태의 지식구조의 유형에는 스키마와 스크립이 있다. 스키마는 한 개념이 이와 관련된 서술적 지식과 서로 네트워크 형태로 연결되는 것을 말한다. 코카콜라에 대한 스키마의 예는 '탄산음료-피자-북극곰-산타클로스'이다. 스크립(script)는 절차적 지식 간의 연상적 네트워크를 말한다. 맥도날드 매장을 방문에 대한 스크립을 생각해보면 이해가 쉽다. 프라이밍(priming)은 어떤 정보가 잘 회상될 수 있도록 활성화되는 것을 말한다. 이는 먼저 제시된 정보가 그 다음에 제시된 정보를 처리하는 데 영향을 주는 현상을 일컫는다. 어떤 정보 단서가 그와 관련된 다른 정보들을 활성화시킬 때 단서가 된 정보를 프라이밍 자극이라고 하며, 어떤 단서가 제공되면 관련 정보가 쉽게 회상되는 효과를 프라이밍 효과(priming effect)라고 한다.

소비자가 유입정보에 관심이 높을수록, 소비자가 유입정보와 관련된 지식을 많이 보유하고 있을수록, 정보처리가 쉽도록 상품 정보가 제시될수록 장기기억 속에 정보가 저장될 가능성 또한 높아진다고 한다.

5. 기억과 태도

소비자행동에서는 태도(態度)를 '어떤 대상에 대해 일관성 있게 호의적 또는 비호의적으로 반응하게 하는 학습된 선유 경향'으로 정의한다. 소비자가 정보처리 과정이나 구매의사결정 과정을 거쳐 최종적으로 기억 속에 저장하는 것은 태도이다. 그러므로 태도에 대해 알아볼 필요가 있다.

태도에 대한 정의로부터 태도는 다음과 같은 특징을 가지고 있음을 알 수 있다. 첫째, 태도는 반드시 어떤 대상과 관련지어진다. 둘째, 태도는 직접 관찰될 수 없어, 행동으로부터 유추한다. 셋째, 태도는 대상에 대한 긍정적 부정적 감정의 정도를 나타낸다. 넷째, 태도는 직접경험, 외부환경 등에 의해 변화될 수 있으며, 경험, 추론 등을 통해 후천적으로 학습된다. 다섯째, 태도는 반응하려는 선유 경향이므로 태도로부터 행동을 예측할 수 있다. 여섯째, 태도는 비교적 일관성 있는 반응 경향이다.

이러한 특성으로 인해 태도는 여러 기능을 한다. 첫째, 실용적 기능이다. 소비자는 비용에 비해 보다 큰 편익을 제공하는 대상에 대해 보다 호의적이 된다. 둘째, 가치표현적 기능이다. 소비자는 자아개념이나 중심가치를 표현한다. 셋째, 자아방어적 기능이다. 소비자는 자아 이미지를 보호하는 브랜드에 호의적 반응이 유발되어 자신의 약점을 감추곤 한다. 넷째, 지식기능이다. 복잡한 외부 자극에 노출되었을 때 이를 이해하는 준거체계로 작용한다. 소비자는 정보를 저장할 때, 선호 혹은 비선호의 태도를 함께 지식으로 저장한다. 브랜드 파워가 강한 브랜드의 브랜드 확장이 성공하는 것은 태도의 지식기능에 의해 설명할 수 있다. 다섯째, 사회적 조정기능이다. 태도는 타인과의 관계 조절을 한다.

앞서 설명한 대로 기억과 태도는 인간의 인지 및 행동과 깊게 연관된 두 가지 중요한 심리적 측면이다. 이 둘 간의 관계는 복잡하고 상호작용적인 것으로 여겨진다. 기억과 태도 간의 주요 관계를 몇 가지 측면에서 살펴보자.

첫째, 기억은 태도 형성에 영향을 미친다. 개인은 자신의 경험을 토대로 기억을 형성하게 된다. 이러한 기억은 특정 상황, 사물, 인물 또는 개념에 대한 개인의 주관을 형성하는 데 영향을 미친다. 예를 들어, 어떤 사람이 특정 경험을 통해 얻은 좋은 기억은 그에 대한 긍정적인 태도를 형성하는 데 기여할 수 있다. 둘째, 태도는 기억의 필터 역할을 한다. 인간은 수많은 정보에 노출되지만, 모든 정보를 기억하거나 중요시하지는 않는다. 태도는 이러한 정보 중 어떤 것을 주의 깊게 기억하고, 무시할지를 결정하는 데 영향을 미친다. 예를 들어, 특정 주제에 대한 부정적인 태도를 지닌 사람은 그 주제와 관련된 부정적인 경험을 강조하고 기억에 남을 가능성이 높다. 셋째, 기억이 태도를 강화하거나 변화시킨다. 지속적으로 반복되는 경험이나 정보는 기억에 더 강하게 남는 경향이 있다. 이는 개인의 태도를 강화하거나 변화시킬 수 있다. 예를 들어, 어떤 사람이 초기에는 특정 활동에 대해 중립적이었지만, 반복적으로 긍정적인 경험을 쌓아나가면서 긍정적인 태도를 형성할 수 있다. 넷째, 태도는 기억 검색 및 회상에 영향을 준다. 특정 태도를 지닌 상태에서는 해당 태도와 관련된 기억을 더 쉽게 찾고 회상할 수 있다. 이는 정보처리 및 판단에 영향을 미칠 수 있다.

Chapter

의사결정 과정

 현대 사회에서 소비자는 단순히 제품이나 서비스의 수용자에 머물지 않고, 경제 활동의 핵심 주체로 활동하고 있다. 소비자의 선택과 구매 행동은 기업의 생존과 성공에 직접적인 영향을 미치며, 이는 곧 경제 시스템의 원동력 중 하나로 작용하고 있다. 이에 따라 소비자의 의사결정과 구매의사결정 과정은 현대 비즈니스 환경에서 핵심적인 주제로 등장하였다.
 소비자의 의사결정은 단순하게 보이지만, 다양한 영향요인들이 함께 작용하여 복잡한 과정을 형성하고 있다. 소비자들은 상품을 선택하고 구매할 때, 정보탐색, 대안평가, 구매 등 다양한 단계를 거치며, 이 단계에서 심리적, 사회적, 경제적인 측면에서의 다양한 요인들을 고려한다. 이러한 의사결정의 복잡성 때문에 기업은 소비자의 행동을 예측하고 이에 대응하기 위한 더욱 효과적인 전략 수립이 필요하다고 인식하고 있다.
 특히, 급변하는 시장 환경 속에서 소비자의 의사결정은 더욱 동적으로 변화하고 있다. 기술의 발전, 경제 상황의 변동, 사회적 트렌드

변화 등이 소비자의 선택에 영향을 미치고 있어 기업은 이러한 환경 변화에 민첩하게 대응해야 한다. 이러한 동적인 상황을 파악하고 소비자의 니즈를 충족시키는 마케팅 전략 수립이 기업의 경쟁력 확보에 중요한 역할을 한다.

여기에서는 소비자의 의사결정과 구매의사결정 과정에 대해 알아보고, 소비자의 행동에 영향을 미치는 다양한 요인을 살펴볼 것이다. 또한 의사결정에서 사람들이 저지르는 편향들에 대해서도 살펴볼 것이다.

1. 의사결정

의사결정(decision making)은 철학, 통계학, 경제학, 심리학, 경영학 등 여러 학문 분에서 연구되어왔다. 학문 분야에 따라 관심이 달라서 다양한 연구개념들이 형성되었다. 대안 A의 효용이 대안 B의 효용보다 크다고 판단한 경우에만 대안 B보다 대안 A가 선택된다는 규범적 측면에서는 선택(choice)과 판단(judgment)을 동의어도 취급한다. 반면에 어떤 대안이 더 좋거나 더 나쁘다는 판단은 비교의 표준을 함축하고 있어서 의사결정을 무엇으로 할 것인지에 대한 판단으로 볼 수도 있다. 이처럼 판단과 의사결정은 중복되는 면이 있고 개념이 서로 뒤엉켜 있다. 그러나 판단은 불확실한 사건의 가능성에 대한 신념이나 대안의 전반적인 선호를 형성하는 것이고, 의사결정은 특정 대안을 선택하는 것과 관련이 있다. 소비자 의사결정은 소비자가 직면한 문제를 인식하고 이를 해결하기 위해서 가용한 대안을 찾고, 각각의 대안들을 비교하고 평가하는 등 각 대안이 의사결정 목적에 부합하는 정도를 판단하여, 최고의 대안을 선택하는 과정이라 볼 수 있다.

합리성(rationality)과 제한된 합리성(bounded rationality)은 의사결

정 이론에서 다루는 중요한 두 가지 개념이다. 합리성은 이상적인 의사결정 모델에서의 개념으로, 목적을 달성하기 위해 최적의 선택을 하는 것을 의미한다. 정보를 완벽하게 수집하고 분석하며, 모든 대안을 고려하여 최적의 결정을 내리는 것이 핵심이다. 모든 결정이 목표를 효과적으로 달성하는 것을 가정한다. 목표는 최대 이익을 얻거나 비용을 최소화하는 등 명확하고 뚜렷하게 설정된다. 예컨대, 전통적인 경제 이론에서 다루는 소비자와 기업의 의사결정 모델은 이러한 합리성을 가정하고 있다.

제한된 합리성은 실제 상황에서 완벽한 합리성을 기대하기 어려운 현실성을 반영한다. 정보의 부족, 제한된 시간, 인지적 한계 등으로 인해 의사결정자가 완벽한 합리성을 펼치기 어렵다는 개념이다. 이상적인 결정에 비해 더 실용적이고 현실적인 모델을 제시한다. 목표는 모든 정보를 고려하는 것이 아니라, 제한된 정보로도 합리적인 결정을 내릴 수 있는 수준으로 조절된다. 실제 조직이나 개인이 의사결정을 할 때, 제한된 합리성이 반영된다. 예를 들어, 시간이 제한되어 있거나 정보가 부족한 상황에서 빠르게 결정을 내리는 경우가 있다.

앞서 살펴보았듯이 합리성은 이상적인 의사결정 모델에서의 개념으로, 최적의 선택을 향해 모든 가능성을 고려한다. 전통적인 경제학의 관점은 합리성에 기반을 두고 의사결정자의 유일한 목표는 의사결정과 관련된 편익과 비용을 고려하여 비용대비 편익을 극대화하는 것이라 가정한다. 그러나 사이먼(Herbert Alexander Simon)은 이 가정이 비현실적이라고 보았다. 즉, 사이먼은 현실적으로 인간이 가진 정보처리 능력의 한계 때문에 의사결정을 통해 비용대비 편익을 극대화하는 최적화는 불가능하다고 보았다. 그는 인간은 자신의 제한된 인지적 능력과 주어진 환경 내에서 자신이 만족할 수 있을 만한 효용을 얻고자 노력한다는 비합리성에 기반을 둔 의사결정 이론을 제시하였다. 사이먼이 제안한 제한된 합리성 개념은 그 이후 행동적 의사결정이론(behavioral decision theory)과 행동경제학(behavioral economics)이라는 새로운 학문 분야를 여는 계기가 되었다. 나아가 인간의 의사결정을 연구하는 데 새로운 시각을 제공하기도 했다.

2. 의사결정 과정에 작동하는 인지시스템

사람들이 지각, 판단, 의사결정을 할 때 시스템 1과 시스템 2라는 두 가지 인지시스템(cognitive system)이 작동한다. 카네먼과 프레더릭(2002)은 인지시스템을 직관적 판단을 담당하는 시스템 1과 심사숙고하고 추론을 담당하는 시스템 2로 나누었다. 시스템 1과 시스템 2는 모두 우리가 깨어 있을 때 활성화되고 작동한다. 시스템 1은 자동으로 작동한다. 반면 시스템 2는 편안한 보통 상태에서는 별다른 노력이 필요 없고 시스템의 일부만 작동한다. 시스템 1은 시스템 2를 작동하는데 필요한 인상, 직관, 의도, 느낌 등을 지속적으로 제공한다. 시스템 2의 승인을 받으면 인상과 직관은 믿음으로 바뀌고, 충동은 자발적 행위로 바뀐다. 이 모든 과정이 자연스럽게 진행될 때, 시스템 2는 시스템 1의 제안을 그대로 수용하는 편이다. 우리는 일반적으로 느낀 인상을 믿고, 자신의 바람에 따라 행동하는데 이는 일반적으로 우리에게 유익하기 때문이다.

두 시스템의 분업은 잘 이루어지는 편이다. 쉬운 일, 일상적인 일, 반복적인 일은 시스템 1이 맡는다. 머리를 써야 하는 일, 새로운 일은 시스템 2가 맡는다. 시스템 1과 시스템 2의 이런 분업은 경제성이 높다. 비용은 줄여주고 성과는 최대로 높여주기 때문이다. 이런 조합은 높은 시너지 효과를 만든다. 시스템 1은 일상의 사건 처리에 매우 뛰어나고, 낯익은 상황에 대한 시스템 모델들도 정확하다. 단기적인 예측 역시 대부분 정확하다. 도전에 대한 최초의 반응 역시 민첩하고 시의적절하다. 그러나 시스템 1은 특정 상황에서 발생하는 한계(편향)를 갖고 있다. 시스템 1은 그 작동을 잠시도 멈출 수 없다는 한계도 갖고 있다. 예컨대, 영화를 보는 상황을 가정해보자. 당신이 보고 있는 화면에 아는 언어로 표기된 단어가 나타나면, 정신을 완전히 다른 데 팔고 있지 않으면 당신은 그 단어를 읽게 된다.

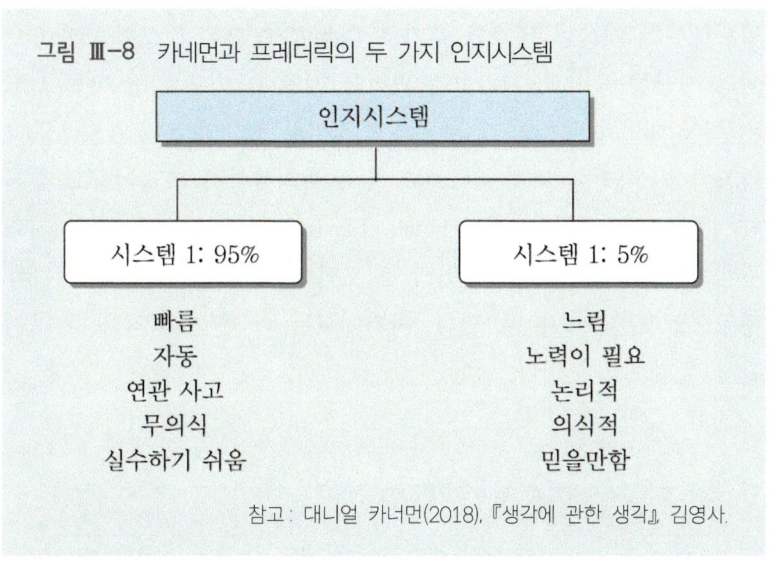

그림 Ⅲ-8 카네먼과 프레더릭의 두 가지 인지시스템

참고: 대니얼 카너먼(2018), 『생각에 관한 생각』, 김영사.

3. 구매의사결정 과정

소비자들은 일상생활에서 여러 가지 상품을 구매한다. 이러한 구매행동은 구매 당시 소비자가 욕구충족하려는 동기에서 일어난다. 따라서 소비자의 구매행동을 유발하는 근본적인 동기는 욕구이다. 구체적인 욕구와 욕구충족 상품들은 앞선 장에서 설명했다. 매슬로우의 5단계 욕구를 떠올리면 된다. 그리고 욕구에는 단순한 니즈와 구체적인 맥락을 가진 원츠가 포함되어 있다고 한 말을 기억하길 바란다.

소비자는 욕구가 발생하면 이를 충족시켜 줄 수 있는 대상을 찾는다. 그리고 이 대상에 대한 정보를 탐색하게 되며 이때 자신의 기억 속에 저장된 관련 정보를 자연스럽게 떠올린다. 이렇게 떠올린 정보로써 의사결정을 할 수 있으면 여러 대안들 중에서 어느 하나를 구매할 것이다. 그러나 떠올린 정보로 의사결정을 하기 어렵다고 느끼면 추가적인 정보를 외부로부터 찾는다. 소비자는 이렇게 자신이 기억으로부터 떠올린 정보와 추가로 외부에서 찾은 정보를 바탕으로 여러 대안들을 비교·평가하는 과정을 거친다. 이후 가장 마음에 드는 특정 대안을 구매하고, 사용하고 소비하면서 만족 혹은 불만족을 경험한다. 이러한 과정을 소비자의 구매의사결정 과정이라고 부른다. 엥겔과 블랙웰, 콜라트(Engel, Blackwell, & Kollat)는 소비자의 구매의사결정 과정을 문제인식, 정보탐색, 대안평가, 구매, 구매후행동으로 5단계로 구분하였다. 여기에서는 이 5단계 각각에 대해 간단히 살펴보고자 한다.

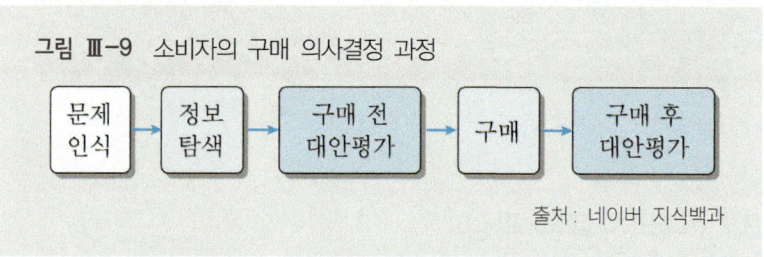

그림 Ⅲ-9 소비자의 구매 의사결정 과정

출처 : 네이버 지식백과

▶ 문제인식

소비자가 어떤 시점에서 자신의 현재상태와 그에 상응하는 바람직한 상태 간에 큰 차이를 느끼게 되면 그 차이를 해소시켜 줄 수 있는 대상에 대한 욕구가 생긴다. 예컨대, 배가 고프다고 느끼면 배고프지 않은 상태를 원하게 되고, 먹을 것에 대한 니즈가 발생한다. 그러므로 문제를 인식한다는 것은 욕구를 환기한다는 것이다. 욕구의 환기가 구매 의사결정을 반드시 유발하지는 않는다. 높은 수준의 욕구 환기가 일어났더라도 여러 가지 상황적 요인, 예컨대 돈과 시간, 사회적 규범 등이 구매행동을 제한할 수 있기 때문이다. 즉, 욕구 환기는 구매행동의 필요조건이긴 하나 충분조건은 되지 않는다.

소비자의 구매의사결정 과정은 욕구를 충족시켜 줄 수 있는 대안을 선택하는 과정이다. 따라서 욕구 환기를 문제 인식, 의사결정 문제해결로 볼 수 있다. 문제 인식, 즉 욕구 환기는 소비자의 내적인 요인에 의해서 발생하기도 하지만 외부요인인 타인에 의해서 혹은 기업의 마케팅 자극의 영향으로 일어나기도 한다.

▶ 정보탐색

소비자는 환기된 욕구, 즉 인식된 문제를 해결하고자 상품에 대한 정보를 수집하는데 이를 정보탐색이라고 부른다. 정보탐색은 크게 내적 탐색과 외적 탐색으로 나뉜다. 소비자는 기억 속에 해당 상품에 대한 정보를 가지고 있는 경우가 많다. 과거의 경험이나 취득하여 저장한 정보는 이때 자연스럽게 인출된다. 이 인출된 정보만으로도 대안들 간 비교와 평가를 거쳐 구매할 상품을 선택할 수 있다. 그러나 대안이 충분하지 않다고 느끼거나 대안의 속성에 대한 정보가 부족하다고 느끼면 더 많은 정보를 얻기 위해 의도적인 노력을 기울일 것이다. 더 많은 정보는 외부에서 찾을 수밖에 없으므로 이를 외적 탐색이라고 부른다.

소비자의 외적 정보탐색의 노력 정도에 따라 구매의사결정 문제를 포괄적 문제해결, 제한적 문제해결, 일상적 문제해결, 회상적 문제해결 등 네 가지로 구분할 수 있다. 포괄적 문제해결은 많은 시간과 노력을 들여 정보를 탐색하고 신중한 의사결정을 하는 것을 말한다. 제한적 문제해결은 제한된 범위의 정보탐색을 하는 것을 말한다. 문제가 간단하거나 어려운 문제라도 소비자가 이미 어느 정도 정보를 가지고 있는 경우에 사용하는 문제해결 방식이다. 일상적 문제해결은 직접 경험을 통해 어떤 문제를 해결하기 위한 대안을 알고 있어 문제인식 후 바로 어떤 상품 혹은 브랜드를 선택할 것인지를 곧바로 결정하는 방식이다. 회상적 문제해결은 소비자가 직접 경험하지 않더라도 광고나 타인으로부터 획득한 상품정보가 기억 속에 저장되어 있다가 문제를 인식하게 되면 이 정보를 인출하고 이를 토대로 곧바로 의사결정을 하는 방식이다.

▶ **대안평가**

포괄적 문제해결과 제한적 문제해결 방식을 선택할 경우, 소비자는 정보탐색을 하는 도중이나 정보탐색 이후에 선택대안들에 대한 평가를 진행한다. 대안들은 상품군일 수도 있고, 한 상품군 내의 브랜드들일 수도 있다. 예컨대, 배고픔 해소를 위해 라면, 국수, 햄버거 등을 고려한다면 상품군이고, 신라면과 진라면, 열라면을 고려한다면 브랜드들이다. 소비자가 대안들을 평가하는 방식에는 여러 가지가 있다. 크게 나누어 보완적 방식(compensatory rules)과 비보완적 방식(noncompensatory rules)이 있다.

보완적 방식은 소비자가 여러 대안을 자신이 중요하게 여기는 평가 기준들에 의해 평가를 하면 각 대안의 강점과 약점이 대안 간에 상충하는 경우가 생긴다. 이때 소비자는 각 대안이 가진 어떤 속성의 약점을 다른 속성의 강점에 의해 보완하여 전반적으로 평가를 한다. 이를 보완적 방식이라고 부른다.

비보완적 방식은 한 평가 기준에서의 약점이 다른 평가 기준에서의 강점에 의해 보완이 되지 않는 방식을 일컫는다. 많은 경우 소비자들은 보완적 방식보다 비교적 간단한 비보완적 방식으로 평가하기를 선호한다.

▶ 구매

소비자는 비완적 방식이나 보완적 방식으로 대안들에 대한 비교하고 평가하는 과정을 거친 후에 가장 마음에 드는 대안을 선택하고 이를 구매하게 된다. 구매과정은 특정 브랜드에 대한 구매과정뿐만 아니라 그 브랜드를 취급하는 여러 점포 중 한 점포를 선택하는 과정도 포함된다. 구매량과 구매 시기, 지불방법 등에 대한 결정도 이 구매단계에서 이루어진다.

▶ 구매 후 행동

소비자는 상품을 구매한 후 소비 혹은 이용하면서 만족 또는 불만족을 경험한다. 이러한 소비자의 만족 혹은 불만족 경험은 다음 구매 의사결정에도 영향을 미치고, 다른 소비자의 구매 의사결정에도 영향을 준다. 소비자가 구매 이후 경험하는 만족·불만족과 달리 자신의 의사결정 자체에 대해 불안감을 느끼곤 한다. 자신이 선택한 대안이 선택하지 않은 대안들보다 더 나은 것인지에 대한 심리적 불안감을 구매후 부조화라고 부른다.

한편 소비자들은 상품 사용 후에 불만족을 경험하기도 한다. 이러한 불만족을 경험한 소비자들은 부정적 재구매 의도를 가질 뿐 아니라 다양한 형태의 불평행동을 보이기도 한다. 소비자는 불만족이 발생하면 먼저 상품과 판매자에게 불평행동을 취할 것인지 여부를 결정한다. 소비자가 불행행동을 취하기로 결정했다면, 공적 행동 혹은 사적 행동을 유발할 수 있다. 무행동은 공개적으로 불평행동을 하지 않고 그냥 지나쳐버리는 경우를 말한다. 사적 행동은 친구나 친척 등 주변인들에게 부정적인 구전을 하거나 특정 상품에 대한 재구매 거부, 점포 재이용 거절 등의 행동을 일컫는다. 공적 행동은 상품의 교환이나 환불 등을 제조업자나 판매업자에게 요구하거나, 소비자단체와 정부기관 등에 고발하거나 법적 조치를 취하는 등의 행동을 일컫는다.

4. 의사결정의 인지적 편향들

▶ 누구나 하는 실수

여러분은 자신이 항상 정확하게 판단하고 합리적으로 선택하고 있다고 생각하는가? 먼저 아래 그림을 한번 보자. 무엇으로 보는가?

그림 Ⅲ-10 비트겐슈타인의 오리와 토끼

출처 : 위키피디아.

검은 점을 기준으로 오른쪽에 주의를 집중해서 보면 토끼로 보이고, 왼쪽에 집중해서 보면 오리로 보인다. 어느 곳에 먼저 집중하느냐에 따라 오리(주둥이)로 혹은 토끼(귀)로 보인다.

  이번에는 영어 단어를 읽어 보자. 큰 소리로 한번 읽어 보라. 분명 우리말로 '더 캣'으로 발음해서 읽었을 것이다. 이번에는 철자를 하나씩 읽어 보라. THE는 티, 에이치, 이로 읽는다. CAT은 씨, 에이, 티로 읽힌다. 자세히 보면 THE와 CAT의 가운데 들어있는 철자의 모양이 사다리꼴로 같다. 그런데 우리는 하나는 H로 읽고 하나는 A로 읽는다. 왜 이렇게 읽었을까? 사다리꼴 철자 옆에 있는 T와 E, C와 T가 H와 A로 보이도록 만들었다. 이런 현상을 맥락효과(context effect)라고 한다.

그림 Ⅲ-11 맥락효과의 그림 예시: 문자 착시

  자 이번에는 간단한 기하학 공부를 해보자. 아래 그림을 보라. 어느 아파트건설회사의 광고에도 사용된 적이 있는 착시를 일으키는 그림이다. 위와 아래 두 화살표가 있다. 두 화살표 중 어느 화살표의 선이 더 길까? 대부분은 아래에 있는 화살표가 더 길어 보인다고 한다. 사실 두 화살표의 선의 길이는 같다. 위에 있는 화살표와 아래에 있는 화살표는 같은 길이의 선에 화살표의 모양만 안쪽과 바깥쪽으로 바꾸어놓았을 뿐이다. 이 간단한 조작만으로도 우리의 눈에는 하나가 다른 하나보다 더 길어 보인다.

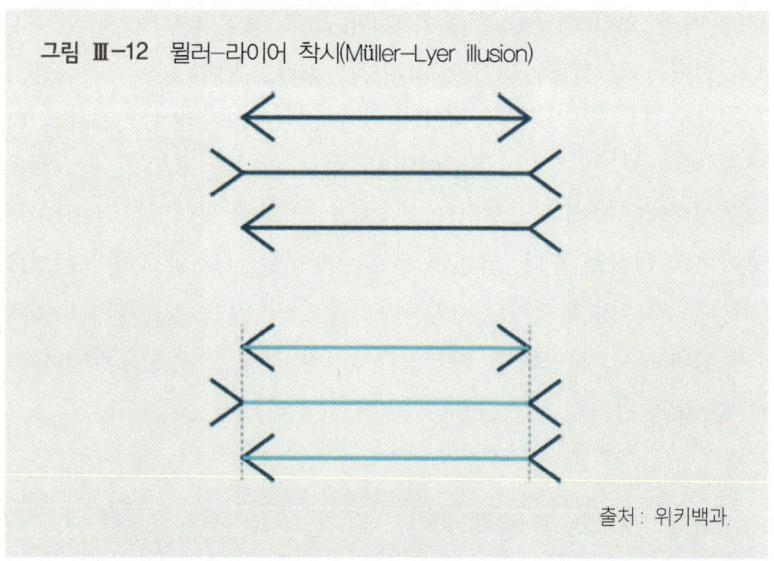

그림 Ⅲ-12 뮐러-라이어 착시(Müller-Lyer illusion)

출처: 위키백과.

지금까지 살펴본 세 가지 사례에서 알 수 있듯이 우리 인간의 지각과 판단은 참으로 부정확하다. 우리가 눈으로 직접 보고 있는 것도 실제와 다른 경우가 많다. 어떤가? 여러분은 자신의 지각과 판단을 믿는가? 이번에는 우리 인간이 범하기 쉬운 이런 인지적 착각과 이로 인해 발생하는 문제점을 소비자의 구매행동과 연관 지어 살펴보도록 하자.

▶ 선택적 지각

사랑에 빠지면 세상 모든 것이 달라져 보인다고 한다. 흔히들 콩깍지가 씌었다고 한다. 여자친구의 얼굴에 난 뾰루지가 애교점으로 보인다. 목욕을 싫어하는 남자친구의 지저분함은 터프함으로 변신한다. 또 라디오에서 나오는 유행가 가사가 특별해지기 시작한다. 이쯤 되면 병적인 수준이다. 이처럼 어떤 일에 관심을 갖게 되면 세상

온갖 것들이 그것과 관련되어 보인다. 돼지 눈에는 돼지만 보이고, 부처님 눈에는 부처만 보인다는 말이 있다. 사람들이 자기 관심 분야의 정보만을 받아들이는 이 현상을 심리학에서는 '선택적 지각(selective perception)'이라고 한다. 우리 조상님들은 좀 더 쉽게 '뭐 눈엔 뭐만 보인다'고 했다.

세상에는 우리가 감당할 수 없는 엄청난 양의 자극이 존재한다. 아무리 작은 공간이라 할지라도 그 안의 모든 자극을 한꺼번에 다 받아들일 수 없는 일이다. 어쩔 수 없이 필요한 자극만 받아들이는 게 인간이다. 인간이란 동물은 참으로 편리하다. 자신이 보고 싶은 것만 골라서 보니까. 그러나 문제는 그렇게 간단하지 않다. 우리는 우리의 감각기관에 들어오는 정보를 있는 그대로가 아니라, 과거의 경험이나 자신의 생각이라는 필터를 통해 처리한다. 이 과정에서 정보 자체가 왜곡되어버리기도 한다. 이 결과 우리는 다른 쪽은 보지 못하고 한쪽만을 보게 된다. 혹시 국가대표팀의 축구경기나 권투시합 등을 본 적이 있는가? 보고 난 후 이런 생각이 드신 적이 있을 것이다. 분명 상대 선수가 반칙했을 때는 주심이 호각을 불지 않고 우리 팀 선수는 반칙도 아닌데 주심이 호각을 불었다. 상대 선수보다 내가 응원하는 선수가 펀치를 더 많이 날렸는데도 결과에서는 판정패했다. 경기가 끝난 후 쌓인 불만을 터트리며 맥주 한잔에 속을 달랬을 것이다.

지금 어떤 상품을 구매하려 집을 나선다고 한번 생각해보라. 아마 집을 나서는 순간 무수히 많은 자극이 우리를 기다리고 있을 것이다. 대문 앞의 광고 전단지, 버스와 지하철에 부착된 광고판, 신문과 인터넷에 보이는 광고들, 우리를 부르는 판매원들 등등. 소비자가 자신에게 쏟아지는 모든 자극에 대해 생각하고 주의를 기울인다면, 이 소비자는 자신이 바라는 목적을 달성할 수도 없고 달성한다고 하여도 필요 이상의 시간과 노력을 기울여야 할 것이다. 그러나 대부분의 사람들은 주어진 시간에 원하는 상품을 사서 집으로 돌아갈 것이다. 그것은 소비자가 필요한 정보만을 입수할 수 있는 선택능력을 가지고 있기 때문이다.

어떤 연구에 따르면 소비자는 매일 1,500개의 광고에 노출되며 그 중에 평균 76개의 광고를 지각하고 단지 12개의 광고만을 기억하게 된다고 한다. 소비자가 선택적으로 지각한다는 사실은 마케터에게 주는 의미는 상당히 크다. 소비자가 자극에 대해서 선택적으로 지각을 하므로 많은 비용을 들여 제작한 광고라고 해도 소비자의 기준에 맞지 않을 시에는 아무런 효과를 창출하지 못할 수 있고, 반면에 간단한 아이디어만으로도 상품판매가 획기적 늘 수 있기 때문이다.

▶ 인지부조화 : 정당성 찾기

한 청년이 최면에 걸렸다. 최면술사는 그에게 다음과 같은 암시의 말을 들려주었다. "시계가 4시 정각을 칠 때, 당신은 ① 장농 속에 걸려 있는 비옷을 꺼내 입고 또 장화를 꺼내 신고, ② 우산을 집어 들고, ③ 시내 중심가에 있는 백화점 슈퍼마켓에 가서 소주 여섯 병을 사서, ④ 집으로 돌아올 것이다. 그리고 집에 들어서자마자 최면에서 깨어나 제정신이 돌아올 것이다."

4시가 되어 그 청년은 실제로 최면술사가 지시한 대로 했다. 그런데 날씨는 맑았고, 집 근처의 가게에서도 소주는 같은 가격으로 팔고 있었으며, 더욱이 그 청년은 술을 마실 줄 모르는 사람이었다. 최면술사의 지시대로 술을 사서 집에 들어온 청년은 순간 당혹감을 느꼈다. 뭔가 잘못되었다는 생각이 들었기 때문이다. 이때 그 최면술사가 다음과 같이 말했다.

"지금 어디 갔다 오십니까?"
"상점에 갔다 옵니다."
"무엇을 샀습니까?"
"에...소주를 샀습니다."
"당신은 술을 안 마시는 것으로 알고 있는데요."
"안마시지요. 그래도 에...친구들이 오면 주려고요. 술을 내놓으라고 할 때가 자주 있거든요."
"그런데 왜 비옷을 입고 다니십니까?"
"에... 사실 말이지, 요즈음 날씨는 하도 변덕스러워서요. 언제 비가 올지 알 수가 있어야지요. 그리고 어디 기상대의 예보를 믿을 수 있습니까? 매사에 철저한 것이 좋지요."
"그래도 오늘은 구름 한점 없는 날씨 아닙니까?"
"에... 에... 그래도 누가 비가 안온다고 장담할 수 있습니까?"
"그런데 술은 어디서 사왔습니까?"
"시내의 백화점에서요."
"동네가게에 가도 있을 텐데요."
"이렇게 좋은 날씨에 그냥이라도 시내에 나가 볼 수 있는 것 아닙니까."

엄청 웃기는가? 그럼, 위의 얘기를 듣고 여러분은 어떤 점을 느꼈는가? 이러한 사람들의 인지적인 편향을 심리학에서는 이를 인지부조화(cognitive dissonance)라고 부른다. 사람들은 이런 인지적 부조화를 경험할 때마다 이를 해소하기 위해 노력한다. 사람들은 실현된 현실과 예측된 현실이 일치하지 않았을 경우, 기분이 우울해지고, 화가 치밀고, 아드레날린 분비가 촉진되고 땀이 나는 등 심리적으로 생리적으로 아주 불편함을 느낀다. 이런 심리적·생리적 불쾌감을 해소하기 위해 어떤 사람들은 술과 마약과 같은 약물을 사용하기도 한다. 하지만 이런 약물사용은 사람들의 태도를 변화시킬 가능성이 아주 낮다.

우리 속담에 잘 되면 자신 탓이고, 못되면 조상 탓이라는 얘기가 있다. 이 말은 긍정적인 일은 자신이 잘 해서 그렇다고 내적인 귀인을 하고, 부정적인 일은 자신이 아닌 타인이나 상황 탓으로 그렇게 된 것으로 외적인 귀인을 한다. 그래야 마음이 불편하지 않기 때문이다. 자동차를 살 사람과 자동차를 산 사람 중 누가 자동차광고를 더 유심히 볼까? 정답은 자동차를 산사람이다. 특히 산지 6개월이 지나지 않은 사람들이 자동차 광고를 더 자세히 본다고 한다. 살 사람은 모든 광고를 두루 살펴보지만 산 사람은 자기가 산 자동차 광고만 유심히 본다고 한다. "야! 저 차 봐라. 핸들링 좋고, 디자인 멋지고, 연비 좋고. 캬! 누가 샀는지 차 정말 잘 샀다."

▶ 자기합리화

앞의 사례를 통해 사람들은 인지적 불편함을 경험할 때 이를 해소하기 위해 정당한 이유를 찾는다는 사실을 확인했다. 이번에는 이와 유사한 사례를 한번 살펴보자. 소위 유명한 맛집이라는 식당들은 사람들이 북새통이다. 그래서 30분에서 많게는 1시간 정도 줄을 서서 기다리지 않고서는 음식을 맛볼 수 없다. 자리가 나면 식탁을 치우기도 전에 얼른 앉아 주문부터 먼저 한다. 그러다 보니 제대로 된 서비스를 받기도 힘들다. 이런 맛집에 대한 평가는 사람마다 제각각이다. 역시 1시간을 기다려도 아깝지 않을 만큼 맛있다는 사람부터 별 것도 아닌데 수선을 떨면서 먹어야 하는지 투덜거리는 사람까지. 이 식당의 음식이 정말 맛있는 걸까? 상식적으로 생각해 보면 30분이나 1시간을 기다리고 나서 먹다 보면 웬만한 음식은 다 맛있을 것이다. 오랫동안 기다렸으니 웬만큼 배도 고플 것이고, 침 흘리며 남들 먹는 모습 지켜보면서 기다렸으니 오죽 배가 고플까. 이런 상황에서는 맛이 없을 수가 없다. 맛없다고 하면 오히려 이상한 게 아닐까.

이런 이유와 달리 심리학적으로 설명할 수 있는 이유가 한 가지 있다. 바로 자기합리화이다. 여러분이 어느 날 유명한 음식점을 찾아갔다고 생각해보자. 그날도 30분 정도 기다렸다가 겨우 자리를 잡아 음식을 먹게 되었다. 그 식당의 음식이 맛있다는 것이 헛소문이었던지 아니면 그날따라 무엇인가가 잘못된 탓인지 음식 맛이 그리 좋지 않았다. 이런 상황에서 여러분은 어떤 반응을 보이는가? 계산을 마치고 나오면서 "맛이 별로다. 어디 내가 다시 오는가 보자, 다시 오면 내가 성을 간다."라고 생각하는가? 아니면 "유명한 음식점이라 음식이 그래도 맛이 있다."라고 생각하는가? 대부분의 사람들은 후자라고 답할 가능성이 높다.

음식을 먹기 위해 30분이나 기다렸다는 사실은 돌이킬 수 없다. 이미 엎질러진 물이다. 그렇다면 어떻게 해야 마음이 편할까? 바꿀 수 있는 것은 "맛이 별로다."라는 생각뿐이다. 역시 이 집 음식은 맛이 있고, 그러니 사람들이 많이 올 수밖에 없다는 해석 이외에는 달리 방법이 없다. 실제로 맛이 있어서 맛있다고 느끼는 것이 아니라, 맛이 있다고 생각하니 맛있는 것이다. 그래야 마음이 아프지 않으니까.

5. 의사결정의 심리적 편향들

▶ **심리적 회계**

신문에 난 할인권까지 챙기며 식료품값까지 아끼는 사람들이 왜 골프채는 수백만 원짜리를 덜컥 살까. 시장에선 콩나물값 몇백 원 깎으려고 실랑이를 하는 주부들의 옆구리에 명품 핸드백이 매달려있는 것은 어찌 된 영문일까. 이 문제를 풀기 전에 예습 차원에서 다른 문제를 한번 풀고 가자.

회사원 A씨는 주택마련을 위하여 10년 동안 7천만 원을 저축할 목표로 지난 2년 동안 900만 원을 연이자율 10%짜리 할부예금에 모아 놓고 있다. 그는 자동차를 구입하기 위하여 은행에서 600만 원을 연리 15%로 빌렸다. 이 결정은 잘한 결정일까, 아니면 잘못한 결정일까? 정답을 한번 구해보자. 이자율 차이가 있기에 600만 원을 연리 15%로 빌리는 대신 예금해 둔 900만 원 중 600만 원을 찾아 사용하고 그만큼을 더 할부예금에 넣는 것이 더 경제적이다. 그럼에도 회사원 A씨처럼 사람들은 주택자금으로 사용하기 위해 적립한 돈에는 손을 대지 않으려고 한다. 왜 사람들은 이런 비합리적인 결정을 할까? 이런 일은 사람들이 경제적인 결정을 할 때 여러 가지의 사건이나 거래들을 한데 묶어 생각하지 않고 심리적으로 다른 계정을 만들어서 생각하기 때문에 자주 일어난다. 심리학에서는 이를 심리적 회계(mental accounting)라고 말한다.

술집에서는 100만 원을 호기롭게 쓰는 사람이 1만 원 하는 책을 살 때는 지갑을 이리 뒤적이고 저리 뒤적인다. 아까워서 책도 못 사고 빈손으로 나오기까지 한다. 물론 내 얘기는 아니다. 애인하고는 몇만 원씩이나 하는 비싼 음식을 먹고, 막상 집에 가기 위해서는 추운 날씨에도 택시를 타지 않고 버스를 기다리는 사람들이 많다. 백화점 세일 때는 몇십만 원짜리 옷을 아무렇지도 않게 사는 주부들도 시장에 가면 단돈 몇백 원을 깎으려고 실랑이를 하고, 더 싼 곳이 없나 다리품을 팔고 다닌다. 이런 행동들이 여러분은 이해가 되는가? 나는 이해가 된다. '심리적 회계' 때문이라는 사실을 이미 알고 있으니까.

▶ 할인의 함정

심리적 회계 원칙의 다른 사례를 한번 살펴보자. 아파트 현관에는 할인점이나 쇼핑센터에서 보낸 광고전단지가 즐비하다. '설맞이 빅세일', '10주년 기념 특별 할인', '알뜰 상품 초특가전' 등등 자극적인 문구로 자신들이 얼마나 싸게 팔고 있는지를 알리고 있다. 주부들은 이런 광고전단지를 살펴보고 조금이라도 더 싸게 파는 할인점이나 백화점을 찾아 쇼핑을 한다. 언뜻 보면 광고전단지들을 보고 가격을 비교한 후 조금이라도 싼 곳을 찾아 쇼핑에 나서는 것이 합리적인 구매행동으로 보인다. 여기서 합리적인 구매행동이란 양질의 상품을 보다 싸게 구입하는 것을 말한다. 하지만 과연 그럴까? 여기서도 문제를 하나 풀고 그 이유를 한번 알아보자.

> 〈문제 1〉 125달러짜리 양복과 15달러짜리 계산기를 구입하려고 하는데, 판매원으로부터 자동차로 20분 정도 거리에 있는 다른 지점에서 지금 15달러짜리 계산기를 10달러에 팔고 있다는 말을 듣는다. 여러분은 그곳으로 가서 쇼핑을 하시겠습니까?
>
> 〈문제 2〉 125달러짜리 양복과 15달러짜리 계산기를 구입하려고 하는데, 판매원으로부터 자동차로 20분 정도 거리에 있는 다른 지점에서 지금 125달러짜리 양복을 120달러에 팔고 있다는 말을 듣는다. 여러분은 그곳으로 가서 쇼핑을 하시겠습니까?

이 두 가지 질문은 계산기와 양복을 구입할 때 5달러를 아끼기 위해 20분이라는 시간을 투자하겠는지를 물어보는 질문이다. 두 질문 모두 20분이란 시간을 투자하여 5달러를 절약할 수 있다는 데에는 차이가 없다. 하지만 〈문제 1〉에 대해서는 68% 사람들이 '예'라고 응답하였다. 이에 반해 〈문제 1〉에 대해서는 단지 29% 사람들만이 '예'라고 응답하였다. 왜 이러한 차이가 났을까? 절약할 수 있는 돈은 5달러로 같은데 말이다.

그 이유는 다음과 같다. 〈문제 1〉에서는 계산기의 정가인 15달러를 기준으로 생각했기 때문에 5달러의 할인이 대단히 크게 느껴졌지만, 〈문제 2〉에서는 125달러가 기준이 되어 5달러가 그다지 매력있는 할인액으로 여겨지지 않았기 때문이다. 이처럼 할인에 대한 소비자의 지각은 객관적인 이익과 반드시 일치하지 않는다. 주관적인 이익이 소비자들의 할인에 대한 지각에 영향을 크게 미친다는 것이다. 기업에서 마케터들은 소비자들의 이러한 지각 왜곡을 이용하여 가격 표시를 한다.

▶ 기준과 조정

내년도 우리 학교 등록금은 얼마일까? 이 질문을 하면 학생들은 대개 현재의 등록금 수준과 물가상승률을 감안하여 대답을 한다. 그 답이 맞을 가능성이 높다. 이처럼 사람들은 일단 판단의 기준점을 정하고 거기에 약간의 가감을 하여 판단하는 경향이 있다. 여러분은 혹시 낚시를 좋아하는가? 낚시를 가본 사람은 알겠지만, 바다 갯바위에서 낚시할 때 한 곳에 자리를 잡고 나면 낚시찌는 자리를 잡은 곳에서 멀리 벗어나기 힘들다. 왜냐면 한 곳에 자리 잡고 나면 그곳에서 낚시찌를 던질 수 있는 곳은 제한적일 수밖에 없다. 낚시터를 선정하는 것을 기준점(anchoring point)이라 하고, 낚시찌를 여기저기 던져 보는 것을 조정(adjustment)이라고 하자. 이 기준점이 정해지면 아무리 조정하려고 해도 그 조정은 기준점에 의해 제한될 수밖에 없다. 사람의 판단도 마찬가지이다. 자신이 처음 정한 기준점에서 멀리 벗어나지 못해 잘못된 판단을 하는 경우가 흔히 있다. 그래서 초기 기준점을 어떻게 선정하느냐가 결과에 많은 영향을 미친다. 좀 더 확실한 이해를 위해 기준점과 조정 편향과 관련된 문제 몇 개를 풀어보자.

〈문제 1〉 종이(두께가 0.1mm) 한 장을 반으로 접고 다시 반으로 접고 … 반복하여 100번을 접으면 그 두께는 얼마나 될까?

〈문제 2〉 지구표면의 둘레는 약 40,000km이다. 그러면 지구표면에서 1m 바깥으로 원을 그리면 그 길이는 지구 둘레의 길이에서 얼마나 더 늘어날까?

〈문제 3〉 50억 세계 인구의 피를 정육면체의 상자에 받으면 그 높이는 얼마나 될까?

〈문제 4〉 콘돔을 끼고 섹스를 하면 피임 성공 확률이 90%라고 한다. 1년에 36번 콘돔을 끼고 섹스를 하면 피임 성공률은 얼마일까?

〈문제 1〉의 정답은 아주 놀랍다. 무려 1,267,650,600,228,230,000, 000,000,000mm인 1.27×10^{29}mm 또는 1.27×10^{23}km이다. 이는 지구와 태양 간 거리의 800조(800,000,000,000,000) 배 이상이라는 어마어마한 수치이다. 〈문제 2〉에서 원주의 길이는 $2\pi r$ ($\pi = 3.14$, $r = $반지름)로 계산한다. 1m의 반지름이 증가하였기에 $2\pi(r + 1m) = 2\pi r + 2m \times \pi$이다. 따라서 $2m \times \pi = 2m \times 3.14$ 약 6.28미터 더 늘어난다. 〈문제 3〉의 정답을 구해보자. 사람의 피의 양은 체중의 평균 8%이다. 그러므로 한 사람이 3.8 리터 정도의 피를 갖는다고 가정하면 50억 인구의 피는 265m³ 정육면체에 담을 수 있다. 〈문제 4〉의 정답을 구해보자. 동전을 두 번 던져 두 번 모두 앞면이 나올 확률은 1/2*1/2=1/4이다. 이와 마찬가지로 36번의 섹스를 해서 콘돔 피임이 모두 성공할 확률은 2.2%(0.9^{36} = 2.2%)이다.

정답이 위와 같음에도 위 문제들에 대해 많은 사람이 엉뚱한 대답을 한다. 종이 접기 문제에서는 0.1mm의 종이두께에 기준점을 잡기 때문에 그 두께가 지구와 태양 간 거리의 800조 배 이상이라고는 생각하지도 못한다. 지구 둘레의 문제와 전 세계 인구의 피 그리고 콘돔 피임에 관한 문제에서도 사람들은 처음에 너무 큰 값을 기준점으로 삼고 이 값에서 조정을 충분히 하지 않아 과대한 값을 추정하여 엉뚱한 대답을 내놓는다.

▶ 결합확률의 과소평가

앞의 〈문제 4〉의 콘돔 피임확률은 허들을 하나도 쓰러뜨리지 않고 모두 넘어야만 하는 100m 허들 달리기에 비유할 수 있다. 이런 사건을 결합사건(conjunctive event)이라 부른다. 국방부에서 진행하는 신무기 개발이나 제약회사의 신약개발과 같은 신상품개발의 성공 가능성을 추정할 때에 사람들은 과대하게 추정하는 경향이 있다. 국방부에서 무인 정찰비행기를 개발하려 한다고 가정해보자. 무인 정찰비행기를 완성하려면 100개 부서가 협업해야 한다. 그리고 각 부서에서 해당 부품을 성공적으로 만들 확률이 95%이다. 그러면 이 무인 정찰비행기 개발이 성공할 확률은 얼마일까? 100개 부서에서 모두 성공해야 하므로 최종 성공할 확률은 0.95^{100} = 0.0059이다. 약 0.6%로 1%도 되지 않은 낮은 성공확률이다. 그만큼 신상품개발은 어렵다.

미국에서는 1년에 약 10만 개의 항암제가 합성된다고 한다. 이렇게 합성된 약물은 다시 10% 원칙이라는 선택기준을 여러 번 통과해야 한다. 10만 개 중에서 제대로 된 효과를 가지는 것이 10,000개, 동물실험을 거치면서 생물학적으로 안전한 것이 다시 1,000개, 기존의 약물보다 좀 더 진보된 효능을 가지는 것이 100개, 직접 임상실험을 거치면서 사람에게 쓸 수 있는 심각한 부작용이 없는 10개 정도에 불과하다고 한다. 마지막 남은 10개 중에서도 실제 생산 가능한 경제성 있는 것은 2~3개에 지나지 않는다고 한다. 살아남은 것들도 시간이 흐름에 따라 좀 더 부작용이 적고 효과와 경제성이 우월한 다른 약물이 등장하면서 곧 사라지고 만다고 한다.

지금까지 사람들이 결합사건을 과대하게 추정하는 경향에 대해 살펴보았다. 이런 사실을 통하여 우리는 동네 분식집 사장님이 대단한 분들임을 알 수 있다. 오랜 기간 사업을 지속하는 것은 참으로 대단한 일이다. 조직에서 높은 지위에 오른 사람은 그저 승진한 것이 아니다. 낮은 승진확률의 문턱을 여러 번 통과한 사람들이니 이들 또한 대단한 분들이다. 가업을 몇 대째 이어오는 사람도 대단한 분들이다. 결합확률을 알면 이런 분들을 존경하지 않을 수 없다.

▶ 시간에 따른 순서 효과

차가운 물에 손을 담근 다음 미지근한 물에 손을 담그면 사람들은 뜨겁다고 느낀다. 반면에 뜨거운 물에 손을 담근 다음 미지근한 물에 손을 담그면 사람들은 차갑다고 느낀다. 판단의 기준점을 처음에 무엇으로 정하였느냐가 소비자의 선택에 영향을 미치게 된다. 할인점이나 백화점과 같은 소매업체들은 기준판매가격보다 싼 할인가격을 제시하여 소비자들이 가격이 싸다고 느끼도록 한다. 그렇다면 소매업체 입장에서는 매장을 방문한 고객들에게 싼 상품을 먼저 제시하고 비싼 상품을 제시하는 것이 나을까? 아니면 비싼 상품을 먼저 제시하고 싼 상품을 나중에 제시하는 것이 좋을까? 실제로 당구대 판매점에서 피험자들에게 이 두 가지 방식을 제시하여 비교해 본 연구가 있다. 연구결과, 가장 싼 329달러 당구대에서 시작하여 점차 비싼 당구대를 보여주었을 때 팔린 당구대의 평균 가격은 550달러였다. 이와 달리 가장 비싼 3,000달러 당구대에서 시작하여 점차 싼 당구대를 보여주었을 때 팔린 당구대의 평균 가격은 1,000달러였다. 즉, 비싼 상품을 나중 제시했을 때보다 비싼 상품을 먼저 제시했을 때 판매가격이 더 높았다.

▶ **제시 순서의 효과**

"재우는 친절하고 성실하나 자기 과시욕이 강하고 의지가 약하다."라는 말을 들었을 때와 "재우는 의지가 약하고 자기 과시욕이 강하나 성실하고 친절하다."라는 말을 들었을 때의 느낌이 다르다. 동일한 내용이 그 내용의 순서에 따라 사람들에게 다르게 지각되는 것을 순서 효과(order effect)라 한다. 순서 효과는 다시 초기 효과(primacy effect)와 최근 효과(recency effect)로 나뉜다. 초기 효과는 사람들이 맨 처음에 제시된 정보에 많은 비중을 두어 지각하는 것을 말한다. 최근 효과는 사람들이 맨 마지막에 제시된 정보에 많은 비중을 두어 지각하는 것을 말한다.

"재우는 문방구를 사기 위해서 집을 나왔다. 그는 두 친구와 함께 햇빛이 가득한 거리를 걸었다. … 재우는 문방구점에 들어갔는데, 그곳은 사람들로 만 원이었다. 재우는 점원이 자신을 쳐다보기를 기다리며 아는 사람과 이야기하였다. 돌아오는 길에, 그는 전날 밤에 소개받았던 소녀를 만났다. 그들은 잠시 동안 대화를 나누었으며, 그리고 난 다음 재우는 학교로 떠났다."

"방과 후에, 재우는 혼자 교실에서 나왔다. … 재우는 응달진 쪽으로 거리를 걸어 내려갔다. 거리를 따라 내려가다가, 그는 전날 밤에 만났던 예쁜 소녀를 보았다. 재우는 거리를 가로질러, 과자가게로 들어갔다. … 재우는 판매원이 자기를 바라볼 때까지 조용히 기다리다가 주문하였다. 그는 음료수를 받아 들고서 한쪽 테이블에 앉았다. 다 마신 후에, 그는 집으로 돌아왔다."

위의 글에서 첫 번째 구절만을 읽은 사람 중 95%는 재우를 외향적인 사람이라고 판단하였으나, 두 번째 구절만을 읽은 사람 중 86%는 재우를 내성적인 사람이라고 판단하였다. 또한 위의 글을 순서대로 두 구절 모두 읽은 사람 중 78%가 재우를 외향적인 사람이라고 판단하였으나, 두 구절의 순서가 뒤바뀌었을 때는 63%가 재우를 내성적인 사람이라고 판단하였다. 같은 내용이지만 글의 순서에 따라 사람의 판단이 달라진 것이다.

초기 효과는 처음에 제시된 정보가 나중에 제시된 정보보다 마음속으로 되뇌는 시간이 상대적으로 충분하여 잘 기억되는 경우에 발생한다. 이를 알아보기 위해 페닝턴(Pennington)은 대학생들을 대상으로 모의재판을 진행했다. 이 실험에서 그는 강간으로 기소된 해리슨이라는 인물에게 가장 확실한 증거를 처음에 제시한 경우와 마지막에 제시한 경우의 영향력 차이를 조사하였다. 처음에 강력한 유죄증거를 접한 대학생 집단에서는 46%(22명)가 해리슨에게 유죄판결을 내렸다. 이와 달리 마지막에 유죄증거를 접한 대학생 집단에서는 21%(10명)만이 해리슨에게 유죄판결을 내렸다.

순서 효과는 메뉴판 디자인에도 활용할 수 있다. 메뉴판의 메뉴 제시 순서를 알파벳 순서로 하면 판매가 좋지 못하다. 수익성이 높은 메뉴를 처음과 마지막에 제공하는 것이 판매에 더 도움이 된다. 순서 효과는 회의나 발표에서도 일어난다. 프로젝트 수주를 위해 프리젠테이션을 할 경우, 발표 순서를 정하게 된다. 나는 담당자에게 항상 처음 아니면 마지막으로 해달라고 부탁한다. 이런 요청이 가능한 이유는 발표나 회의의 중간 시점보다는 처음 아니면 마지막 시점에 발표하거나 말하는 것이 가장 좋다는 순서 효과를 내가 알고 있기 때문이다.

고객이 판매원의 상품에 별 흥미를 보이지 않을 때는 강력한 데이터를 먼저 내놓아 관심을 유도하는 것이 바람직하다. 이와 반대로 고객이 흥미를 보일 때는 가장 마지막에 그 데이터를 내놓아 그 정보를 잘 기억하게 하는 것이 설득에 효과적이다. 소비자가 해당 브랜드에 대해 부정적인 이미지를 갖고 있으면, 해당 브랜드를 처음이 아닌 마지막에 제시하는 것이 바람직하다. 부정적인 브랜드를 처음부터 접한 소비자는 그 광고 메시지를 받아들이려 하지 않기 때문이다. 이와 반대로 소비자가 해당 브랜드에 대해 호의적인 이미지를 갖고 있으면, 해당 브랜드를 처음에 제시하는 것이 바람직하다.

Chapter

마케팅의 영향

    마케팅은 현대 비즈니스 환경에서 기업이 성공적으로 경쟁하고 성장하기 위한 핵심적인 전략으로 자리 잡았다. 특히, 소비자들의 행동에 미치는 영향력은 마케팅의 핵심 주제 중 하나이다. 소비자들의 행동은 다양한 복합적인 요소에 의해 형성되며, 마케팅 전략은 이러한 다양성을 이해하고 활용하는 데 중요한 역할을 한다. 첫째로, 마케팅은 조사를 통해 소비자들의 욕구로 간주하는 요소들을 탐구하고 분석함으로써 소비자들의 행동을 예측하는 기초를 제공한다. 마케팅은 소비자들의 욕구, 가치관, 인식 등을 조사하여 상품 또는 서비스의 개발과 마케팅 캠페인의 설계에 활용한다. 즉, 마케팅조사 결과는 소비자들의 행동을 근본적으로 이해하고 그에 맞춰 기업의 전략을 조율하는데 중요한 지표가 된다.

    둘째로, 마케팅은 소비자들과의 상호작용을 강화하고 브랜드와 상품에 대한 긍정적인 경험을 형성함으로써 소비자들의 행동에 영향을 미친다. 소비자들은 브랜드의 인상과 제공되는 경험에 큰 영향을 받으며, 마케팅은 이를 통해 브랜드 이미지를 강화하고 소비자들을 유도하는 역할을 한다. 이는 소비자들이 상품을 선택하고 구매하는 결정에 직결되는 영향력을 키우는 데 중요한 역할을 한다. 마지막으로, 디지털 시대의 도래로 인해 소비자들의 행동은 더욱 동적으로 변화하고 있다. 마케팅은 소셜미디어, 온라인 광고, 데이터 분석 등의 도구를 적극적으로 활용하여 소비자들의 디지털 경험을 이해하고 이에 맞춘 혁신적인 전략을 구사하는 데 주력하고 있다. 이러한 디지털 마케팅은 소비자들의 행동에 미치는 영향을 새로운 차원에서 이해하고 대응하는 데 있어서 필수적인 도구로 부상하고 있다. 이번 장에서는 소비자 행동에 미치는 마케팅의 영향에 대해 기업이 제공하는 광고와 가격, 매장환경, 분위기 등을 통해 알아보려고 한다.

1. 광고

기업의 마케팅활동은 자사의 제품이나 서비스를 구매하도록 소비자를 설득하는 것을 최종목표로 한다. 이러한 최종목표에 도달하기 위해서는 소비자의 구매 욕구를 불러일으키도록 해야 한다. 그 이후에는 소비자들이 관련 정보를 탐색하고 대안을 비교하고 평가한 후 특정 대안을 선택하도록 한다. 상품의 종류에 따라 혹은 소비자의 개인의 특성 차로 인해 이런 과정이 달라지기도 한다. 중요한 것은 소비자의 욕구를 자극하여 구매동기를 불러일으키지 못한다면 구매에 이르는 과정 자체가 일어나지 않는다는 것이다. 이 때문에 기업의 마케팅 담당자들은 잠재고객인 소비자들에게 자사의 제품이나 서비스에 대한 구매 욕구를 환기시키기 위해 다양한 방법들을 사용한다. 그중 가장 많이 사용하는 것이 광고일 것이다. 여기에서는 이러한 광고의 영향력에 대해 한번 살펴볼까 한다.

► 무의식의 영향(식역하 광고)

 "팝콘을 먹어요(Eat Popcorn). 코카콜라를 마셔요(Drink Coca-Cola)." 잠재의식을 광고에 이용하기 위해 영화에 삽입된 광고 문구이다. 1957년 광고업자 제임스 비커리는 미국 뉴저지주의 한 극장에서 상영된 '피크닉'이란 영화에 앞의 두 문구를 아주 빠르게 지나가는 자막을 넣었다. 그 결과 팝콘과 콜라의 매상이 각각 58%, 18% 올랐다고 한다. 1982년 스티븐 스필버그 감독의 영화 'ET'에 등장한 초콜릿 캔디도 그렇다. 영화가 흥행에 성공하며 이것도 대박을 터뜨렸다고 전한다. 브랜드와 상품 이미지를 무의식중에 홍보한 전략이 주효했다는 것이다. 이를 식역하 광고(subliminal advertising)라고 부른다.

 그렇다면 실제 효과가 있었을까요? 이 주장은 파산을 향해 치닫고 있던 자신의 광고회사를 살리기 위한 거짓말이라는 사실이 밝혀졌다. 비커리의 주장은 "잠재의식을 활용하는 광고가 효과가 있는가?" 만일 효과가 있다면 "이것을 광고에 활용하는데 윤리적 혹은 도덕적으로 문제가 없는가?"에 대한 사회적 반향을 불러일으키는 데는 성공을 했다. 눈앞으로 아주 빠르게 지나가는 그래서 무엇인지조차 인식하지 못하는 단어나 이미지들이 주어졌을 때, 소비자들이 과연 이러한 자극에 영향을 받을 것인지에 대한 논란은 아직도 분분하다.

► 점화 효과

 점화효과(priming effect)는 어떤 정보가 잘 회상될 수 있도록 활성화되는 것으로 '먼저 본 정보'에 의해 떠올려진 개념으로 인해 이후에 접한 정보를 해석할 때 영향을 받게 되는 현상을 말한다. 브렌들과 동료연구자들(2003)은 이 점화효과를 알아보기 위해 다음과 같은 실험을 하였다. 실험자들에게 두 종류의 차를 맛보게 했다. 차 이름은 6개 철자로 되어 있었다. 그중 한 이름에는 실험에 참가하는 피험자의 이름에 사용된 철자가 3개 들어가도록 이름을 지었다. 시음이 끝난 후, 실험자는 피험자에게 자신이 가장 좋아하는 차를 30g 정도 샘플로 가져가도록 하였다. 그 결과, 피험자들은 자신의 이름과 비슷한 이름이 붙은 차를 더 많이 선택한 것으로 나타났다.

이러한 실험결과는 점화효과가 실제로 존재한다는 사실을 보여주었다. 광고의 효과에서도 비슷한 예를 찾아볼 수 있다. 예컨대, 국가대표 경기에서 패한 직후에 방송되는 광고는 소비자들에게 부정적으로 인식되는 경향이 있다고 한다. 이러한 현상을 적극적으로 활용한 기업이 코카콜라이다. 뉴스는 일반적으로 좋지 않은 일이나 사회적으로 심각한 사건들에 대한 보도가 많다. 그래서 뉴스가 끝났을 때 이를 접한 시청자들은 심각하거나 무거운 심리적 상태에 놓이게 된다. 이 상태에서 광고를 접하는 소비자들은 이 광고를 부정적으로 평가할 가능성이 높다. 이 같은 이유로 코카콜라는 뉴스 다음에 광고하지 않는 것으로 유명하다. 코카콜라가 가지고 있는 즐거움이라는 이미지에 손상을 입히지 않으려는 의도이다. 소비자들의 잠재의식까지 고려하는 치밀한 마케팅 전략인 셈이다.

▶ 진실효과

'진실효과(truth effect)'는 어떤 메시지의 실제 옳고 그름과는 상관없이 그 메시지를 반복하면 메시지 수신자가 그 메시지가 사실이라고 생각하는 현상을 말한다. 내일 비가 올 것이라는 뉴스를 1번 들었건 10번 들었건 간에 이 사실이 실제 내일 비가 올 확률에는 아무런 영향을 미치지 않는다. 그럼에도 사람들은 내일 비가 온다는 뉴스를 많이 접할수록 정말로 내일 비가 올 것이라고 강하게 믿는다. 이것이 진실효과에 해당한다. 물론 어떤 사건에 대한 메시지를 많이 접했다고 그 사건의 발생 가능성이 증가하는 것은 아니다.

진실효과는 메시지 주장이 사람들이 검증하기가 어렵거나 모호할 때 잘 발생한다. 예컨대, '유산균이 장까지 살아서 가는 캡슐 요구르트, 닥터 캡슐'의 광고 메시지가 맞는지 틀리는지 확인하기 위해서는 닥터 캡슐을 마신 사람의 장을 해부하여 현미경으로 확인해야 한다. 하지만 그렇게 하기가 쉽지 않다. 흔히들 만리장성은 달에서도 보이는 유일한 인공건축물이라고 말한다. 하지만 이 말도 틀린 말이다. 이 말이 맞는지 확인하려면 달에 가서 지구를 들여다봐야 하는데 그렇게 하기가 쉽지 않다. 그래서 자꾸 듣다 보면 정말로 그럴 것이라고 자신도 모르게 믿게 된다.

광고 메시지 내용이 사실인지 아닌지를 떠나 무수히 많은 광고 메시지를 접하는 소비자는 자신이 접하는 광고 메시지의 내용이 사실인지 아닌지 일일이 확인하기가 어렵다. 이런 점에서 진실효과는 광범위하고 강하게 나타난다. 진실효과에 대한 연구결과는 마케터에게 광고 메시지를 일관성 있게 꾸준하게 내보내라고 알려준다.

▶ **단순노출효과**

우리 주위에는 너무나 다양하고 많은 정보가, 특히 상품과 관련된 정보가 차고 넘친다. 이러한 정보의 주요경로는 바로 광고이다. 삼성전자, 현대자동차, SK, KT, LG전자 등등. 이들은 우리가 익히 알고 있는 기업들, 간첩들도 모두 알고 있는 기업들이다. 이런 기업들은 왜 많은 돈을 들여 광고를 계속하고 있을까? 단순히 자사의 상품이나 브랜드를 알리고 소비자의 구매를 촉진하기 위한 것일까?

자종크(Zajonc)라는 학자는 1968년 이와 관련한 재미있는 실험을 했다. 연구자는 실험에서 피험자들에게 사례별로 몇 개의 철자, 단어, 모르는 얼굴 사진을 보여주었다. 각 철자와 단어, 사진들을 피험자들에게 적게는 1회부터 많게는 2, 5, 10, 25회까지 보여주었다. 그리고 각각의 철자와 단어, 사진에 대한 호감도를 피험자들에게 물었다. 그 결과, 노출빈도가 높을수록 그 대상을 좋게 평가한다는 사실을 알 수 있었다. 단순노출효과(mere exposure effect)는 이렇게 자주 보는 것만으로도 호감이 생긴다는 것을 말한다. 즉, 모르는 사람도 얼굴을 보는 횟수가 많아질수록, 점점 더 그 사람을 좋게 본다는 것이다. "자주 보면 정든다."는 우리 속담이 예사말이 아니었다.

연속 방영되는 TV 드라마에서 협찬사의 특정 상품이나 브랜드가 꾸준히 노출될 때 시청자들은 은연중에 해당 상품이나 브랜드에 친숙해진다. 이런 소비자들의 심리를 이용하려고 기업들은 많은 예산을 간접광고에 집행하고 있다.

▶ **간접광고**

앞서 살펴본 자종크의 단순노출효과 연구는 낯선 것이라도 자주 노출되면 그에 대한 호감도도 덩달아 높아진다는 사실을 우리에게 보여주었다. 매일 혹은 매주 연속 방영되는 TV 드라마에서 협찬사의 특정 상품이나 브랜드가 꾸준히 노출되면 시청자들은 자신도 모르게 해당 브랜드에 친숙해진다. 요즘 젊은 세대들은 모방심리가 강하다. 이에 따라 TV 드라마에서 자기가 좋아하는 배우가 사용하는 물건이나 의상을 묻지도 따지지도 않고 구매하여 사용하는 소비자가 많다. 간접광고는 이러한 소비자의 심리를 활용한다.

사상 최초의 간접광고(PPL)는 미국 할리우드 영화계에서 시작됐다고 한다. 오늘날 알려진 간접광고의 첫 사례는 1945년 미국의 퍼스트내셔널픽처스가 제작한 영화 '밀드리드 피어스(Mildred Pierce)'라는 설이 가장 유력하다. 존 크로프트에게 아카데미 여우주연상을 안겨준 '밀드리드 피어스'는 극 중에서 크로프트가 '버번 위스키' 상표를 보이도록 하여 술을 마시는 장면을 부각함으로써 의도된 간접광고를 시도했다는 평을 받았다. 이밖에 1955년 개봉된 영화 '이유 없는 반항'에서 제임스 딘이 극 중에서 사용한 모 브랜드의 빗이 청소년 사이에서 큰 인기를 얻었다.

스티븐 스필버그 감독이 1982년에 만든 영화 '이티(E.T.)'는 간접광고를 배치하여 상업적으로 성공한 사례로 유명하다. 이 영화가 성공함에 따라 이 영화에서 지구에 도착한 외계인 '이티(E.T.)'가 먹었던 한 쵸콜릿 회사의 신상품은 영화의 흥행 성공과 함께 60% 이상의 매출 신장을 기록했다고 한다.

국내에서는 1992년 배우 최민수과 심혜진이 주연한 영화 '결혼이야기'가 간접광고의 효시로 알려졌다. 신혼부부의 이야기를 다룬 이 영화는 국내 대기업으로부터 가전제품을 협찬받고, 이 영화 티켓 5만 장을 제공하여 간접광고의 효시로 꼽힌다. 이후 영화 '구미호의 맥주', '공동경비구역 JSA의 초코파이', '화산고의 이동통신회사 공동프로모션' 등 많은 영화에서 간접광고가 등장하여 상업적으로 성공을 거두었다.

▶ 전단지(찌라시)광고

우편함에는 광고로 보낸 우편물과 전단지가 가득하다. 도심의 길거리에도 광고 전단지가 나뒹군다. 이러한 형태의 광고는 사람들이 눈살을 찌푸리게 만든다. 광고 전단지에 쏟아지는 사람들의 비난에도 아랑곳없이 오늘도 전단지는 아파트 우편함과 문 앞, 길거리에 즐비하다. 왜 그럴까?

버튼과 동료연구자들(1999년)은 이와 관련한 재미난 실험을 하였다. 연구자들은 2곳의 식품매장을 선정하고 그곳을 방문하는 사람들에게 설문조사하는 방식으로 실험을 진행하였다. 먼저 참가자들에게 바로 앞 주에 발간된 매장의 광고 전단지를 본적이 있는지를 물어보았다. 이를 바탕으로 광고 전단지를 이미 본 집단과 보지 않은 두 집단으로 나누었다. 그다음으로 참가자들에게 자신이 구입한 물건의 영수증을 보여줄 수 있는지를 물었다. 마지막으로 참가자들에게 우표가 붙은 봉투를 설문지와 함께 주고, 집에 돌아가서 설문지를 작성한 후 연구자에게 보내 줄 것을 요청하였다. 설문지에는 세일 관련 상품에 대한 태도와 가격에 대한 인식을 알아보기 위한 질문들이 들어있었다. 연구결과, 광고 전단지가 판매에 영향을 준다는 사실을 확인할 수 있었다. 광고 전단지를 보지 않은 집단보다 광고 전단지를 본 집단에서 구매상품 중 매장 광고전단지에 나온 상품을 두 배 더 많이 구입하였다. 또한 광고 전단지를 본 집단이 광고 전단지에 나온 상품을 구매한 금액도 보지 않은 집단보다 두 배 이상 높은 것으로 나타났다. 추가분석 결과에 따르면, 광고를 보게 되는 가장 중요한 이유는 가격이며, 나이가 많을수록, 여성들일수록 이런 전단지 광고에 더 영향을 받는 것으로 나타났다.

이러한 결과를 통해 광고 전단지의 영향은 쭉 계속된다는 사실을 짐작할 수 있다. 아파트와 길거리에서 전단지를 없애고 환경을 깨끗하게 만드는 데는 우리들의 무관심이 최고의 명약일 듯하다.

▶ 미끼상품의 함정

"배추 한 포기가 1,000원!" 백화점과 할인점들이 가을 김장철에 자주 내거는 판촉상품들이다. 산지 배춧값 보다 훨씬 싼 가격이다. 이처럼 파격적으로 싼 가격에 내놓은 상품을 '미끼 상품(loss leader)'이라 한다. '미끼상품'은 마케팅 분야에서 사용하는 용어다. 비슷한 용어로는 '특매상품', '유인상품' 등이 있다. 원가보다 싸게 팔거나 시중가보다 저렴한 가격에 파는 상품을 일컫는다. 미끼상품은 '미끼'라는 말에서 짐작할 수 있듯이 더 많은 고객을 낚는 일종의 유인책이다. 비록 파격적인 조건을 내건 상품으로는 별 이익을 얻지 못하지만 이를 보고 찾아온 고객들이 매장의 다른 물품을 구입하게 함으로써 매장 전체의 이익을 극대화하는 데 도움이 되는 것이다.

'미끼상품'을 활용한 마케팅을 맨 처음 사용한 사람은 질레트면도기 창업자인 킹 질레트로 알려져 있다. 질레트는 날을 바꾸어 끼는 면도기를 생산, 판매하면서 면도기의 초기 가격을 매우 저렴하게 책정했다. 대신 면도기를 구입한 소비자들로 하여금 바꾸어 낄 수 있는 면도날을 계속 사게 함으로써 더 많은 수익을 올렸.

'미끼상품'을 이용한 마케팅은 유통업계에서 즐겨 쓰고 있다. 특히 미끼상품은 백화점과 할인점 같은 유통업체가 불황기에 손님을 끌어들이기 위해 자주 사용하는 전략이다. 미끼상품 전략은 고객을 끌어들이는 데 가장 쉽고, 신속하며, 큰 효과를 보는 수단 중 하나이다. 미끼상품만 보면 분명 밑지는 장사지만 매장 전체에서 보면 오히려 이익인 경우가 많다. 여기에는 여러 가지 이유가 있다.

할인매장에는 만두와 햄 등을 공짜로 맛보게 하는 시식코너가 있다. 공짜 시식코너에서 음식을 먹고 이쑤시개만 두고 아무것도 구입하지 않기란 쉬운 일이 아니다. 공짜로 먹었으니 미안한 마음에 뭐라도 하나 사게 된다. 받은 만큼 되돌려주어야 한다고 교육을 받은 것과 그런 사회적 관행이 작용해서 그렇다. 서울 어느 백화점에서는 공짜 시식을 했을 때가 공짜 시식을 하지 않았을 때에 비해 매출이 7배나 늘었다고 한다. 그리고 공짜로 맛을 본 고객의 40~60%는 상품을 구입한 것으로 조사되었다. 무료시식, 확실히 효과가 있다.

새로 나온 식료품의 90%는 실패한다고 한다. 실패하는 가장 큰 이유는 사람들이 신상품을 싫어해서가 아니라 그것을 맛볼 기회가 없어서다. 이와 같은 이유로 컴퓨터 소프트웨어 회사들은 소프트웨어를 일정 기간 공짜로 사용해보도록 권유한다. 아파트 모델 하우스도 아파트의 내부를 소비자에게 미리 보여줌으로써 구매 불안감을 줄여주는 장치라인 셈이다. 신규 점포를 열면서 고객들에게 나눠주는 공짜 사은품은 이런 효과에 더해 점포 인지도도 함께 높여준다.

▶ 문전걸치기 기법

어느 소매점이 담배를 미성년자에게 팔다 적발되어 영업정지를 당했다. 이전에는 담배 사러 온 고객이 다른 것도 함께 샀었는데 담배를 사러 오는 고객들이 오질 않으니 매출이 뚝 떨어지고 말았다. 이처럼 미끼상품을 사러 온 고객도 대개 다른 물건을 같이 산다. 그런데 여기에는 또 다른 강력한 이유가 있다. 마음을 쉽게 바꾸면 우리는 흔히 우유부단하거나 의지가 약한 변덕쟁이로 비난받는다. 일관성을 유지해야만 우리의 삶이 질서정연하기 때문에 이런 비난을 받는다. 일관성의 법칙은 어떤 선택의 상황에서 일단 어떤 입장(선택)을 취하면, 그 결정에 대한 일관성이라는 심리적 압력을 받게 되어 사람들은 자신의 감정이나 행동들을 그 결정에 대한 합리화하고 정당화하려는 방향으로 나간다는 법칙이다.

판매원은 소비자 마음속에 강하게 작용하는 심리적 일관성을 놓치지 않고 활용한다. 그건 바로 '문전 걸치기 기법(foot in the door)'이다. 이는 한쪽 발을 문 안으로 밀어 넣어 문을 못 닫게 하면 상품을 판 것이나 다름없다는 뜻에서 붙여진 이름이다. 작은 요청으로부터 시작하여 결국 커다란 요청의 승낙을 얻어내고자 하는 전략이다. 일단 사람들은 작은 요청에 동의하게 되면, 나중에 더 큰 요청에도 동의하게 될 가능성이 높을 뿐만 아니라 심지어 처음의 요청과는 성격이 다를 수도 있는 다양한 다른 요청에도 쉽게 넘어가곤 한다. 협상 혹은 영업환경에서 이와 유사한 기법으로 상대방에게 계속해서 긍정적인 답변을 유도하면서 최종적으로 자신이 얻고자 하는 질문에 '예

(YES)'라고 답하게 하는 것도 이러한 기법에 속한다. 이와 관련된 재미난 연구가 있다. 한번 살펴보자.

"아침 7시에 시작되는 실험에 참여하겠습니까?"라는 질문을 하였더니 실험참가자의 24%가 "예!"라고 대답했다. 반면에 "실험에 참가하겠습니까?"하고 물으니 실험참가자의 56%가 "예!"라고 대답했다. 이어진 두 번째 질문에서 "시간은 아침 7시입니다. 그래도 하겠습니까?"하고 물었다. 이에 실험참가자 중 단 한 명도 거절 없이 실험에 참가하겠다고 대답하였다. 일단 실험에 참가하겠다고 대답을 해버렸으니 일관성 유지를 위해서 이제 남은 것이라곤 시간에 상관없이 실험에 참여하는 것 외에 달리 방도가 없다. 그래서 자동차 전시장에서 판매원은 고객에게 "일단 타보시죠!"라고 말한다. 의류매장의 판매원은 사지 않아도 좋으니 일단 입어보라고 권한다.

2. 가격

마케터들은 소비자들의 구매심리를 알아내기 위해 여러 가지 방법을 동원한다. 이런 노력에도 불구하고 이해하기 어려운 것이 소비자의 마음이다. "열 길 물속은 알아도 한 길 사람 속은 알기 어렵다."는 속담이 그저 빈말은 아닌 것 같다. 똑같은 상품이라도 어떤 브랜드를 붙였느냐에 따라 판매결과가 다르게 나타난다고 한다. 마찬가지로 상품의 가격 또한 소비자들의 구매에 큰 영향을 미치는 요인임이 분명하다. 지갑을 열어야 하는 소비자들 입장에서 보면 당연한 것처럼 보인다.

그러나 한 가지 재미있는 사실은 값이 싸다고 잘 팔리고 비싸다고 안 팔리는 것이 아니라는 사실이다. 소비자의 행동은 우리가 아는 것처럼 논리적이지도 일관적이지도 않다. 그만큼 이해하기 힘들다는 것이다. 여기에서는 가격과 관련하여 마케터들이 활용하고 있는 방법들을 통해 소비자들의 구매행태를 한번 살펴볼까 한다.

▶ 9로 끝나는 가격

왜 홈쇼핑에서 판매하는 상품은 대부분 9천990원으로 끝나고, 스마트폰 어플리케이션의 가격은 거의 0.99달러, 1.99달러, 2.99달러일까? 미국의 할인점에서는 9자로 끝나는 가격을 주로 사용한다. 1.99달러, 19.99달러 같이 말이다. 왜냐면 1.99 달러는 사실상 2달러지만, 사람들은 무의식적으로 앞에 있는 숫자인 1달러에 주목하기 때문이다. 그래서 1.99달러라고 써 놓으면 사람들은 무의식적으로 저 가격(1.99달러)은 1달러에 가깝다고 생각하게 된다. 결국 실제 가격보다 싸다고 느껴 많이 구매하는 것이다.

그럼 숫자 9로 끝나는 가격은 어떻게 생겨난 것일까? 사실 이 가격이 생겨난 원래 이유는 소비자행동에 영향을 미치기 위한 마케팅 전략과는 아무런 관계가 없었다고 한다. 하워(1943)에 따르면, 9로 끝나는 가격은 원래 매장의 책임자들이 판매원들의 횡령을 줄이기 위해 도입한 가격이라고 한다. 즉, 판매원들이 고객한테 받은 돈을 들고 계산대로 돌아오게 하려는 의도로 만들었다고 한다.

이러한 가격정책은 19세기 말 도입 이래로 100년 가까이 그 효율성을 테스트하기 위한 과학적인 연구가 없었다. 1996년에 이르러 쉰들러와 키바리안((Schindler & Kibarian)이 이에 대한 연구를 했다. 이 연구자들은 가격이 7달러에서 120달러까지인 여성복 169벌을 담은 24페이지짜리 카탈로그 2종류를 제작하여 약 3만 명의 표본에게 발송했다. 첫 번째 카탈로그에는 모든 가격의 끝자리를 '.0'으로 표시하였다(7.00달러, 18.00달러, 50.00달러, 100.00달러). 두 번째 카탈로그에는 모든 가격의 끝자리를 '.99'로 표시하였다(6.99달러, 17.99달러, 49.99달러, 99.99달러). 분석결과에 의하면, .99인 경우에 구매비율과 총구매액이 상대적으로 높은 것으로 나타났다. 이러한 연구결과로 숫자 9로 끝나는 가격이 소비자들의 구매행동에 긍정적인 영향을 미친다는 사실을 확인할 수 있었다. 이처럼 반올림된 숫자보다 아주 조금 낮은 숫자로 매긴 '단수 가격(odd price)'은 가격 심리학을 이용한 마케팅 가운데에서도 가장 잘 알려지고, 널리 쓰이는 방법이다.

그동안 대형마트는 '990원', '9900원' 같은 단수 가격 정책을 펼쳐왔다. 그러나 지난 20년간 대형마트가 똑같은 가격정책을 유지하면서 '9의 단수가격'은 더 이상 소비자들에게 먹히지 않고 있다고 한다. 상품 가격이 90원·900원으로 끝나면 이젠 고객들이 쉽게 올림해 100원, 1000원으로 인지하지만 80원 단위는 그렇지 않은 편이라고 한다. 이에 노브랜드는 상품의 끝자리 가격을 8로 통일함으로써 그동안의 가격정책과는 다른 전략을 취했다. 노브랜드는 오픈 초기부터 '기존 대형마트보다 더 싸다'는 메시지를 전달하기 위해 80원·800원 단위의 가격 책정을 했다.

▶ **숫자 9로 표시된 할인 광고**

혹시 아래와 같은 광고를 본적이 있는가?

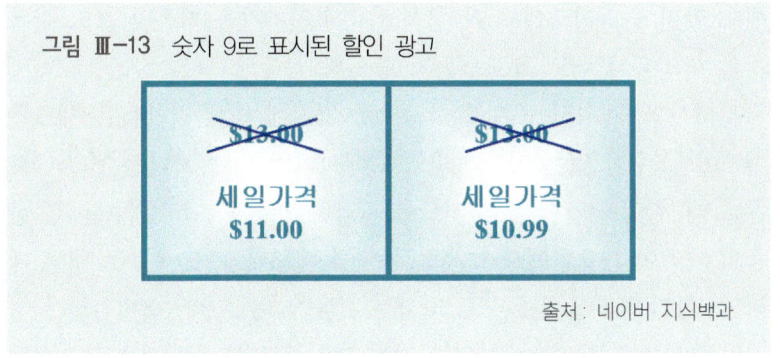

그림 Ⅲ-13 숫자 9로 표시된 할인 광고

출처: 네이버 지식백과

이전 가격에 줄이 그어져 있고, 그 옆이나 아래에 새로운 가격이 붙어있는 가격할인 광고를 본 적이 있을 것이다. 일반적으로 줄이 그어진 가격은 소수점 없이 끝나는 가격으로 표시한 반면, 새로이 제시된 가격은 대부분 숫자 9로 끝나는 가격인 경우가 많다. 이러한 가격표시는 두 가격의 차이가 크다는 사실을 보여준다. 이를 통해 상품을 구입하는 사람들이 더 현명한 구매자라는 사실을 알 수 있도록 해준다. 그렇다면 이러한 가격표시가 정말 효과가 있을까?

게겐과 레고에럴(2004)은 이를 알아보기 위한 실험을 했다. 이들은 먼저 학생들을 모아놓고 이들에게 친숙한 시계와 커피메이커, 계산기 등의 사진을 보여주었다. 보여준 상품들은 5유로에서 70유로 사이의 상품들이었다. 연구자들은 학생들에게 보고 있는 슬라이드가 상품의 세일 기간에 찍은 사진이라고 말해주었다. 가격표에는 이전 가격에 줄이 그어져 있고, 그 아래 새 가격이 적혀 있었다. 실험집단에 따라 보여주는 사진을 달리 하였는데, 한 집단에게는 .00으로 끝나는 가격을, 다른 집단에게는 .99로 끝나는 가격을 보여주었다. 학생들에게 슬라이드를 모두 보여준 뒤, 일정시간 동안 관심을 돌리기 위해 실험과 관계가 없는 다른 일을 하도록 하였다. 이후 연구자들은 같은 상품의 슬라이드를 순서를 바꾸어 다시 보여주었고, 이때 가격 대한 언급은 전혀 하지 않았다. 연구자들은 학생들에게 그 전에 보았던 슬라이드에서 각 상품들의 할인가격을 떠올려 보고 상품들의 할인율이 어느 정도였는지 물었다.

분석결과, 제시된 10가지 상품 중 9가지에 대해 학생들은 새로운 가격이 '소수점 없는 .00 가격'으로 제시되었을 때 보다는 '숫자 9로 끝날 때' 할인율이 더 높은 것으로 지각하였다. 즉, 소비자들은 한 상품의 가격이 13유로에서 11유로로 내릴 때보다 10.99유로로 내릴 때 더 큰 할인 혜택을 받는다고 느끼는 것을 알 수 있다. 소비자들은 가격이 숫자 9로 끝날 경우, 그 가격에 대한 정보를 전체적으로 분석해

받아들이는 것이 아니라는 것이다. 이러한 결과로 미루어 볼 때 소비자들의 판단과 평가에는 왜곡이 많이 나타난다고 볼 수 있다. 물론 마케터들은 소비자들의 이런 정보 왜곡을 교묘히 활용하고 있다.

▶ **심리에 호소하는 세일 광고**

"20% 할인해드립니다."가 좋을까 아니면 "100원 할인해드립니다."가 좋을까? "5% 할인해드립니다."가 좋을까 아니면 "500,000원 할인해드립니다."가 좋을까? 이에 대한 대답은 원래 상품의 가격이 얼마인지에 따라 달라진다. 만일 라면과 같은 가격이 상대적으로 저렴한 상품을 할인해준다면 금액보다는 %로 표시해주는 것이 좋다. 500원의 20%인 100원은 적은 금액이라 무시해도 좋을 금액이지만, 20%는 상대적으로 높은 할인율을 의미한다. 반면에 자동차나 전자제품과 같은 상대적으로 고가상품의 경우에는 20% 정도씩 할인해주기가 어렵다. 따라서 많은 기업은 특별한 경우가 아니면 5% 정도의 낮은 할인율을 제시한다. 이 경우에는 5%라는 할인율은 아주 작은 것처럼 보인다. 반면에 구체적인 금액으로 500,000원(2,000만 원짜리 자동차 가격의 5% 할인한 금액)으로 할인을 제시하는 것이 소비자에게는 훨씬 현실감 있게 다가온다.

가끔 아래와 같이 두 번 가격할인을 하는 경우도 볼 수 있다.

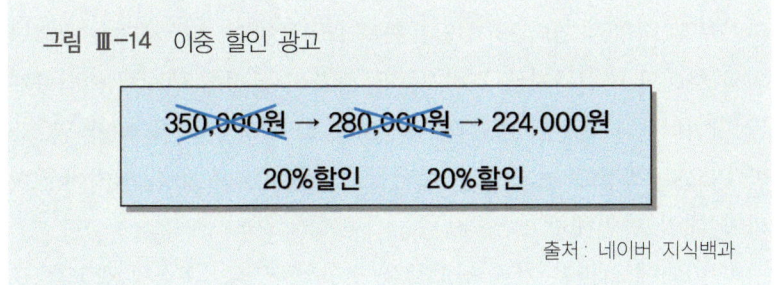

그림 Ⅲ-14 이중 할인 광고

출처: 네이버 지식백과

여러분도 본적이 있을 것이다. 이 경우는 어떤가? "그냥 350,000원에서 40% 할인해주면 되지 뭐 하러 복잡하게 이렇게 두 번씩이나 할인해줄까?" 하는 생각이 들지 않는가.

아마 여기에는 두 가지 이유가 있을 것 같다. 첫 번째 이유는 금액 차이이다. 이중 할인해주는 경우에는 소비자들이 224,000원에 구입하게 된다. 반면에 40% 할인해주는 경우 소비자들은 210,000원에 구입한다. 따라서 이중할인해주는 경우 기업에게는 14,000원의 이득이 생기는 셈이다. 소비자들은 같은 40% 할인으로 느끼겠지만 실제 할인액에서는 차이가 난다는 얘기다. 미국 마이애미대와 미네소타대 공동연구팀은 대학생들을 대상으로 이중 할인율을 얼마나 제대로 계산하는지를 조사했다. 놀랍게도 정답을 맞힌 학생은 26%에 불과했다고 한다.

두 번째 이유는 할인에 대한 소비자들의 인식이다. 연구결과에 의하면, 소비자들은 너무 높은 할인율을 제시받으면 해당 상품의 품질을 의심하고, 너무 낮은 할인율을 제시받으면 할인금액이 적어 구매를 망설이는 경향이 있다고 한다. 그 때문에 적정 할인율은 25% 전후가 가장 적당하다는 연구결과도 있다. 이러한 이유로 볼 때 20%씩 두 번 할인함으로써 40% 할인이라는 높은 할인율에 대한 소비자의 부정적인 인식을 줄여줄 수 있다.

지금도 하고 있는지 모르겠는데, 파크랜드라는 의류회사는 365일 계속 할인을 하고 있다. 그렇게 매일 할인을 해줄 거라면 차라리 기준가격을 내리는 것이 낫지 않을까? 그러나 만일 기준가격을 내리면 위의 사례와 마찬가지로 소비자들은 상품의 품질에 대해서 의심하게 될 것이다. 이 때문에 파크랜드는 정장 한 벌의 가격을 40만 원, 50만 원으로 책정해 놓고 오는 손님들에게는 20%나 30%, 심지어 50%까지 매일 할인해주고 있다.

이 이외에도 많은 가격 광고들을 접할 수 있다. 홈쇼핑 광고를 보면 가격을 다르게 제시한다. 19,000원(× 무이자 10개월). 이런 식으로 지불 가격을 분할하여 제시하기도 한다. 이를 이용해서 보험회사들은 하루에 단돈 500원씩만 투자하면 건강보험료 걱정 끝이라는 광고도 한다. 이렇듯 소비자가 지불해야 하는 가격은 손실이기 때문에 합하는 것보다는 분리하여 될 수 있으면 작게 보이도록 하는 경향이 있다. 가격을 정하거나 표시하는 데에도 마케터들의 노력이 숨어 있다.

▶ 묶음판매(bundling)

묶음판매(bundling)란 둘 이상의 상품을 한 꾸러미로 묶어 판매하는 것을 말한다. 예컨대, 마이크로소프트는 워드, 엑셀, 파워포인트, 아웃룩을 함께 묶어서 팔기도 하고 낱개로도 판매한다. 놀이동산 역시 입장권을 낱개로 팔기도 하고 5개 이용권, 일일 자유이용권, 연간 자유이용권 등 묶음으로도 판매한다.

온라인 주문형 음악 CD사이트인 뮤직메이커(MusicMaker)는 최소 주문 분량 5곡에 9.95달러를 매기고, 한 곡을 추가할 때마다 1달러를 부과하는 할인정책을 편 적이 있다. 맥도널드는 판촉행사에 '똑같은 햄버거 두 개를 사면 하나는 반값'이라고 광고를 한 적이 있다. 이는 햄버거 두 개 전체에서 각각 25% 할인해주는 것과 같다. 맥도널드는 한 걸음 더 나아가 "불고기 버거 하나를 드시면 불고기 버거 하나를 더 준다."고 광고한 적도 있다. '50% 할인(50% off)'와 '하나 사면 다른 하나를 공짜로 준다(Buy 1, get 1 free)', '두 개 사면 50% 할인(Buy 2, get 50% off)'는 표현은 소비자가 다르게 느끼게 만든다. 그러나 실제 내용은 같다. 맥도널드에서 어린이 세트(햄버거+콜라+포테이토+맥너겟)를 주문하면 장난감을 공짜로 주는 것 역시 총 구매금액의 크기를 키움으로써 마진폭이 줄어도 맥도널드는 손해를 보는 것이 아니라 오히려 이익을 본다. 세상에는 공짜가 없다.

묶음판매는 상품구성에 따라 순수묶음판매와 혼합묶음판매 두 가지로 나눌 수 있다. 순수묶음판매(pure price bundling)은 상품을 묶음 단위로만 구매할 수 있고 개별로는 구매할 수 없는 묶음판매이다. 항공, 숙박, 식사, 입장권 등이 포함된 패키지 여행상품이 대표적인 예다. 고객 입장에서는 편리하고 저렴하다는 장점이 있지만, 선택권이 없어 원치 않는 상품도 함께 구매해야 하는 단점이 있다. 혼합묶음판매(mixed price bundling)는 상품을 개별로도 구매할 수 있고 묶음으로도 구매할 수 있는 묶음판매이다. 통신사에서 가입자에게 초고속인터넷, 이동전화, IPTV 등을 패키지로 판매하는 것이 대표적인 예다. 기업에서는 혼합묶음판매를 상품을 어떻게 묶는가에 따라 리더묶음판매와 결합묶음판매로 세분하여 사용하기도 한다.

그렇다면 묶음판매는 언제 사용하는 것이 좋을까? 서울대 이유재 교수는 2022년 발표한 신문칼럼에서 묶음판매는 다음과 같은 다섯 가지 상황에서 사용하면 효과적이라고 말했다. 첫째, 묶음판매는 기업이 여러 가지 상품들을 제공하고 있고 이 상품들이 서로 보완관계가 있을 때 사용하면 효과적이다. 상품들을 따로 사용하는 것보다 함께 사용할 때 효용이 커지는 상품들이다. 예컨대, 땅콩과 맥주, 도넛과 커피, 팝콘과 콜라 등 바늘 가는 데 실가는 상품들이 이에 해당한다. 둘째, 묶음판매는 기업이 취급하는 상품들이 다양하고 개별 상품에 대해 가치에 대한 인식이 다를 때 사용하면 효과적이다. 네플렉스와 디즈니플러스 같은 기업들은 다양한 영화들을 묶음으로 제공하는 것은 이 때문이다. 셋째, 묶음판매는 상품판매에 들어가는 고정비용은 매우 높으나 한계비용은 없거나 낮은 상황일 때 사용하면 효과적이다. 예컨대, 음원을 제작하는 데는 많은 초기비용이 들지만 판매할 때는 고객이 음원을 다운만 받으면 되기에 추가 판매하는 데 비용이 거의 들지 않는다. 넷째, 묶음판매는 구입할지 말지 망설이는 고객을 유인해야 하는 상황에서 사용하면 효과적이다. 매장에 들어온 고객이 '하나 사면 하나는 공짜'라는 POP광고를 보면 구매할 가능성이 높아진다. 다섯째, 묶음판매는 가격탄력성이 높고 경쟁이 심한 시장에서 상대적으로 덜 알려진 상품의 시장점유율을 확대할 때 사용하면 효과적이다. 마이크로소프가 인터넷 익스플로러와 윈도우를 묶음으로 판매한 사례가 대표적이다.

3. 매장환경

마케팅은 통상 기업 회의실에서 무척 복잡한 논리를 가지고 시작한다. 하지만 실제 마케팅이 진행되는 곳은 고객과 기업이 만나는 현장이다. 소비자들은 누구나 편의점, 슈퍼마켓, 백화점, 할인점, 은행, 서점 등 다양한 소매점들을 일상적으로 접하고 있다. 소비자들이 소매점에 들러 상품을 둘러 보고, 문의도 하고, 구입을 결정하는 쇼핑은 지극히 일상적이며 자연스러운 활동이다. 어떤 전문가는 "파코 언더힐이 '쇼핑의 과학'이란 말을 만들지 않았다면 쇼핑은 지금도 그저 상점이나 백화점에서 물건을 사려는 행위로서 쇼핑일 뿐 어떤 의미도 갖지 못했을 것이다."라고 까지 말을 한 적이 있다.

과학의 사전적 의미는 보편적 진리나 법칙의 발견을 목적으로 한 체계적인 지식이다. 따라서 '쇼핑의 과학'은 쇼핑이라는 사람들의 행위 속에서 발견한 보편적 진리와 법칙으로 체계화된 지식을 말한다. 파코 언더힐은 2000년 펴낸 〈쇼핑의 과학〉이란 책에서 인간의 인지와 동작, 심리와 신체 구조에 관한 기초적인 이론과 과학적인 분석을 통해 사람들이 편하게 느낄 수 있는 쇼핑 환경을 설계하자는 제안을 하였다. 여기에서는 이 책에서 제안하는 것들을 잠시 살펴볼까 한다.

▶ 계산대의 비밀

미국의 대형할인점은 계산대 쪽 바닥이 다른 곳에 비해 약간 높게 설계되어 있다. 물건을 카트에 싣고 카운터로 가다 보면 걷는 속도가 느려진다. 이동 속도가 느려지면 다른 물건을 둘러볼 여유가 생긴다. 이때 카트의 방향을 돌리면 내리막길이기 때문에 카트는 어느새 매장 안으로 조금이라도 더 들어가게 된다. 고객을 1초라도 매장에 더 머무르게 하려는 쇼핑몰의 전략이 바닥 높이에 담겨 있다. 계산을 마친 고객이 카트를 밀고 빨리 나가게 해 계산대에서 기다리는 시간을 줄이는 효과도 있다. 계산대 주변에는 껌·초콜릿·잡지·건전지·면도기 등 간단한 일용품을 진열해 놓는다. 계산대에서 줄 서서 기다리다 보면 필요했는데 사는 것을 깜박 잊고 있었던 상품이 눈에 보인다. 계산대에서 기다리는 시간에 하나라도 더 팔기 위한 쇼핑몰의 마케팅 과학이다. 대형할인점은 이처럼 마케터들의 치밀한 전략에 의해 짜인 공간이다.

▶ 구매고객의 동선

현장통합마케팅디자인(ISMD) 전문대행사인 디자인밸런스는 매장 평면도를 작성해 고객이 들어와 어떤 행동을 하는지 지속적으로 관찰하며 고객의 동선을 파악한다. ISMD는 고객의 동선과 상품 구매 패턴을 데이터화해서 고객을 유도하는 매장 공간을 디자인하는 전략이라고 말한다. 이 회사에 컨설팅을 의뢰한 코렐이라는 회사의 사례를 살펴보자.

아시다시피 코렐은 그릇과 냄비 등 고급 주방용품을 제조하여 판매하는 회사이다. 이들의 현장 조사 결과, 구매자의 동선과 아이쇼핑을 하는 사람의 동선에는 확연한 차이가 있었다. 구매 고객의 동선은 매우 간결했다. 고객들이 구매 물품으로 바로 찾아간 것이다. 반면에 아이쇼핑 고객의 동선은 매우 복잡했다. 디자인밸런스의 눈길을 끈 고객층은 혼수용품 구매자들이었다. 이들은 매장 안과 외부의 디스플레이를 꼼꼼히 살펴보았고, 상품 접촉 빈도도 다른 소비자보다 월등히 많았고 한다. 디자인밸런스는 코렐측에 상품 전시 방법을 바꿀 것을 제안했다. 종류별로 흩어져 있던 그릇·냄비 등을 예비 신부들이 원하는 세트 형태로 전시했다. 또 혼수용품 고객의 동선에는 혼수용품용 카탈로그를 배치했다. 이후 코렐 측 담당자는 "매장 디자인을 다시 하고 나서 매출이 10% 정도 늘었고, 세일이나 프로모션 기간에는 매출이 20% 정도 늘어났다."라고 말했다.

▶ 부딪침 현상

장사가 잘되는 집에는 사람들로 북적인다? 사람이 몰린다고 해서 장사가 잘 되는 것은 아니라고 한다. 중요한 것은 마감비율(입점고객 대비 구매고객 비율)이라고 한다. 오히려 매장 안에 지나치게 사람이 많으면 장사에 불리하다고 한다. 바로 쇼핑의 적인 부딪침 현상(butt-brush effect) 때문에 그렇단다. 『쇼핑의 과학』에서 파코 언더힐은 이 현상에 대해 처음으로 설명했다. 한 백화점 매장을 녹화해 이를 검토한 파코 언더힐은 백화점 입구에 있는 넥타이 매장에서 흥미로운 현상을 발견했다고 한다. 출입구로 다가가던 손님들이 백화점으로 들어오는 손님들과 부딪칠까 봐 걸음을 멈칫하는 것이었다. 한두 차례 부딪친 고객들은 대부분 넥타이 구경을 포기했다.

부딪침이 많은 매장의 판매 비율이 떨어지는 것은 당연하다. 상품 가격이 비싸고 상담 시간이 긴 상품일수록 부딪침 현상이 일어나 매출 감소로 이어질 수 있다고 한다. 매장을 설계하거나 고객의 구매 동선을 설계할 때에는 이러한 부딪침 현상에 대한 고려가 필요하다.

백화점에서 이월상품을 판매하는 행사나 특가 이벤트를 주로 맨 꼭대기 층에서 진행하고 있는 것은 이 때문이다.

▶ 부메랑 현상

부메랑 현상은 쇼핑의 또 다른 적이다. 부메랑 현상은 고객이 매장에 들어오고 나서 바로 나가는 현상을 말한다. 앞의 사례에서 살펴본 코렐 매장에서도 이 현상이 나타났다. 아이쇼핑 고객이 매장 안으로 지나치게 유입되어 정작 구매고객이 불편을 겪은 것이었다. 상품의 높은 인지도가 오히려 매출에 장애 요인이 된 셈이다. 또한 고객을 유인하기 위해 DM으로 쿠폰을 발송했는데, 고객들은 쿠폰으로 입구에 전시된 유인 상품만 구입하고 가는 부메랑 현상이 나타났다.

디자인밸런스는 코렐에 새로운 매장 디자인을 제시했다. 먼저 코렐의 전 상품을 볼 수 있는 전시대를 매장 밖에 설치했다. 그러자 아이쇼핑 고객의 매장 진입이 상당히 줄어 구매고객과 아이쇼핑 고객이 분리되었다. 또한 진입구를 넓혀 고객 간의 부딪침 현상을 최소화했다. 매장 입구에 전시되어 있던 쿠폰 상품은 매장 안쪽으로 옮겨 고객의 매장 내 동선을 늘렸다. 부메랑 현상을 줄였으니 매출이 느는 것은 당연한 결과다.

▶ 정보에 대한 민감성

DM광고 · 홈쇼핑 · 인터넷 등을 통해 상품에 대한 정보가 넘쳐나는 세상이다. 파코 언더힐에 따르면, 상품에 대한 정보가 널리 알려지면서 소비자가 상품을 구입하려고 마음먹기까지 과정이 한층 더 어려워졌다고 한다. 동시에 브랜드의 영향력이 갈수록 약해지고 있다고 한다. 요즘 소비자들은 예전처럼 유명 브랜드라고 맹목적으로 구입하지 않는다. 많은 정보력을 가지고 있는 소비자라고 하더라도 현장(매장)에서 얻는 정보와 인상에 더욱 민감하게 반응한다. 특히 여성이 남성보다 매장에서 얻는 정보에 민감하고 한다. 디자인밸런스는 '로레알 파리' 매장을 디자인하기 위해 1 대 15 크기로 축소한 모형 매장을 제작했다고 한다. 그뿐만 아니라 매장 디자인을 위해 지하실을 빌려 1 대 1 크기의 샘플 매장을 만들기도 했다. 조명·집기·광고물 위치 등을 고객이 실제로 어떻게 느끼는지를 테스트하기 위해서였다.

▶ 시간과 쇼핑의 관계

고객이 매장에 머무르는 시간은 동반자에 따라 달라진다고 한다. 파코 언더힐의 한 조사에 따르면, 여자가 혼자 왔을 때는 평균 5분2초, 아이를 동반하면 7분19초, 다른 여자 친구와 함께 오면 8분15초를 머무른다고 한다. 남자와 동반할 경우가 평균 4분41초로 가장 짧다고 한다. 그래서 파코 언더힐은 여자들이 쇼핑할 수 있는 매장을 연다면 남자들이 즐겨 찾는 매장 옆을 선택하라고 권했다. 그래서 나란히 있는 여성복 전문점과 컴퓨터 소프트웨어 매장은 서로 윈윈하는 상생 매장이 된다.

대기 시간은 소비자의 만족도에 영향을 미친다고 한다. 실제로 손님들이 기다린 시간과 인식된 시간은 달랐다. 대기 시간의 한계는 고작 2분밖에 되지 않는다고 한다. 실제로 1분43초를 기다린 고객들은 2~4분으로 인식했고, 2분54초를 기다린 고객들은 4~6분을 기다렸다고 대답했다. 쇼핑의 세계에서 시간은 냉혹한 심판자라고 한다. 성공의 열쇠는 2분 안에 손님을 대할 수 있느냐에 달려있다고 한다.

▶ 백화점은 쇼핑의 과학단지

백화점 1층 입구 주변에는 원래 꽃집이 많다고 한다. 코끝을 맴도는 향기 때문에 절로 발걸음을 멈추는 원리 때문이라고 한다. 현대백화점 압구정 본점에서는 각층 마다 에스컬레이터에 샤넬 No.5 향수를 분사하고 있다고 한다. 에스컬레이터 주변 매장에 향이 맴돌 때면 매출이 30~40%나 증가할 정도라고 한다. 백화점 1층은 유동 인구가 가장 많은 곳이다. 화려한 명품 의류와 가방, 시계 매장이 밀집되어 있다. 중앙 홀엔 화장품 매장이 가득하다. 백화점 총매출의 무려 30%가 이곳에서 나온다고 한다. 여자들이 들렀다가 그냥 지나치기 힘든 충동구매가 가능한 가격대의 상품과 좋아하는 브랜드가 밀집된 곳이 바로 1층이다. 그런데 가장 사람이 많은 이곳엔 화장실이 없다. 이용하려면 2층으로 올라가야 한다. '화장실'만 들렀다가 빠져나가지 못하게 하기 위해서다. 2층으로 유도해 백화점에 더 머물게 하기 위한 전략이다.

백화점에서는 엘리베이터를 찾기가 힘들다. 거기에도 숨은 깊은 뜻이 있다. 엘리베이터 대신 에스컬레이터를 타고 가면서 상품과 매장을 많이 보게 하기 위해서 이다. 저층부에 여성 고객을 위한 매장을 두고 남성 고객을 위한 매장을 고층부에 두는 것은 모두 남성과 여성의 차이 때문이다. 남성은 구매 목적이 분명해 매장으로 직행하는 반면, 상대적으로 여성은 층마다 매장을 돌아다니며 정보를 얻는다. 각 층마다 에스컬레이터와 가까운 입구에는 넥타이 등 상대적으로 가격이 싼 잡화를 놓는다. 처음부터 가격이 비싼 물건을 보게 되면 가격 장벽을 느낄 수 있기 때문이다. 어떤가? 섬세한 마케터의 손길이 느껴지지 않는가?

이처럼 백화점은 쇼핑 과학 단지이다. 과학적 근거와 경험에 의해 설계된 공간이라는 뜻이다. 시간 가는지도 모르게 쇼핑하라고, 백화점에 창문과 시계가 없다는 것은 널리 알려진 사실이다. 백화점 입구에는 출입문을 2개 두는 경우가 많다. 5초 룰 때문이라고 한다. 인간은 새로운 공간에 들어서면 5초 동안 멍한 상태가 되어 이동하는데 집중한다고 한다. 입구 부근은 이동지대가 되기가 십상이라고 한다. 그렇기때문에 출입구에 주력 상품을 내놓고 파는 것은 실수를 넘어서 치명적이라는 것이다.

패스트푸드점의 탁자와 의자는 작고 예쁘다. 하지만 30분 이상 앉아 있으면 불편하도록 디자인되어 있다. 손님 회전이 빨리 되어야 이윤이 늘어나기 때문이다. 아르바이트생은 고객이 음식을 다 먹을 즈음에 "치워드릴까요?"라고 묻도록 훈련받는다. 친절하지만 속내는 "식사 다 하셨으면 그만 나가시죠."라는 의미가 담겨 있다. 눈치 없으면?

4. 색상이 만드는 분위기

먼저 시각을 활용하는 마케팅에 대해 알아보자. 소비자들은 자극을 노출(감각), 감지, 주의, 지각(이해)의 과정을 통해 받아들인다. 이 때문에 오감을 통해 감각을 느끼고 이 중에 두드러진 자극에 주의를 기울이게 되며, 주의를 기울인 자극에 대해서는 자기 나름의 과거 경험이나 지식을 기초로 지각하고 이해하게 되는 것이다. '분위기'라고 번역될 수 있는 'atmosphere'는 최근 마케팅과 심리학에서 연구자들이 관심을 가지고 연구를 진행하고 있는 분야이다. 즉, 이들 연구는 "소비자들의 감각을 즐겁게 하여 긍정적인 심리 상태로 이끌고, 이러한 고양된 심리가 소비자의 태도와 행동에 영향을 미친다." 데에 관심을 가지고 있다. 이를 활용하려는 기업들은 우리가 알고 있는 시각과 청각, 후각, 촉각, 미각 등 오감을 자극함으로써 소비자들의 구매행동에 영향을 미치고자 한다.

기업측면에서 보면, 유통업체 간의 경쟁이 심해지면서 이제는 단순히 실용적인 욕구 충족만으로는 상품을 차별화하기가 어려워졌다. 이에 후각, 촉각, 청각 등 소비자의 오감에 호소하는 감성적 품질도 차별화해 소비자의 잠재 욕구를 충족시키는 '오감마케팅'이 눈길을 끌고 있다. 여기에서는 이러한 오감마케팅을 활용하여 분위기를 조성하고 이를 통해 소비자의 행동에 영향을 미치려는 기업들의 노력에 대해 살펴볼까 한다.

컬러마케팅은 컬러로 소비자의 구매욕을 자극하는 마케팅 기법을 말한다. 상품선택의 구매력을 증가시키는 가장 중요한 변수를 색으로 정해서 소비를 결정짓게 한다. 이 마케팅은 상품 자체의 색상에서 시작됐으나 1950년대 중반부터 상품기획이 중심이 돼 마케팅이란 용어를 붙이게 됐다. 이 마케팅은 다양한 색채를 이용해 판매를 극대화하는 판매전략 중 하나이다. 기업의 제조기술이 평준화되면서 디자인 중에서도 색상이 상품선택을 결정하는 요인이 됐고 소비자들로부터 컬러에 대해 감성적인 반응을 끌어냈다. 결국 이것이 곧 구매력과 직결된다는 것이 이 마케팅의 기본논리이다.

기업에서 이 마케팅의 효시는 1920년 미국 파커(Parker)사의 빨간색 만년필이었다. 당시만 해도 여성용 만년필은 조금 가늘었을 뿐 남성용처럼 검은색과 갈색이 전부였다. 이 회사는 파격적인 빨간색을 도입해 여성용 빨간 만년필이 선풍을 일으켰고 컬러마케팅의 전설이 되고 있다. 한편, 국내에서는 1980년대 컬러 TV가 보급되면서 소비자들의 시각문화와 심리를 사로잡아 컬러의 중요성이 급속히 높아졌다. 이후 패션과 광고, 화장품 등 컬러가 화려한 산업에 날개를 달았다.

여기에서는 컬러마케팅이 이론적 근간이 되는 재미난 연구결과를 몇 가지 살펴볼까 한다. 색상이 소비자들의 행동에 어떤 영향을 미치는지 한번 알아보자.

▶ 온도와 색깔

온도가 옷 색깔을 고르는데 영향을 미칠까? 이 분야 연구결과에 의하면 사람들이 덥거나 춥다고 느끼는 감각이 옷을 입는 방식에 영향을 미친다고 한다. 우선 첫 번째 실험을 보자. 김과 도쿠라(1998)는 여성 피험자들이 느끼는 체감온도 조절을 하는 실험을 했다. 한 집단에게는 뜨거운 목욕(38°c)을 하도록 하고, 다른 집단에게는 한 달 동안 23~28°c 사이로 통제된 방에서 살도록 했다. 뜨거운 목욕을 한 피험자 집단에게는 목욕을 한 후, 41가지 색상의 옷 중에서 하나를 고르도록 했다. 연구결과, 빨간색과 노란색 같은 따뜻한 색상의 옷은 피하고, 파란색과 초록색 등 주로 차가운 색상의 옷을 선택한 것으로 나타났다. 반면에 한 달 동안 23~28°c 사이로 통제된 방에서 지낸 피험자 집단들은 따뜻한 색상의 옷을 선호한 것으로 나타났다.

연구자들은 춥다고 느끼는 감각의 영향을 조사하기 위해 2차 실험을 하였다. 피험자들 가까이 에어컨을 세게 혹은 약하게 틀어놓아 피험자들이 추위를 느끼는 정도를 조절하였다. 이 연구에서도 에어컨 바람이 아주 차가웠을 때 피험자들은 빨강색과 같은 따뜻한 계열의 색상을 많이 선호한 것으로 나타났다.

▶ 색상에 따른 궁합

감각기관들은 서로 독립해 존재하지 않는다. 그렇기에 우리의 시각을 통해 보는 것은 다른 감각에도 영향을 미치게 된다. 다음 연구결과를 통해 색상이 다른 감각에 어떤 영향을 미치는지 한번 살펴보자. 게겐(2003)은 피험자들에게 사람들에게 같은 음료수를 온도를 달리해서 마시게 하는 실험을 했다. 이때 사용한 잔은 모양은 같으나 색상은 달랐다. 사용된 색상은 빨간색, 초록색, 노란색, 파란색이었다. 각 색상 조건별로 피험자를 할당하였다. 피험자들은 음료수를 마신 후, 어떤 음료수 잔이 가장 시원했는지를 평가했다.

연구결과, 피험자들은 노란색과 붉은색 같은 따뜻한 색상의 잔보다는 초록색과 파란색 같은 차가운 색상의 잔에 담긴 음료수를 마셨을 때 더 시원하다고 느끼는 것으로 나타났다. 그러나 실제로 잔에 담긴 음료수는 같은 음료수로 온도도 같았다. 이뿐만 아니라 사람들은 음료를 마실 때에도 색상에 따라서도 갈증 해소를 다르게 느꼈다. 피험자들은 따뜻한 색상, 즉 빨간색이나 노란색의 음료보다 차가운 색상의 음료, 즉 파란색이나 초록색의 음료를 마실 때 갈증이 더 잘 해소된다고 느꼈다.

음식의 색상은 식욕과도 관련이 있고 음식을 소비하는 행동과도 관련이 있다. 사람들은 대체로 파란색을 보면 식욕을 잃는다고 한다. 테이블보나 접시의 색상을 파란색으로 하는 것만으로도 식욕이 줄어든다고 한다. 색상의 대비 효과도 중요하다. 코넬 대학교의 완싱(Wansink) 교수의 연구에 의하면 음식의 색상과 비슷한 색상의 접시에 음식을 올릴 때 사람들이 더 많은 음식을 덜어 먹는다고 한다. 즉, 빨간 토마토 소스의 파스타를 덜어 먹을 때 붉은 계열 색깔의 접시를 사용하면 더 많이 덜어 먹게 되고, 흰색 접시 위에 올려 먹으면 덜 덜어 먹게 된다고 한다. 그러므로 토마토 소스 파스타는 파란 접시에 덜어 먹는다면 가장 적게 먹을 것이다. 크림 소스의 경우는 토마토 소스와는 반대로 흰 접시를 쓰면 더 먹게 될 수 있다.

사람들은 하얀색 용기에 담긴 푸딩이 노란색이나 검은색 용기보다 더 풍부한 우유의 향이 느껴진다고 반응한다. 반대로 검은색 용기에 담긴 푸딩은 쓴맛이 느껴진다고 한다. 이처럼 사람의 맛에 대한 인지는 색상으로부터 영향을 많이 받는다. 즉, 색상은 우리가 맛보는 것을 다르게 지각하도록 유도한다. 음식물이나 음료의 색상은 다른 감각에 의해 해석되고 이에 영향을 준다.

► 색상과 광고

요즘 텔레비전이나 신문 광고를 보면 대부분의 컬러광고이다. 물론 컬러 테레비젼이 나오기 전엔 어쩔 수 없이 흑백으로 했지만. 흑백광고를 하면 사람들의 시선을 잡아끌고 옛 향수를 불러일으키는 등 어느 정도 효과가 있을 것 같은데 광고주들은 왜 흑백광고를 선호하지 않을까? 특히 신문광고에서는 흑백광고가 훨씬 비용이 적게 들 텐데 말이다. 아래 연구는 이에 대한 해답을 알려준다.

스파크만과 오스틴(1980)은 1968년과 1978년 두 해 동안 텍사스 지역신문에 게재된 컬러와 흑백광고의 영향을 분석하는 연구를 진행하였다. 10년이라는 시간은 광고의 질 면에서 큰 변화를 주었다. 그 대표적인 변화가 아마 흑백광고에서 컬러광고로 바뀌었다는 점일 것이다. 연구자들은 이 두 해에 실린 동일한 상품(테이블, 램프, 기름모터, 가구 등) 광고에 대해 색상이 미치는 영향에 초점을 맞추어 연구를 진행했다. 연구자들은 같은 광고를 어떤 때에는 흑백으로 어떤 때에는 컬러로 신문에 실었다. 신문에 실린 광고는 일주일 동안 상품이 판매되는 매장에 붙여놓고, 상품판매에 미치는 영향을 측정하였다.

연구결과, 광고가 컬러로 게재되었을 때가 흑백으로 게재되었을 때에 비해 약 41% 정도 더 높은 판매율을 보였다. 이러한 연구결과로 보아 컬러 광고가 더 효과적임을 알 수 있다. 그래서인지 컬러광고가 흑백광고에 비해 비용이 많이 들지만 여전히 광고주에 의해 선호가 되고 있다. 그러나 한편에서는 컬러광고가 범람하고 있는 이때 흑백광고가 오히려 사람들의 주목을 받는 때도 있다. 흑백광고가 반드시 컬러광고에 비해 효과가 떨어진다고 단정할 수는 없다.

▶ 조명의 영향

백화점 등의 인테리어는 전구 하나, 소품 하나가 그냥 있는 게 아닙니다. 유통업계에서는 조명, 동선, 유리벽 등 인테리어를 고객의 충동구매를 유발하는 '보이지 않는 판매사원'이라고 부른다. 영캐주얼 매장은 클럽처럼 일부러 어둡게 만들어 놓는다고 한다. 고객을 매장에 오래 붙잡아 두기 위해서다. 현대백화점 무역센터점 1층 화장품 매장의 조도는 887럭스인 데 비해 5층의 영캐주얼 매장은 192럭스로 어두운 편이라고 한다. 매장 안의 조명은 분명 소비자의 구매행동에 영향을 미치고 있다. 여기에서는 이와 관련한 연구결과들을 한번 살펴볼까 한다.

서머스와 에베르(2001)는 레스토랑에 있는 와인매장에서 매장을 찾은 20대에서 60대 사이의 남녀 고객들을 대상으로 실험을 진행했다. 실험의 목적에 맞게 매장 안의 조명은 밝거나 흐리게 조작하였다. 이후 라벨 읽기, 병들고 쳐다보기, 구매 등 고객들이 보인 반응을 측정하였다. 연구결과에서 다음과 같은 재미있는 사실이 발견되었다. 밝은 조명 조건에서는 고객들이 정보수집에서 상대적으로 높은 반응을 보인 반면, 흐린 조명 조건에서는 고객들이 평균 구매금액에 대해 상대적으로 높은 반응을 보였다. 그러나 구매빈도에서는 밝은 조명 조건에서 더 높은 것으로 나타났다. 다른 말로 하면, 흐린 조명 조건에서 피험자들이 와인의 구매빈도는 상대적으로 적지만 상대적으로 더 비싼 상품을 산다는 것을 의미하였다. 이러한 연구결과로 보아 조명이 소비자들의 구매행동에 영향을 미친다는 사실을 알 수 있다.

LG전자는 무드업(MoodUP) 냉장고를 출시하여 '색'을 강조한 이색 마케팅을 지속해 오고 있다. LG전자는 LED 광원과 광원으로부터 유입된 빛을 고르게 확산시키는 도광판을 적용한 신기술로 냉장고 도어 표면에 무드업 기능을 구현했다. 냉장고 색상과 공간 분위기를 바꾸고 싶을 때 고객은 앱에서 원하는 컬러를 선택하기만 하면 된다. 패널을 교체하고 추가 비용까지 지불해야 하는 번거로움이 없을 뿐 아니라 폐기되는 패널이 없어 환경보호에도 도움이 된다고 한다.

5. 음악과 냄새가 만드는 분위기

▶ 음악마케팅

매장에서 트는 음악만을 전문적으로 서비스하는 업체들도 성업 중이다. 대형 할인매장에서는 쇼핑을 유도하도록 치밀하게 고른 음악을 원래 속도보다 느리게 들려준다. 고객들을 무의식적으로 한가하게 만들어, 좀더 오래 매장에 머물게 해 하나라도 더 사게 하기 위해서다. 반대로 패스트푸드 매장에선 음악을 원래보다 더 빠르게 튼다. 마음이 급해져 빨리 먹고 빨리 나가게 해 더 많은 손님을 받아야 하니까.

한때 커피전문점 스타벅스는 독특한 커피 맛과 매장 분위기 못지않게 매장에서 틀어주는 배경음악 마케팅으로도 유명했다. 스타벅스는 미국 본사 차원에서 전문가가 선곡한 음악을 정기적으로 별도의 CD로 만들어 전 세계 매장으로 보내고, 항상 이 음악을 틀도록 하고 있다. 고객이 스타벅스 매장에만 있는 독특한 감성과 분위기를 느끼도록 하고, 이를 통해 다시 방문하도록 유도하는 전략이다. 할인점에서 고객이 즐거운 마음으로 신나게 상품을 구입하도록 경쾌하고 빠른 박자의 음악을 많이 틀어주는 것도 마찬가지이다. 은행에서는 고객들이 신뢰감을 가질 수 있도록 안정감과 쾌적함이 느껴지는 선곡에 신경을 쓴다. 최근 들어 국내 통신·인터넷 업체들이 이와 같은 매장 음악 서비스를 주로 하고 있다. 매장 음악이란 커피숍·할인점·제과점·은행 등 각 상점에서 자신들의 업종과 매장 분위기에 맞게 틀어주는 음악을 말한다.

음악마케팅은 1920년대 호텔의 로비나 사무실 등에서 조용하면서도 쾌적한 환경을 만들기 위해 배경음악을 사용하면서 시작되었다고 한다. 이처럼 음악을 사용하는 것은 단순한 목적에서 시작되었지만, 이에 대한 연구결과들이 발표되면서 점차 다양하게 활용되기 시작했다. 반복적인 소리는 운동을 일으킨다는 연구결과가 보여주듯이, 같은 리듬과 비트가 반복되는 음악은 매장 내에서 고객들의 움직임에 변화를 일으키는 원인이 되기도 한다. 여기에서는 이런 소리의 힘에 대해 알아보기 위한 몇 가지 연구결과들을 소개하고자 한다.

▶ 음악을 크게 틀면 더 마신다?

여러분은 음악을 크게 들을 때와 작게 들을 때 어느 쪽이 더 좋은가? 장소와 분위기에 따라 볼륨의 높이가 달라지는 것도 당연하고, 볼륨의 정도에 따라 사람들이 느끼는 감정도 달라지는 것도 당연한 얘기다. 이 볼륨과 관련하여 재미난 연구가 있다. 한번 살펴보도록 하자.

게겐과 동료연구자들(2004)은 음악 볼륨이 다른 바들을 대상으로 몇 주간에 걸쳐 실험을 진행했다. 설문조사는 매주 토요일 저녁, 20대 전후의 젊은이들이 모인 바에서 진행되었다. 실험대상 바에는 평균치인 72db이나 평균치보다 높은 88db로 음악이 나오도록 조정하였다. 이 바는 약간 고급스러운 장소이긴 하지만, 바 안에는 많은 손님이 있었고, 다소 시끄러웠고 소란스러웠다. 실험의 관찰자는 바에 앉아 주변 손님들이 들어와서 나갈 때까지 몇 잔을 시키는지를 세었다. 그 결과, 음악의 볼륨이 평균치일 때는 평균 2.5잔 정도 주문했는데 비해 평균치보다 높을 때는 평균 3.5잔 정도 주문한 것으로 나타났다. 그럼 왜 이런 현상이 나타났을까. 연구자들의 설명에 따르면, 볼륨이 높은 음악이 육체적 또는 심리적으로 사람들을 과잉 활성시켜 사람들로 하여금 더 소비하도록 자극하였다는 것이다. 여러분은 이 실험결과에 동의하는가?

▶ 어떤 음악을 틀까?

사람들이 많이 모인 장소에는 음악이 흘러나오는 경우가 많다. 그렇다고 아무 음악이나 흘러나온다고 해서 분위기가 좋아지는 것은 아니다. 음악전문가들은 상품의 종류나 판매상황, 고객 타입에 따라 적절한 음악선택이 필요하고 말한다. 노스와 하그리브스(1998)가 이와 관련한 연구를 진행하였다. 그들은 영국의 한 대학 카페를 찾은 고객들을 대상으로 3가지 타입의 음악을 틀어주고 그 영향을 분석했다. 실험 참가자들은 팝음악, 클래식음악, 쉽게 익힐 수 있는 음악(라 밤바 등), 음악이 없는 조건에 노출되었다.

90분간 음악을 들은 후 피험자들은 자리에 앉아 '마음이 편한', '즐거운', '재미난' 등 20개 형용사가 적힌 단어목록을 보고 카페를 평가하였다. 그리고 카페에서 팔고 있는 샌드위치나, 샐러드, 초콜릿 바 등의 가격이 최대 얼마일지를 예상하여 적도록 하였다. 연구자들은 이 설문조사가 진행된 동안 해당 상품이 얼마나 팔렸는지도 조사하여 실험 전후를 비교하였다. 분석결과, 음악이 없는 조건과 쉬운 음악을 튼 조건보다는 클래식음악과 팝음악을 튼 조건에서 매출이 많았다. 그뿐만 아니라 이들 조건에서 지불의향 가격도 더 높게 나타났다. 추가적 분석에서는 음악이 없는 조건과 쉬운 음악을 튼 조건보다는 클래식음악과 팝음악을 튼 조건에서 카페에 대한 전반적 평가 또한 높은 것으로 나타났다.

▶ 장터에서 트로트 음악을 크게 트는 이유

유원지를 가거나 축제행사를 찾다보면 어김없이 만나게 되는 것이 트로트 음악(뽕짝)을 크게 틀어놓고 사람들을 불러 모으는 이런 저런 장사꾼들이다. 이 사람들은 시끄럽게 왜 저런 음악을 틀고 화려한 분장을 하고 있나 의아해한 적이 있을 것이다. 다음 연구를 살펴보면, 이에 대한 궁금증을 해결할 수 있다.

게겐과 동료연구자들(2002)은 인구 약 7만 명의 유명 관광지에서 다음과 같은 실험을 진행하였다. 젊은 여성 3명이 1유로에서 15유로 정도 하는 골동품과 장난감을 가판대에 내놓고 팔았다. 관찰자는 건너편에서 가판대로 오는 사람 중에서 무작위로 선정해 실험했다. 실험은 간단했다. 선정된 사람이 가판대에 놓인 물건에 관심을 보이면 무선리모컨을 이용해 음악을 내보냈다. 실험에 사용된 음악으로는 들으면 기분이 좋고 즐겁게 해주는 악기연주 음악을 선정했다. 관찰자들은 피험자들이 가판대에 머문 시간을 측정하고 그때 구매한 상품의 금액도 조사했다. 음악은 피험자가 가판대에 있을 때만 틀었다.

연구결과, 음악이 피험자들이 가판대에 놓인 상품을 구경하는데 보내는 시간에 영향을 미쳤다. 그뿐만 아니라 음악을 들었던 사람들은 평균 5분19초를 가판대에 머무른 반면 음악을 듣지 못한 사람들은 평균 3분51초를 가판대에서 머물렀다. 즉, 음악이 없을 때보다는 음악이 있을 때 사람들은 가판대에 더 오래 머물렀다. 구매금액이 많은 것은 어쩌면 당연하다. 평균 판매금액은 음악이 없을 때는 37.20유로, 음악이 있을 때는 41.60유로였다. 장사하는 사람들이 왜 눈에 띄는 행동을 하는지 알 수 있는 대목이다. 엿을 파는 각설이에게는 역시 뽕짝이 제격이다.

▶ 음악이 빠르면 발걸음도 빠르다

상점의 주인들은 자신의 점포 특성에 따라 손님을 오래 붙잡아 두고 싶기도 하고, 아니면 빨리 내보내고 싶어 한다. 어떻게 하면 손님들에게 눈치와 면박을 주지 않고 이를 실행할 수 있을까? 방법은 의외로 간단하다. 음악의 템포를 조절하는 것이다.

밀리만(1982)은 인구 15만 명가량 되는 미국 중소도시의 한 슈퍼마켓에서 이와 관련한 실험을 진행하였다. 연구자는 같은 음악을 2개의 템포로 연주하여 이 음악의 차이가 소비자의 행동에 어떤 영향을 미치는지를 연구하였다. 무작위로 정해진 실험기간 동안 빠른 템포와 느린 템포로 흘러나왔고, 통제조건에서는 음악이 나오지 않았다. 음악이 흘러나올 때 판매량과 함께 고객의 발걸음 속도도 계산하였다. 매장의 출구에서 연구자는 사람들이 매장에서 들었던 음악에 주의를 기울였는지도 함께 물었다.

연구결과를 살펴보면, 특정시점에서 고객들이 지나다닌 시간은 느린 음악을 틀었을 때(127.75초)보다 빠른 음악을 틀었을 때(108.93초) 훨씬 빨랐다. 음악이 없을 때는 느린 음악과 빠른 음악을 틀었을 때의 중간 수준의 빠르기(119.86초)였다. 매장의 판매량에서는 느린 음악을 틀었을 때는 16,740달러, 빠른 음악을 틀었을 때는 12,112달러였다.

음악이 없을 때와 비교하면 음악은 이중효과를 나타냈다. 느린 템포의 음악은 사람들의 걷는 속도를 느리게 하고, 빠른 템포의 음악은 걷는 속도를 빠르게 하였다. 음악의 리듬은 판매에 직접적으로 영향을 미친 것으로 나타났다. 더 재미난 사실은 분명 소비자들은 음악에 반응을 보였는데, 정작 자신들은 매장 안에서 어떤 음악이 나오고 있었는지 혹은 음악이 있었는지 없었는지조차도 알아차리지 못했다고 한다.

백화점이나 마트 같은 오프라인 점포에선 소비자가 매장에 최대한 오래 머무르도록 하도록 클래식이나 BPM 70 이하의 느린 재즈, 올드팝 등을 튼다. 미국의 한 백화점에서 실험한 결과, 느린 템포의 음악을 틀었을 때는 음악이 없을 때와 비교해 쇼핑 시간이 약 18% 길어졌다고 한다. 매출도 17% 늘었다고 한다. 특히 식품 매장에선 매출 증가율이 38%에 달했다고 한다.

소리가 사람들의 구매욕을 자극한다고 판단한 일본의 한 마트는 음향 효과를 극대화하기 위해 매장 전체를 몇 구역으로 나눠 고객들에게 다른 '소리'를 들려준다고 한다. 과일과 채소 코너에서 물방울이 떨어지고 새가 지저귀는 소리를 고객들에게 들려준다고 한다. 스낵 코너에선 동요와 아이들 웃음소리를 들려주고, 정육 코너에선 스테이크 굽는 소리를 고객들에게 들려준다고 한다.

▶ **향기마케팅**

중요한 후각을 이용해 향기마케팅을 하면 소비자들의 구매를 유도하거나 특정 향과 브랜드를 연관시키기 쉬워 브랜드 이미지를 만드는 데에도 효과적이다. 향기마케팅은 1949년 일본의 한 비누회사에서 비누를 광고할 때 신문지에 비누 향을 입히는 것으로부터 시작되었다고 한다. 현재는 호텔, 서점, 병원 등 산업의 종류를 따지지 않고 많은 곳에서 향기마케팅을 사용하고 있다.

이처럼 향기마케팅을 활용하는 분야는 점점 넓어지고 있다. 뉴욕타임스는 문자메시지를 보낼 때 장미 향기를 함께 보낼 수 있는 '휴대전화 향기 전송기술'이 개발되었다고 보도한 바 있다. 소니는 여성 고객을 공략하기 위하여 향기 컨설팅 업체에 의뢰해 회사 이미지와 잘 어울리는 향을 개발하여 현재 미국 내 매장에서 사용하고 있다. 삼성전자도 소비자들에게 편안한 이미지를 강조하기 위해 뉴욕 맨해

튼 중심가의 삼성체험관에 독특한 향을 뿌리고 있다. 미국의 유명 백화점 블루밍데일은 유아의류 코너에는 베이비 파우더 향, 속옷 매장에는 라일락 향, 수영복 매장에는 코코넛 향이 나도록 하는 차별화 방법을 사용하고 있다.

스타벅스는 한국인들이 다른 민족보다 유독 향기에 민감하다는 사실을 파악한 후, 매장 고유의 커피 향 관리에 더욱 신경을 쓰고 있다. 매장에서 담배를 못 피우게 하고, 향이 강한 먹을거리를 팔지 않는 것도 모두 향기 관리를 위해서다. 영화관 CGV 역시 전국 상영관에 편백나무향을 이용한 '산림공조 시스템'을 운영하여 밀폐된 공간에서도 고객들이 편안함을 느낄 수 있도록 했다. 음향기기 메이커인 인켈은 매장에 은은한 과수원 향이 나도록 해 매출증대는 물론 매장의 품격을 높였다고 한다.

지금까지 살펴본 것처럼 향기는 우리의 생각과 느낌에 미치는 영향 미친다. 여기 장에서는 이 향기와 관련한 연구들과 그 의미에 대해 한번 살펴볼까 한다.

▶ 익숙한 향기

나는 가끔 어떤 곳을 처음 방문할 때 묘한 냄새를 맡는다. 그 냄새 때문에 이곳이 처음이 아니라 언젠가 와본 것 같다고 느낄 때가 종종 있다. 장범준은 '흔들리는 꽃들 속에서 네 샴푸향이 느꼈다'는 노래를 지어 불러 히트를 했다. 여러분은 어떤가? 익숙한 냄새와 관련한 재미난 연구가 있어 소개한다. 한번 살펴보자.

독일에서는 갓난아기나 아이들에게 바닐라향이 첨가된 음식을 많이 준다고 한다. 분유도 바닐라향이 첨가된 분유를 먹인다고 한다. 이에 착안하여 몇몇 연구자들은 이 바닐라향이 특정한 음식을 소비하는 데 영향을 미치는지에 관심을 가지기에 이르렀다. 할러와 동료자들(1999)은 30세 전후의 남녀를 대상으로 다음과 같은 실험을 실시하였다. 우선 참가자들에게 모유를 먹고 자랐는지 아니면 분유를 먹고 자랐는지를 질문하였다. 이후 케첩에 대한 맛 테스트를 진행하였다. 두 종류의 케첩 중 하나에는 바닐라향을 첨가하였다. 나머지 내용물은 두 케첩 모두 같았다.

피험자들에게 케첩에 대한 선호도를 물은 결과에서 놀라운 점이 나타났다. 바닐라향이 들어간 분유를 먹고 자란 사람들은 바닐라향이 들어간 케첩을 더 선호(순수케첩 33.3%, 바닐라향 첨가 케첩 66.7%)한 반면, 모유를 먹고 자란 사람들은 순수한 케첩(순수케첩 70.9%, 바닐라향 첨가 케첩 29.1%)을 더 선호하는 것으로 나타난 것이다. 이러한 결과는 우리가 아주 어린 시기에 접한 냄새가 오랫동안 우리의 음식 취향에까지 영향을 미친다는 사실을 알려준다.

▶ 좋은 냄새

우리는 보통 카페에서 나는 은은한 커피 향이나 레스토랑에서 나는 신선한 레몬과 과일 향에 익숙해져 있다. 우리가 당연시하고 무심코 받아들이는 대부분의 것들이 소비자를 조장하는 기업의 마케팅 수단이라는 것을 알고 있는가?

게겐과 페테르(2006)는 어느 시골마을 식당에서 몇 주에 걸쳐 한 가지 관찰실험을 했다. 관찰은 저녁시간대 진행했다. 실험대상이 된 식당은 크지 않은 피자가게로 좌석은 22개이고, 메뉴도 많지 않았다. 실험을 위해 벽에 부착된 전기 분사기를 통해 라벤터향이나 레몬향을 분사했다. 연구자들은 실험기간 동안 이 식당을 찾은 고객들이 식당에서 보낸 시간과 이용금액을 측정하였다.

연구결과 밝혀진 사실은 레몬향을 분사했을 때 테이블에서 보낸 시간이 가장 많았고, 평균 이용금액도 많다는 것이다. 테이블에서 보낸 평균시간은 레몬향을 분사했을 때 105.7분, 라벤더향을 분사했을 때는 89.8분, 향이 없을 때는 91.3분이었다. 계산한 평균금액도 레몬향을 분사했을 때 21.1유로로 가장 많았고, 라벤더향을 분사했을 때는 18.1유로, 향이 없을 때는 17.5유로였다. 이러한 연구결과로 미루어 보건대, 음식점과 같이 그 자체가 후각적인 면에서 충분한 자극이 되는 장소라 할지라도 여기서 풍겨 나오는 특정한 냄새가 소비자의 행동에 영향을 미칠 수 있음을 알 수 있다.

▶ 사람을 끄는 냄새

누구나 한 번쯤은 경험해 봤을 것이다. 빵집 앞을 지나다 구수한 빵 냄새 때문에 예정에도 없었던 빵을 샀던 기억 말이다. 게겐과 자코브(2004)는 한 소형 슈퍼마켓 입구에서 다음과 같은 실험을 진행했다. 실험은 매장입구에서 구운 통닭 냄새를 분사할 때, 초콜릿 퐁듀 냄새를 분사할 때, 아무런 냄새를 분사하지 않을 때, 고객들이 매장에 들어설 때 어떤 코너로 가장 먼저 가는지를 알아보기 위해 설계되었다.

매장이 넓지 않아 고객들은 오른쪽과 왼쪽 중 한 곳을 선택하여 들어갈 수밖에 없다. 오른쪽 코너에는 햄과 소시지 등 주로 짠 음식과 관련된 상품들이 진열되어 있었고, 왼쪽 코너에는 잼과 케이크 등 주로 단 음식과 관련한 상품들이 진열되어 있었다. 연구자들은 분사된 냄새에 따른 각 코너에 진열된 상품들의 구매율과 구매금액을 측정하였다.

연구결과에서 구운 통닭 냄새를 접한 고객들은 짠 음식과 관련한 상품들을, 초콜릿 퐁듀 냄새를 접한 고객들은 단 음식과 관련한 상품들을 구입한 비율이 상대적으로 높게 나타났다. 냄새가 없었을 때는 짠 음식 코너(55%)와 단 음식 코너(45%)의 선택 비율에는 차이가 없었다. 그러나 고객들은 짠 음식인 구운 통닭 냄새를 분사했을 때는 단 음식 코너(15%)보다 짠 음식 코너(85%)에 먼저 들렀다. 반대로 고객들은 단 음식인 초콜릿 퐁듀 냄새를 분사했을 때는 짠 음식 코너(25%)보다 단 음식 코너(75%)에 먼저 들렀다. 이를 통해 우리는 냄새가 소비자의 구매행동에 영향을 미친다는 사실을 유추해볼 수 있다.

참고문헌

고병권(2016), 『다이너마이트 니체』, 천년의상상.
김상표·변충규·하환호(2015), "미래지향 시간관이 창업태도에 미치는 영향 : 자기효능감과 모호성 인내력의 매개효과," 경영컨설팅연구, 15(4), 47-56.
김상표·변충규·하환호(2016), "균형 잡힌 시간관과 창업시도태도의 관계," 한국창업학회지, 11(4), 110-129.
김재휘·부수현(2007), "희소성 메시지와 프레이밍 방식이 구매의도에 미치는 효과," 한국심리학회지: 소비자·광고, 8(2), 183-203.
김준호 편역(1993), 『경제사입문』, 백산서당.
김학윤(2021), 『소비자행동』, 무역경영사.
김희재·이은실(2021), "시간압박, 조절초점, 인지적 종결욕구가 광고태도와 구매의도에 미치는 영향: 시간한정 메시지를 중심으로," 한국심리학회지: 소비자·광고, 22(2), 179-206
농림축산식품부·한국농수산식품유통공사(2023), 2022년 식품외식산업 주요 통계(2021·2022년도 기준).
니콜라 게겐(2006), 『소비자는 무엇으로 사는가?』, 지형.
대니얼 카네먼(2018), 『생각에 관한 생각』, 김영사.
로버트 치알디니(2002), 『설득의 심리학』, 21세기북스.
리사 펠드먼 배럿(2019), 『감정은 어떻게 만들어지는가?』, 최호영 옮김, 생각연구소.
리즈 호가드(2006), 『행복』, 이경아 옮김, 예담.

메조미디어(2023), 메조미디어 업종 분석 리포트 No.6(보험 업종 분석 리포트).
미하일 일린(2017), 『인간의 역사』, 동완 옮김, 동서문화사.
박문호(2008), 『뇌, 생각의 출현』, 휴머니스트.
_____(2020), 『뇌과학 공부』, 김영사.
박후동·하환호(2015), "행동식별수준에 따른 메시지 수준과 할부기간의 제시효과," Korea Business Review, 19(4), 239-249.
박흥수·하영원, 우정(2019), 『신상품마케팅』, 박영사.
베네딕투스 데 스피노자(2014), 『에티카』, 강영계 옮김, 서광사.
베네딕투스 데 스피노자(2014), 『에티카』, 황태연 옮김, 비홍.
베리 슈워츠(2004), 『선택의 패러독스』, 형선호 옮김, 웅진닷컴.
빌헬름 라이히(2006), 『파시즘의 대중심리』, 황선길 옮김, 그린비.
시바타 히로히토, 다케이츠 유우키(2018), 『돈의 경영』, 권혜미 옮김, 머니플러스.
아닐 세스(2022), 『내가 된다는 것』, 장혜인 옮김, 흐름출판.
아담 스미스(2007), 『국부론』, 김수행 옮김, 비봉출판사.
아르투어 쇼펜하우어(2019), 『의지와 표상의 세계』, 홍성광 옮김, 을유문화사.
아르투어 쇼펜하우어(2019), 『충족이유율의 네 겹의 뿌리에 관하여』, 김미영 옮김, 나남.
안광호·하영원·유시진(2023), 『마케팅원론』, 학현사.
안서원(2002), 『의사결정의 심리학』, 시그마프레스.
안유화(2023), 『더 플로』, 경이로움.
안토니오 다마지오(2007), 『스피노자의 뇌』, 임지원 옮김, 사이언스 북스.
_____(2021), 『느끼고 아는 존재』, 고현석 옮김, 흐름출판.
올리버 제임스(2009), 『어플루엔자』, 윤정숙 옮김, 알마.
윌리엄 제임스(2022), 『심리학의 원리』, 정명진 옮김, 부글.
이진경(2006), 『철학과 굴뚝 청소부』, 그린비.
_____(2011), 『노마디즘1』, 휴머니스트.

이진경(2011), 『노마디즘2』, 휴머니스트.
이학식·안광호·하영원(2024), 『소비자행동』, 집현재.
자크 라캉(1993), 『욕망이론』, 민승기·이미선·권택영 옮김, 문예출판사.
장 보드리야르(1992), 『소비의 사회』, 이상률 옮김, 문예출판사.
전경갑(1999), 『욕망의 통제와 탈주』, 한길사.
제러미 리프킨(2001), 『소유의 종말』, 이희재 옮김, 민음사.
제럴드 에델만(2020), 『신경과학과 마음의 세계』, 황희숙 옮김, 범양사.
조르주 바타이유(2006), 『저주의 몫·에로티즘』, 유기환 옮김, 살림출판사.
질 들뢰즈·펠릭스 가타리(2014), 『안티오이디푸스』, 김재인 옮김, 민음사.
짐바르도·보이드(2016), 『나는 왜 시간에 쫓기는가』, 오정아 옮김, 프런티어.
최낙환 역(2002), 『판단과 의사결정의 심리』, 도서출판 대경.
통계청(2023), 2022년 가계동향조사.
파멜라 댄지거(2004), 『사람들은 왜 소비하는가』, 최경남 옮김, 거름.
파코 언더힐(2008), 『몰링의 유혹』, 송희령 옮김, 미래의창.
_____(2021), 『쇼핑의 과학』, 신현승 옮김, 세종서적.
하영원(2012), 『의사결정의 심리학』, 21세기북스.
_____(2020), "소비자 의사결정 연구의 과거, 현재, 그리고 미래: 행동의사결정론적 접근을 중심으로," 소비자학연구, 31(5), 123-143.
_____(2023), 『결정하는 뇌』, 21세기북스.
하환호(2012), 『쇼핑의 기술』, 생각나눔.
한스 외르크 바우어, 베른트 할리어(2003), 『상거래의 역사』, 이영희 옮김, 삼진기획.
한중섭(2018), 『사실 바쁘게 산다고 해결되진 않아』, 책들의 정원.
현정석(2004), 『디지털 손자병법』, KT문화재단.
황태연(2015), 『감정과 공감의 해석학 1』, 청계.
Ariely, D.(2000), "Controlling the Information Flow: Effects on Consumers' Decision Making and Preferences," *Journal of Consumer Research*, 27, 233-248.

Babin, B. J., W. R., Darden and M. Griffin(1994), "Work and/or Fun: Measuring Hedonic and Utilitarian Shopping Value," *Journal of Consumer Research*, 20, 644-656.

Bellenger, D. N., and P. K. Korgaonkar(1990), "Profiling the Recreational Shopper," *Journal of Retailing*, 66, 77-82.

Bettman, J. R., M. F. Luce, and John W. Payne(1998), "Constructive Consumer Choice Processes," *Journal of Consumer Research*, 25, 187-217.

Boatwright, Peter and Joseph. C. Nunes(2001), "Reducing Assortment: An Attribute-Based Approach," *Journal of Marketing*, 65, 50-63.

Cristol, Steven M. and Peter Sealey(2000), Simplicity Marketing, New York: The Free Press.

Curlin, R.(2011), "Nonconscious Cognitive Reasoning: A Neglected Ability Shaping Economic Behavior," *Journal of Economics for Policy*, 5(3), 35-43.

Dijksterhuis, A., Bos, M. W., Nordgren, L. F., and Van Baaren, R. B.(2006), "On Making the Right Choice: The Deliberation-Without-Attention Effect," *Science*, 311(5763), 1005-1007.

Gigerenzer, G.(2021), "Axiomatic Rationality and Ecological Rationality," *Synthese*, 198, 3547-3564.

Iyengar, S. S. and M. R. Lepper(2000), "When Choice is Demotivating: Can One Desire Too Much of a Good Thing?" *Journal of Personality and Social Psychology*, 79, 995-1006.

Kahneman, D.(2011), Thinking Fast and Slow, New York: Farrar, Straus and Giroux.

Lynn, M.(1989), "Scarcity effects on desirability: Mediated by assumed expensiveness," *Journal of Economic Psychology*, 10(2), 257-274.

Payne, John W., J. R. Bettman, and E. J. Johnson(1993), The Adaptive Decision Maker, New York: Cambridge University Press.

Rao, A. R. and K. B. Monroe(1989), "The Effects of Price, Brand Name, and Store Name on Buyers' Perceptions of Product Quality: An Integrative Review," *Journal of Marketing Research*, 26, 3516-357.

Ross, W. T., Jr, and E. H. Creyer(1992), "Making Inferences about Missing Information: The Effects of Existing Information," *Journal of Consumer Research*, 19(1), 14-25.

Russo, J. E.(1977), "The Value of Unit Price Information," *Journal of Marketing Research*, 14, 192-201.

Schwartz, B.(2004), The Paradox of Choice: Why More is Less, New York: HarperCollins Publishers Inc.

Shugan, S. M.(1980), "The Cost of Thinking," *Journal of Consumer Research*, 7(2), 99-111.

Simonson, I.(1999), "The Effects of Product Assortment on Buyer Preferences," *Journal of Retailing*, 73, 347-370.

Tversky, A. and D. Kahneman(1973), "Availability: A Heuristic for Judging Frequency and Probability," *Cognitive Psychology*, 4, 207-232.

Zimbardo, P. G. and Boyd, J. N.(1999), "Putting Time in Perspective: A Vaild, Reliable Individual-Differences Metric," *Journal of Personality and Social Psychology*, 77(6), 1271-1288.

Zimbardo, P. G. and Boyd, J. N.(2008), The Time Paradox: The New Psychology of Time That Can Change Your Life, New York: Free Press.

Zimbardo, P. G., Keough, K. A. and Boyd, J. N.(1997), "Present Time Perspective as a Predictor of Risky Driving," *Personality and Individual Differences*, 23(6), 1007-1023.

[기사]

고영태, 가장 많이 팔리는 '짝퉁' 상품…한해 125조원, KBS뉴스, 2019년 3월28일자.

고은결, "단칸방서부터 시작? 옛말이네"…신혼부부 70%는 아파트 산다[부동산360], 헤럴드경제, 2023년 12월22일자.

권연수, 한국인이 좋아하는 명품·패션브랜드 순위, 조선일보, 2018년 1월28일자.

권영오, 한국 여행시장 136조 원…다단계판매업 몫은 '제로', 한국마케팅신문, 2023년 3월31일자.

권재현, 대한민국, 왜 명품에 중독됐나, 동아일보, 2007년 3월7일자.

김명환, 삼정KPMG "급변하는 럭셔리산업…'뉴럭셔리' 트렌드 주목", 매일경제, 2022년 5월25일자.

김민준, 김민준 노무사의 인사노무관리론48, 법률저널, 2017년 3월 9일자.

김수정, 반려동물 시장 8조원 규모… 바야흐로 펫코노미(Pet + Economy) 시대, 조선일보, 2023년 8월30일자.

김종일, 소비자들 지갑 열리는 소비 양극화 심화, 전민일보, 2023년 6월 23일자.

김지연, 내가 원하는 것으로부터 나를 지켜줘, 경향신문, 2021년 1월 23일자.

김 훈, 안전의식혁명 30부-우리는 사물을 어떻게 인지하는가?, 세이프티 퍼스트 닷뉴스, 2021년 12월 21일자.

나지현, 올해 한국패션시장규모 5.2% 성장해 49.5조, 한국섬유신문, 2023년 11월 8일자.

남라다·조석근·송현주, 명품 아니면 최저가만 팔린다…보상 소비도 'K자형 양극화', 뉴스핌, 2021년 6월 29일자.

디지털콘텐츠팀, 월 평균 자기계발비 대학생 17.5만원, 직장인 22.9만원, 국제신문, 2016년 8월 23일자.

명희진, 백화점 빅3, 올해도 명품만 믿는다, 서울신문, 2022년 2월 13일자.

박소정, 롯데주류, 1대 모델 전지현과 함께한 '클라우드' 새 광고 온에어, 뉴데일리경제, 2019년 11월 26일자.

박영신, 초고가·초저가 아니면 안 산다…코로나19 이후 소비 양극화 뚜렷, 위클리서울, 2023년 3월 3일자.

박자연, 갈색 or 초록 or 투명…맥주병 '색깔'이 문제다?, 이코노믹리뷰, 2021년1월 24일자.

박종오, 한국 GDP 지난해 8% 폭락…경제규모 세계 13위로 '9년 전 수준, 한겨레신문, 2023년 8월 9일자.

박효주, 글로벌 온라인 명품시장 1년새 11% 성장, 전자신문, 2023년 12월 20일자.

신성수, data.ai, 2022년 전 세계 데이팅 앱 사용 시간 100억 시간 돌파… 한국은 가장 감소한 국가, 메디타임즈, 2023년 2월 14일자.

신아형·소설희, 한국경제, 톱10밖 밀려났다… GDP규모 작년 세계 13위, 동아일보, 2023년 7월 13일자.

신주희, '80원' '800원'으로 끝난다…노브랜드 가격표 뒷자리의 비밀, 헤럴드경제, 2023년 1월 9일자.

양승민, 특허청, 페친들이 뽑은 세계10대 발명품 1위 '냉장고', 전자신문, 2018년 5월 21일자.

엄호식, 2023년 대한민국 보안시장 규모, 7조 437억원 전망, 보안뉴스, 2023년 2월 8일자.

오민경, '21년 디지털 헬스케어 산업 실태조사 발표, 의료기기 뉴스라인, 2023년 4월 3일자.

오종탁, 한국 엥겔지수, G5에 비해 큰 폭 상승, 시사저널(1791호), 2024년 2월 3일자.

윤미연, 나를 위한 선물, '셀프 기프팅(Self-gifting)' 증가, 데이터뉴스, 2006년 2월 24일자.

이영민, 같은 음식 다른 가격?…패스트푸드 '알뜰소비법', 머니투데이, 2015년 6월 17일자.

이 웅, 국내 대중문화산업 규모 6조4천억…2년새 해외매출 69% 늘어,

연합뉴스, 2020년 3월 11일자.

이유재, '번들링' 전략은 '끼워팔기'와 달라야 한다, 한국경제, 2022년 11월 11일자.

이원지, 전 세계 인구 60% 이상이 하는 SNS…하루 평균 2시간 30분 사용, 전자신문, 2023년 7월 26일자.

이준희, 보조금·할인 받아도, 통신비 월 6만5867원…만족도는 SKT가 1위, 전자신문, 2023년 10월 13일자.

전경운, '짝퉁 명품' 작년보다 2배 급증…세관 적발 1위는 이 브랜드, 매일경제, 2023년 9월 4일자.

전희진, 고령층 자아실현 욕구 강해…다양한 여가문화공간 필요, 아시아투데이, 2015년 11월 27일자.

정미하, 커지는 중고 명품 시장, 지난해 64조원 규모…전체의 12% 차지, 조선일보, 2024년 1월 14일자.

정후석, 게임중독법을 바라보는 또하나의 시각, 헤럴드경제, 2014년 2월 13일자.

주경준, 경상의료비 180조 GDP대비 8.8%…의약품지출 30조 돌파, 뉴스더보이스헬스케어, 2022년 9월 26일자.

채성숙, 세계에서 가장 가치 있는 100대 브랜드, 매드타임즈, 2024년 2월 6일자.

하수민, 행복하냐고요? 점수 짜게 준 한국인, 세계 '최하위' 수준, 머니투데이, 2023년 3월 25일자.

닫는 글
EPILOGUE

　행복은 인간이 잘 먹고 잘사는 생활에서 가장 중요한 감정적 상태를 말한다고 한다. 여기에는 기쁨, 환희, 희열, 황홀함, 사랑과 같은 긍정적 감정들이 섞여 있다. 영어에서 행복을 뜻하는 'happy'는 고대 스칸디나비아 말인 'happ'에서 유래했는데, 원래 이 단어의 뜻은 '행운'이라고 한다. 행복에 대해 지금까지 나온 정의들을 보면 '결핍과 곤궁으로부터 자유로움', '올바로 잡힌 사물의 질서에 대한 인식', '우주나 사회에서 자신의 위치를 확신하는 상태' 또는 '마음의 평화' 등이 있다. 좀 더 일반적으로는 행복은 '사람을 포함한 동물이 불행과 궁극적으로 죽음을 유발할 수 있는 외부의 힘에 맞서기 위해 행동으로 나서는 상태'로 정의되기도 한다.

　이처럼 행복에 대한 정의는 다양한 관점에서 다르게 해석되고 있다. 심리학에서는 행복을 주관적인 만족감으로 설명하며, 사회학에서는 사회적 상황과 연결, 경제학에서는 소득 수준과의 관련성을 강조한다. 철학, 생물학, 종교 등 각 분야에서도 행복에 대한 고유한 시각을 제시하고 있다. 이러한 다양성은 행복이 복잡하게 구성되어 있기 때문이다. 행복에 대한 정의는 사람마다 다르지만 행복에 대한 기본적인 생각은 같다고 보인다. 그 기본적인 생각은 바로 행복이 인생의 궁극적인 목표이며 돈보다 더 중요하다는 것이다.

유엔 지속가능발전해법네트워크(SDSN)가 2023년 발표한 '세계행복보고서'에서 한국의 행복지수는 10점 만점에 5.951점으로, 조사대상 137개국 중 57위를 기록했다. 핀란드가 6년 연속 세계에서 가장 행복한 나라 1위(7.804점)에 올랐다. 그다음 순위는 덴마크로 연이어 2위(7.586점)를 지켰다. 아이슬란드가 3위(7.53)였고 4위는 이스라엘(7.473점), 5위는 네덜란드(7.403점), 6위는 스웨덴(7.395점), 7위는 노르웨이(7.315점), 8위는 스위스(7.240점), 9위는 룩셈부르크(7.228점), 10위는 뉴질랜드(7.123점)였다. 10위권에는 북유럽 국가들이 대거 들어있었다. 57위인 우리나라는 OECD 국가 중 하위 그룹 국가에 속했다.

여기서 주목할 점은 우리나라보다 소득 수준이 낮은 멕시코와 코스타리카, 파나마, 브라질 등 중남미 국가들의 행복지수이다. 이 국가들은 우리나라보다 높은 20~30위권의 행복지수 순위에 들었다. IMF 국제통화기금이 한해 GDP(국내총생산) 규모를 기준으로 매기고 있는 부자국가 순위를 보면, 2023년 말 현재 우리나라의 GDP 규모는 1조 7840억 달러로 세계 13위이다. OECD와 세계은행 자료에 따르면 2022년 우리나라의 1인당 GDP는 3만2천142 달러를 기록, 세계 23위이다. 이런 면으로 볼 때 행복지수가 소득 수준과 비례하지는 않는 듯 보인다.

소득과 행복의 관계를 말할 때 이스털린의 역설(Easterlin's Paradox)이 자주 거론된다. 이스털린의 역설은 소득이 늘어나면 더 행복해질 것이란 기대와 달리 소득이 일정 수준에 이르러 기본 욕구가 충족될 때까지는 소득이 증가하면 행복이 증가하지만, 그 이후부터는 소득이 증가해도 행복이 증가하지 않는다는 이론이다. 이 이론은 미국의 경제학자 리처드 이스털린(Richard Easterlin)이 1974년에 처음 주장하였다. 이스털린은 50년 동안 소득과 행복의 관계에 관해 연구하였다. 30여 개국 국민의 행복도와 1946~1970년 미국의 소득 및 행복도

자료를 분석하여 소득이 일정 수준에 이른 다음에는 소득이 증가해도 행복도가 더 높아지지 않는다는 결론을 얻었다. 한 국가 내에서는 소득이 많은 사람의 평균 행복도가 소득이 적은 사람의 행복도보다 높을 수 있지만, 국제적으로 비교해 보면 소득이 일정 수준을 넘어 기본수요를 충족한 선진국에서는 소득이 높을수록 행복도가 함께 높아지지는 않는다는 것이다.

이 역설의 실제 사례는 미국이다. 미국은 누구나 인정하는 가장 부유한 나라(GDP 규모 1위)지만 가장 행복한 나라는 아니다. 2021년 기준 세계행복보고서에 따르면 미국의 국민행복지수는 16위이다. GDP 규모 13위인 우리나라는 국민행복지수는 57위이다. 우울증과 자살률은 OECD(경제협력개발기구) 기준 우리나라는 1위, 미국은 6위이다. 여기서 우리는 소비(소득)와 행복에 대해 한번 생각해 볼 필요가 있다. 우리나라 국민은 중남미 국가 등 저개발 국가의 국민에 비해 소득수준이 높아 더 많은 것을 가지고 더 많은 것들을 누리고 산다. 그런데도 행복지수가 높지 않은 이유는 무엇일까?

앞서 살펴보았듯이 행복의 국어사전적인 의미는 '심신의 욕구가 충족돼 조금도 부족감이 없는 상태'이지만, 이는 명쾌한 대답은 되지 못하는 것 같다. 사실 시대나 국가별로 행복의 기준은 다르기 마련이다. 산업화·정보화·도시화로 각박해진 지금보다는 가난했어도 정이 넘치던 옛날이 훨씬 더 행복했다고 말하는 이들도 있다. 방글라데시 국민은 세계에서 가장 가난하지만 늘 행복하다고 말할 정도이다.

개인에 따라 느끼는 행복감도 다르다. 인간의 욕구는 끝이 없어 마음먹기에 따라 얼마든지 행복해지고 우울해질 수도 있기 때문이다. 건강, 돈, 인간관계가 인간의 행복 요소라고 주장한 영국의 심리학자인 로스웰은 부단히 노력하면 이런 요소를 갖추게 돼 행복해질 수 있다고 말한다. 즐거움과 행복은 따로 있는 게 아니고 다분히 개인적이고 상대적이며, 우리 삶 속에 있다는 말이다.

오늘날 소비자들은 구매력증가로 자신이 필요와 욕구를 충족시켜줄 상품들을 언제 어디서나 구매해서 소비할 수 있다. 그뿐만 아니라 기업은 소비자의 욕구가 다양화되고 확대됨에 따라 소품종 대량 생산에서 다품종 소량 생산으로 패러다임을 전환하였다. 이에 따라 소비자들은 한층 더 자신의 필요와 욕구에 맞는 상품을 구매해서 소비할 수 있게 되었다.

그러나 이러한 소비자 욕구를 무조건 충족시키려는 기업들의 이기심과 소비자들의 무한한 욕망 때문에 자원이 고갈되고 환경이 파괴되고 있다. 우리가 무심코 사용하는 이쑤시개와 나무젓가락을 만들기 위해 무분별한 벌목이 행해지고 있다. 편리하다는 이유로 사용하는 일회용품들, 냉장고와 컴퓨터 등의 가전제품에서 나오는 환경오염물질 등은 우리의 삶을 심각하게 위협하고 있다. 이제 우리는 편리함이라는 가시적인 물질적 만족에서 벗어나 진정한 인간의 행복에 대해 고민을 시작해야 할 때가 되었다.

"욕망이 없는 삶은 불가능하다. 욕망은 나와 내 종족을 지탱해주는 힘이요, 이 세계를 움직이는 에너지이다. 이 욕망의 에너지가 없으면 인간도 세상도 더는 존속할 수가 없다."고 말하는 사람들도 있다. 1970년 노벨경제학상을 수상한 미국의 경제학자 폴 새뮤얼슨(Paul Samuelson)은 다음과 같은 공식으로 행복을 정의했다. 여기서 소위 행복공식이라는 것을 살펴볼 필요가 있다. 즉, 소비를 욕망으로 나눈 몫이 행복이라는 것이 공식이다. 이 공식에 따르면 아무리 소비가 많아지더라도 욕망이 커지면 행복은 기대할 수 없다. 반대로 아무리 소비가 작더라도 욕망이 적어지면 행복은 커지게 된다.

$$행복 = \frac{소비}{욕망}$$ # 행복을 늘이는 방법은?

이 행복공식에서 나타난 소비와 행복의 관계를 바라보는 데는 크게 두 가지 관점이 있다. 하나는 기업 측에서 말하는 경제학의 관점이고, 하나는 불교와 같은 종교의 관점이다. 각각의 주장에 대해서 한번 살펴보도록 하자. 주류경제학에서는 인간의 욕망이 무한한 것이라고 전제하고, 이 무한한 욕망을 어떻게 하면 많이 충족시킬 수 있는가에 초점을 맞추고 있다. 즉, 소비가 경제활동의 궁극적인 목적이라고 인식하고, 생산요소들은 소비를 통한 욕망 충족의 수단으로만 생각한다. 따라서 주류경제학에서는 분자인 소비를 늘림으로써 소비자의 행복이 높아진다는 관점을 가지고 있다. 현대 자본주의 사회가 현대문명이 지금의 모습으로 성장하게 된 배경에는 모두 이와 같은 경제학적인 인식이 자리를 잡고 있다.

반면에 불교의 관점은 경제학의 관점과는 다르다. 불교에서는 욕망을 다음과 같은 두 가지로 구분한다. 하나는 생존을 위해 필요한 욕망을 일컫는 Chanda이다. 이 욕망은 좋은 의미의 욕망으로서 선욕(善慾)이라고도 한다. 다른 하나는 생존 그 이상의 의미를 지닌 지나친 욕망을 일컫는 Tanha이다. 이 욕망은 갈애(渴愛), 즉 순간적인 만족이라고도 한다. 갈애는 감각적 욕망 충족을 위해서 무언가를 계속해서 추구하도록 유도한다. 따라서 불교에서는 소비를 늘리는 것이 아니라 분모인 욕망을 줄임으로써, 즉 적절한 소비를 통해서 이 갈애를 줄이거나 소멸시킴으로써 행복을 늘릴 수 있다는 관점을 견지하고 있다.

여러분은 이 두 가지 관점 중에서 어느 관점에 동의하는가? 소비를 늘려서 행복을 높여야 한다는 주류경제학(기업)의 관점에 동의하는가? 아니면 적절한 소비는 그대로 두고 욕망을 줄여 행복을 높여야 한다는 종교(불교)의 관점에 동의하는가?

◯ 저자 약력 ··

하 환 호

서강대학교에서 경영학박사 학위를 취득하였다. 현재 경상국립대학교 경영학부 교수로 재직중이다. 소비자의 판단과 선택에 특히 관심이 많으며, 마케팅리서치와 마케팅전략, 앙트레프레니얼 마케팅 분야에 관심을 갖고 연구와 강의를 하고 있다.

● 소비의 과학 : WHY WE BUY

초 판 1쇄 인쇄 —— 2024년 3월 20일
초 판 1쇄 발행 —— 2024년 3월 25일
지은이 —— 하 환 호
펴낸이 —— 전 두 표
펴낸곳 —— 도서출판 **두남**
　　　　　서울시 강동구 성내로 6길 34-16 두남빌딩
　　　　　신　고 : 제25100-1988-9호
　　　　　TEL : 02) 478-2066, 2067
　　　　　FAX : 02) 478-2068
　　　　　E-mail : dnbooks@dunam.co.kr
　　　　　http://www.dunam.co.kr

● 정가 18,000원

ISBN 978-89-6414-993-5　　93320